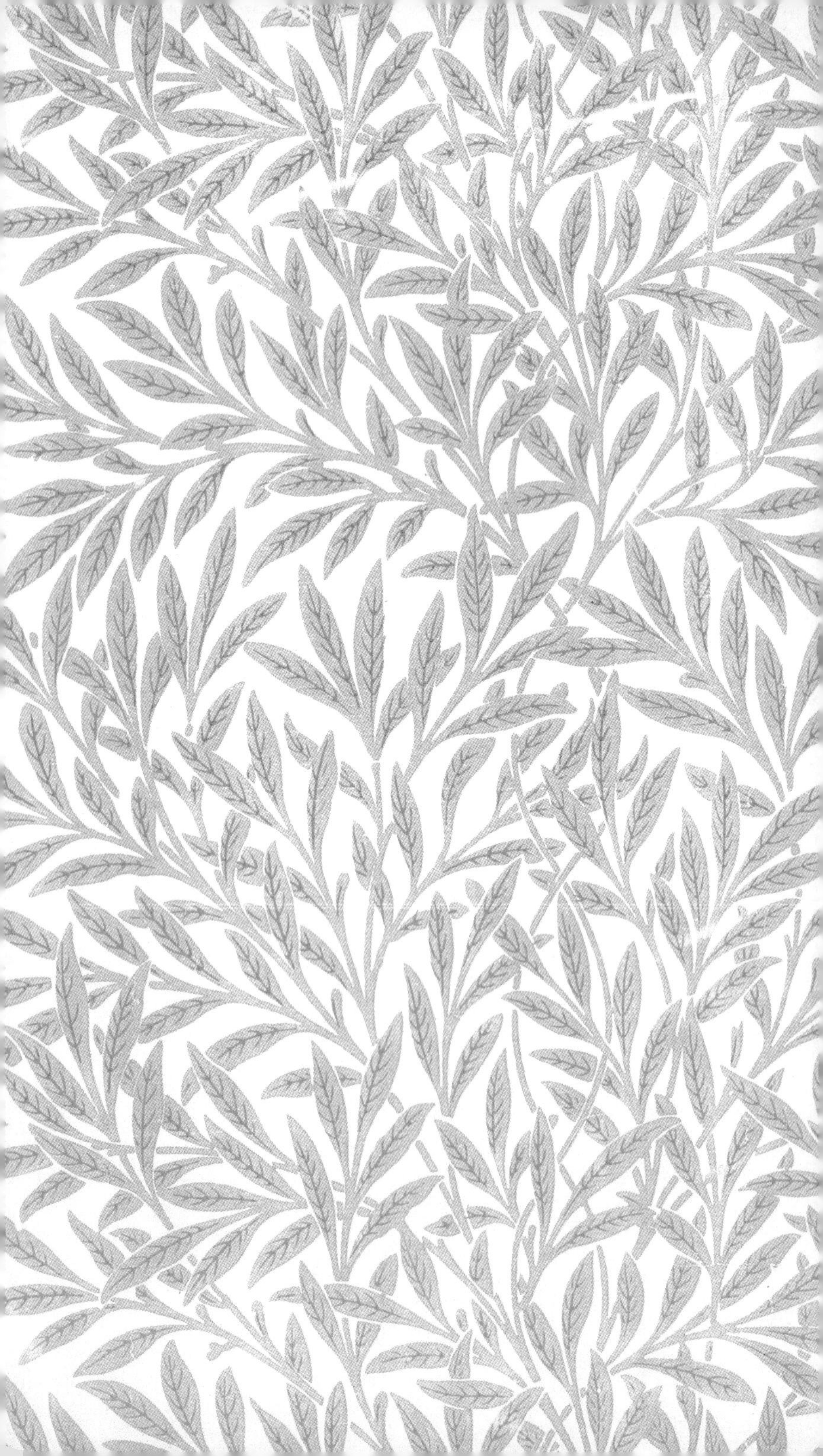

三民叢刊 245

孤蓬寫真

陳祖耀 著

三民書局印行

自序

生命乃一過程，我們在自己的哭聲中來到人間，又將在別人的哭聲中離開這個世界。在這一來一往的歲月裡，卻有著各種不同的境遇。

我生於一個十分偏僻的農村，在襁褓中便開始逃難。先是逃土匪，接著逃日軍，其後又逃共產黨。十幾歲離家以後，即如李白詩中所說：「此地一為別，孤蓬萬里征」。生命真如一枝孤蓬，到處飄泊，歷盡風霜，學書不成，學劍又不成。其間雖承國家栽培，也曾升中將，任教授，並數度奉派出國當顧問，但因才疏學淺，自覺對國家和社會無甚貢獻。

韶光易逝，而今「半生落魄已成翁，獨立書房嘯晚風」。深感惟有依靠上帝的恩賜，抓緊夕陽的尾巴，讀書弄孫，好好享受餘年。無奈那一絲愛國情愫，仍盤旋五內，無從消散。尤其從小所鍾愛的國家，現在竟連「認同」都出了問題，甚至有人將之視為「外來政權」，欲「消滅」而後快，真是情何以堪！

三民書局股份有限公司劉董事長振強兄，囑將所經歷的事寫出來，以便代為出版，使我倍感榮幸，惟思之再三，實覺乏善可書。但振強兄的盛情美意，又不忍辜負，乃勉予從命，如有疏漏失誤之處，尚祈碩學先進不吝指教是幸。

誠誠懇懇做人　實實在在做事
生氣不如爭氣　吃虧就是佔便宜
但求生而無愧　死而無憾

初中時

高中時

青年軍時

與好友任藝華兄在青年軍

中校時攝於西貢

湖北省立農學院時

四十歲纔讀完大學，求學之路真艱苦

少將時

在軍中服役三十餘年，奉命退役前夕

孤蓬寫真　目次

第一章　烽火童年

一、常常半夜起來逃難

湖北省當陽縣，是一個著名的古戰場，趙子龍大戰長阪坡，張翼德呵斷霸凌橋，關雲長敗走麥城等等，這些國人耳熟能詳的三國時的故事，都發生在當陽。而在當陽縣的北邊，與遠安、南漳兩縣接壤，有一個山村名叫老鸛窩（註），那兒就是我生長的地方。

老鸛窩四周青山環抱，形成一個小小的盆地。在兩個小山崗之間為一條小溪流，溪流的兩旁則是一些可以耕種的田地，鄉親們稱之為「沖」。在溪流的出口處叫做「沖口」，是比較平坦的地方，我家即位於甘家沖口。

鄉親們常謂老鸛窩有「九沖十八坳」，所謂「坳」即是「灣」的意思，其實一條沖何止兩個灣而已。每一條沖大約住有二十餘戶人家，合計約一百餘戶，這些人家都是世世代代住在這裡，大家都很熟悉，而且差不多都還具有親戚關係，鄉下人不懂什麼優生學，只守著「同姓不婚」的古訓，由於一代一代的婚姻關係，更將鄉親們凝結在一起，彼此濃得化不開，所以一遇到農忙時節，大家都約定時間，相互支援，如遇婚喪喜慶，更是不待邀請，會自動自發前往道賀幫忙。至於遇上天災人禍，則是互通有無，相互扶持，那種聲應氣求，通力合作的精神，可說是發揮到了極致。

從小在老鸛窩，沒有聽說那家有被偷或被搶的事，好吃懶做的人是有的，但絕不會去幹傷天害理，為非作歹的事，因為如果一旦被人發現，他和他的家人便沒有顏面再在老鸛窩繼續住下去了，所以孩子們從小就被要求要忠厚老實，循規蹈矩，絕不可做出玷辱門楣令祖先蒙羞的事。只有每年中秋節的夜晚，有一種所謂「摸秋」的習俗，人們可以乘著月色，去「摸」別人家的梨子、棗子、東瓜、南瓜或池塘裡的蓮藕和魚類。家家戶戶一方面防守自己的田園，同時也會主動出擊，去「摸」人家的東西，如果被對方埋伏抓到了，雙方也只是相對一笑，傳為美談。這也可算是鄉下人在忙完收穫季節之後的一種情趣和娛樂！

農人種田，看起來很簡單，其實對於每一個環節，都有其秘訣，只是鄉下人由小而大，耳濡目染，進而實地操作，亦就習以為常，熟能生巧了。以種稻來說，先要選好穀種，培植秧苗，俟秧苗長到十公分左右，即要引水灌田、耕田、施肥、平田、混水，然後是插秧。隨著秧苗的成長，要經過三次除草，直等到稻穀成熟時，便要割穀、打穀、曬穀、風穀、裝倉，這樣才算完成了一年的任務。如果遇到天旱，則要車水、打水，在這些過程中，我覺得以插秧為最辛苦，因為插秧的人必須彎著身子，俯瞰水田，真所謂「臉朝黃土背朝天」，左手拿著一大把秧苗，右手從那一大把秧苗中分出一束一束來插在水田中，每一排插五束，插好一排即向後退，這時一大群插秧的人，依序排列，只聽見水聲，看不清他分秧插秧的細部動作，由於人多，誰也不甘落後，其速度之快，殊令人驚異。有些水田長達三百公尺以上，為了考驗插秧者的本領，同時亦為了鼓舞插秧者的情緒，先在田的盡頭插一根竹竿，上面懸掛一串鞭炮，如果領頭插秧的人，其所插的秧苗，最中間的一行最後能不偏不倚對準竹桿，就會燃放鞭炮，獲得喝采！插秧人背對著竹桿，根本看不到，但絕大多數的插秧人最後都能對準目標，實在是令人佩服。這些田間的活，我小時候也都曾經幹過，只是那時年紀小，插秧一排只能插三束。看到他們所插的秧苗，一排排，一行行，整整齊齊，美妙無比，內心好生羨慕。

至於農村其他的工作，如砍柴、種菜、挖煤礦、燒白炭、榨油、養蠶、繅絲等，亦都各有其值得研究與學習的地方，其中以挖煤礦最為危險，因為沒有任何裝備，完全是土法鍊鋼，很容易遭到傷害死亡。至於繅絲則需要相當的技巧，繅絲者先將繭子稱好，放在鍋旁，要用同樣重量的繭子，繅出同樣重量的絲來，而且絲的光澤和細緻也不能遜色。繅絲的人，左手拿著長長的筷子在鍋中不停的搗動繭子，右手則將筷子上面所繅得的絲，喂到轉動的轉盤上去，而一隻腳要很有節奏的踩動轉盤，以免繅出的絲被放在轉盤下面的火盆烤傷，另一隻腳則要穩穩的站著，以支持全身的重量，這種四肢併用，眼明手快的工作，也不是每一個人都可以做得到的。

老鸛窩由於位處偏僻山區，不但沒有鐵路公路，甚至連竹筏木船也沒有，人們日常的生活，完全依靠天生的兩條腿，許多人一輩子未進過城，未見過輪船汽車，當然更沒有看過電影聽過廣播，可以說完全生活在與世隔絕的天地中。

也許由於距離城市較遠，老百姓每年除了繳納田賦之外，政府從來也不過問，讓他們過著「日出而作，日入而息」的原始生活。民國二十四、二十六年，兩次洪水氾濫，許多稻田被沖毀，許多已經成熟的稻穀被沖走，農民們的生活頓時陷入絕境，但政府並沒有任何救濟，甚至連派人前往慰問都沒有，在那種情形下，完全要靠鄉親們自己發揮人飢己飢的精神，幫助解決生活問題。

在我家附近有一個山崗，名叫盤龍埡，另有一座山峰，叫做馬家寨，鄉親們戲稱為「龍騰馬躍」。馬家寨的峰頂，有一幢古老殘破的碉堡，四周是用石頭和磚塊砌成的圍牆，另在五家沖的山頂上，有一個洞穴，洞口很小，僅能容許一人進去，但洞內則十分寬敞，裡面鋪有許多木板，可容數百人躺臥，這些山寨和洞穴，便是以前當地老百姓用以躲避土匪的地方。

說到「土匪」，真是令人揮之不去的夢魘，小孩們哭鬧時，大人們只要說：「土匪來了！」小孩們便嚇得不敢再哭了！我三歲時，先父明政公（號寶三）即被土匪殺害，後來大伯父明金公（號品山）亦遭土匪綁架勒索，被打成重傷，不論怎樣醫治，都無法痊癒，結果成了殘廢，直到他離開人世時，他的腰始終伸不起來，一直是拄著拐杖，蹀蹀慢行，真是令人痛心。

土匪之可怕，不僅由於他們十分殘暴，而且行動飄浮，不知什麼時候會出現。好多時候都是半夜三更突然來臨，所以我們常在半夜起來逃難。記得當我剛剛記事時，有天夜晚，被嘈雜的人聲吵醒，睜眼看時，只見火光滿天，這時幾個土匪把我從被子裡拉起來，大聲吼叫說：

「你們大人再不出來，我們就殺了這孩子，燒了這房子！」

原來土匪來的太快，母親和家人都來不及逃走，甚至連身邊的孩子都來不及叫醒，便偷偷的跑到樓上，將梯子收上去，再將樓梯口用木板蓋好。土匪們進來後找來找去，就是找不到，他們便以我這小孩的生命作威脅，母親和家人們只得乖乖出來，弄飯菜給他們吃，並接收他們所提出來的一切要求，只求能保住性命就好。

還有一次，我們已在山上躲藏了好幾天，那天中午剛從山上回來弄飯吃，孰知土匪已到了門前，大約只有一百公尺左右，我趕緊退回屋內，喊了一聲「來了！」便由側門跑上山去。家人根本來不及逃跑了，好在那次土匪並未進門，也未開槍打人，後來才知道後面有追兵，他們也正在逃命！

山明水秀純樸敦厚的老鸛窩，本是一處人間仙境，但由於常有土匪出現，日子過得並不安順，所以從小常作惡夢，總是夢到在逃難，有時還會在夢中嚇得驚呼大叫。西元一九九九年十月，我第十四次返鄉探親，與家母談到當年逃難的情形，她老人家很感嘆的說：

「唉！現在惟一的好處就是不要逃難了！」

我想不論生活在什麼地方，一般老百姓，特別是農民，他們最大的希望就是「風調雨順，國泰民安」，只有身家性命獲得安全保障，人生才有意義和價值！

二、恩師來到我家

「忠厚傳家」、「耕種教子」，這幾乎是老鸛窩所有農家共同的家訓，每一個家庭，不論房子大小，都將這幾個字，刻在或寫在門楣或門額上，隨時提醒家人要恪守遵行。

老鸛窩的人，絕大多數都是自耕農，很少有佃農，只有自己耕種不完的田地才出租，正如先賢陶淵明所說：「不以躬耕為恥，不以無錢為病。」縱使家庭經濟困窘，供應子女讀書，仍被視為第一等大事，不過那時鄉間沒有公立學校，只有私塾，我的啟蒙老師，便是私塾的畢端臣先生，我的名字即是他取的，一直沿用迄今。畢老師住在院子河，距我家約五公里，對一個六、七歲的小孩來說，每天早出晚歸，也是蠻辛苦的，特別是碰到雷雨冰雪，洪水為災時，更是十分危險，好在外婆家就在近鄰，中午可到外婆家吃午飯，有時遇到大雨大雪，實在不能回家時，就到外婆家去住宿。

畢老師在老鸛窩頗有名望，因為好多家庭兩、三代人都是他的學生，我上學時，他已是白髮蒼蒼的老人了，沒有多久，我又從汪傳三、龔勳伯、汪震東、汪雲深諸先生就讀，他們教學都很認真，不但教授書本上的知識，還講授一些做人做事的道理，那時所讀的書，除了政府規定的課本外，也讀一些《三字經》、《論說精華》、《幼學瓊林》、及《論語》、《孟子》一類的書。隨著年齡的增長，三伯父明森公（號槐三）又請老師教我《醫學三字經》、《脈經淺註》等醫學書籍，窺其用意是要我向中醫方面發展，準備將來成為一位中醫師。因為那時在鄉間，生病只有看中醫，何況我家還開中藥房，大伯父是很受鄉親歡迎的獸醫，如果我能成為一位中醫師，從事醫病救人的工作，也是很不錯的。實在說來，那時生在鄉間，幾乎與外界隔絕，每天所面對的，就是那些熟悉的山，熟悉的人，根本不知道外面的世界，除了讀書之外，就是幫助家裡做事，如放牛、挑水、砍柴以及一些農田的工作。日子就這樣一天天過去，直到民國二十七年夏天，情勢才有了改變。

這年六月的一天，剛從宜昌鄉村師範學校畢業的鄉親汪憲五先生，受聘為當陽縣立淯溪小學的教務主任，他和他的堂兄（也是我們老鸛窩最具影響力的士紳—汪源清先生）一同來到我家，力勸三伯父准我到淯溪河去讀書。由於十年前，共產黨在江西、湖南、湖北一帶大搞農民運動，我們老鸛窩及各地區出外讀書的青年，很多都被其吸收，回到家鄉後，即不分青紅皂白，展開「打倒土豪劣紳」，實施血腥屠殺，而國民政府實施「清黨」之後，又大肆反撲，將所有參加共產黨的青年，亦都趕盡殺絕。雙方屠殺的結果，地方上的菁英幾乎全部遭殃，所以鄉下人都不敢再把子女送到城裡去讀書。現在情勢已趨穩定，所以憲五先生和源清先生勸說三伯父，准我出外讀書，他們所持的理由是我家的經濟狀況不錯，我讀書的成績也很好，同時將來還可為地方服務。三伯父看在他們兩位的份上，這才同意我到湞溪去報考「高等小學」，即小學五年級。

湞溪小學招考，大概是在八月，我們約好先到源清先生家裡住宿，第二天由汪源明先生帶領源清先生的長子汪浩如（家禧）和我一起，前往湞溪河。當我們出發的時候，浩如的祖母出來送行，有位鄰居對我們說：

「你們去了，還回不回來？」

浩如的祖母立刻大聲回答說：

「當然回來！過年就回來！怎麼這樣說話？！」

在老祖母看來，這話是犯了忌諱，不吉祥的。

那時天氣很熱，我們走的汗流浹背，到達湞溪河時已是夕陽西下，這是我第一次進城，也是我第一次離家遠行。夜宿「洪昌行」，它不是旅社，而是一家和我們家鄉有來往的絲行，沒有床舖，我們就睡在幾條長凳上，入夜以後，可怕的臭蟲全部出動，咬得全身紅腫，奇癢無比，一夜都睡不著，直到天亮才勉強入睡。醒來倉卒吃過早餐，前往學校考試，學校在嚴家大墳，要走幾十分鐘，等我進入試場時，考試已經開始了，嚇得我發抖。記得第一堂是考國文，作文題目是：「給前方將士的一封信」，我拿起筆來就寫，這時汪憲五先生大概等的著急，有些生氣，他走到我身邊，劈頭就說：

「怎麼現在才來？」

我答：「沒有鐘，不知道時間！」

他又說：「為什麼不打草稿？」

我說：「恐怕來不及了！」

他語氣比較緩和的說：

「剛開始，不要慌，好好的寫！」

這時我的一顆心才逐漸平靜下來。等到放榜時，好多人都擠到榜前，我這鄉下老土，根本不敢上前去看，惟有和汪浩如學長站得遠遠的，只聽見有人在說：

「陳祖耀是誰？他考第一名，他不是我們學校的，他是哪裡來的？！」

當時我心裡有一些高興，但仍不敢太相信，深怕有同名同姓的。後來去見憲五先生，他說：

「你考的很好，我已請源明回去通知你家裡，派人送錢和行李來！」

就這樣我得以進入淯溪小學五年級上學期就讀。

由於日本鬼子的瘋狂進犯，不僅北平、天津、上海、南京等重要城市相繼淪陷，即湖北省的黃梅、廣濟、蘄春、大冶、黃陂等縣，亦相繼失守，日軍的飛機更是肆無忌憚的飛臨各大小城鎮大肆轟炸，學校為了保護學生的安全，每天提前吃過早飯後，即由老師們分別率領到鄉間，好像母雞帶小雞一樣，尋求可以掩護的地方上課，淯溪河沒有高山，只有一些丘陵，而丘陵都是光禿禿的，沒有樹木可資掩護，所以老師們只好將學生帶到農家的田莊或河邊的樹蔭下，這樣長久在外，不但炊事們到各處送飯很辛苦，而男女學生在露天大小便，亦多所不便，更重要的是武漢三鎮在這（民國二十七）年十月二十六日亦被日軍攻陷，學校經過審慎研究，報請上級核准，決定提前放寒假，讓學生各自回家，以免遭受日軍飛機的轟炸。

等到第二年新春開學時，學校已搬到距淯溪河約二十餘公里的普濟寺了。我入學以後從未見過的校長周景頤先生亦已辭職，而由教務主任汪憲五先生正式接任校長。他率領全校師生，慘澹經營，使我們有一個比較安定的讀書環境。並利用假期，帶領我們師生到各地去做抗日宣傳。記得有一齣街頭劇，劇名叫「放下你的鞭子」，劇情大意是說一位老爺爺，帶著小孫女在街頭賣唱，向觀眾討賞錢，以維持生活，小孫女由於生病，唱的不好，老爺爺生氣，拿起鞭子打她，觀眾認為這個老爺爺太狠心，群起喊打，要他放下鞭子。這時小孫女即跪下向觀眾求饒，說明由於日軍殘暴侵略，全家都遭受屠殺，只有他們爺孫兩人得以逃過毒手，彼此相依為命，沒有吃，沒有住，爺爺非常辛苦，說的爺孫兩人哭成一團，並說這一切都是日本鬼子所造的孽，大家惟有團結一致，打敗日本軍閥，爭取抗戰勝利。那個老爺爺即是汪校長親自扮演，不知贏得多少人的眼淚和捐獻。

又有幾次，在各地演出「三江好」，那「三江好」是一個漢奸，亦是由汪校長親自擔任，由於他演的太逼真，觀眾情緒激昂，高聲喊打，我們師生即連忙將校長圍住，並大聲喊說：

「他是我們的校長，千萬不能打！」

觀眾則吼叫：「校長怎麼會當漢奸？打！」

汪校長立即抹去臉上的化粧，莊嚴大聲的對觀眾說：

「這是演戲！我真的是校長！各位看漢奸是多麼可惡，多麼可怕，我們要團結起來，打殺漢奸，打倒日本帝國主義！」

三、殘暴的日本軍閥

普濟寺雖位於山區，交通不便，但學校每天均派人到淯溪河去採購各種食物與用具，又將部分廟產田地分給各班學生，在課餘時鋤地種菜，既可鍛鍊身體，又可增加菜餚。有時雖然也跑警報，但躲在山溝裡上課，夏天也很涼爽舒適，所以這一年多的學校生活，可以說過的相當平靜愉快。

但好景不常，民國二十九（一九四〇）年五月，日本軍閥集中七個師團的兵力，分向鄂中、鄂南、及豫南進犯，隨縣和棗陽立即展開會戰，有名的國軍第三十三集團軍總司令張自忠中將，並在棗陽會戰中陣亡，戰況極為慘烈。

六月一日，鄂北的重鎮襄陽市亦告失守，這時校長汪憲五鑒於情勢十分危急，決定提前舉行畢業考與期末考，可是就在六月三日的晚上，忽然有幾個穿著制服的逃兵，慌慌張張的跑到我們學校，一面跑，一面問：

「這裡有沒有日軍？」

我們都以為他們神經病，怎麼會有日軍跑到我們學校來，大家一致回答說：

「沒有！」

他們卻大聲說：「日本鬼子已到了觀音寺！」

天呀！觀音寺這個市鎮，距離我們學校不過才二十多公里，兩個多月前，我們還利用春假，前往演戲唱歌，從事抗日宣傳活動，返校時，途經白石港，由於溪水暴漲，將我們所乘的破舊渡船沖入漳河，漳河的水勢更為洶湧，船上所使用的撐竿根本失去作用，差一點使我們慘遭滅頂。現在日本鬼子如使用騎兵，一個衝鋒便可立刻到達學校，於是趕緊向校長和老師們報告，校長立即派人到前面山崗上去觀察，這時天色已晚，但見觀音寺那邊一片火紅，原本擁有幾百戶商店的觀音寺，已被日本鬼子付之一炬！汪校長眼見情勢危急，乃當機立斷，命令全校師生集合，由低年級的師生領頭，前往丁家河！

當時學校師生雖僅兩百多人，但低年級的同學年紀很小，走的很慢，尤其天色漆黑，鄉間的山路又是羊腸小徑，上坡下坡，必須摸索著前進，我們是畢業班，被安排在最後，我因被選為學生自治區的區長，更是走在最後的一人，當時心中十分著急，因為前往丁家河，必須經過廣善坡，而廣善坡距觀音寺比學校距觀音寺還要近，但我們又必須通過廣善坡，才能到達丁家河，然後才能進入連綿不斷的高山叢林，獲得大自然的保護。

當前面的師生到達廣善坡時，當地正有國軍嚴陣以待，以防日軍利用此地的小路進攻當陽與遠安，今見我們大批師生到來，深恐影響作戰，要我們立即退後。經汪校長和他們交涉，才允許我們迅速跑步通過，當時同學們都已走得筋疲力盡，但為了逃命，亦只有拼力前行，等我們剛剛過了廣善坡，準備到傅正桂同學家裡去吃早飯時，天色已露出曙光，日軍的飛機即已飛臨頭上，開始掃射，同時廣善坡亦已槍砲聲大作，我們原以為日軍會順著漳河南下，直趨淯溪鎮與當陽城，誰知日軍竟兵分兩路，一路進攻淯溪、當陽，一路則取捷徑，由山區小路，經廣善坡、水田灣、石馬糟等地攻取遠安，再分進合擊，進攻宜昌。當兩軍相接時，砲火十分熾烈，我們心驚膽戰，只得俯伏地面，各自利用地形地物掩護，任憑子彈從頭頂飛過，不敢動彈，有時子彈就落在身邊，真是十分危險，經過幾個小時的戰鬥，槍聲漸遠，我們才慢慢從叢林中爬過山頂，前往丁家河，到達訓導主任丁健中及其鄰居家中飲水吃飯，並迅速進入山林。由於走了一天一夜，加之天氣酷熱，沒有吃，沒有喝，大家都十分疲憊難過，但能保住性命，已算不幸中的大幸！

日軍的進攻十分快速，只一個星期，即於六月十二日攻佔由長江進入四川的門戶宜昌。其後這兩百多男女同學，便一直在校長汪憲五先生的率領下，由丁家河、黃白寺、老鸛窩及其鄰近的地區，一方面要供給住宿食物，同時又要照顧其健康與安全，真是費盡心力。直到局勢逐漸穩定之後，方由家長們一一接回，而那已是半年以後的事了。

我雖然住在十分偏僻的鄉間，兇殘的日軍卻仍時常前來騷擾，且行動飄忽，防不勝防，一有風聲，人們就逃進山林裡躲藏，且常隨著日軍的移動，由這山逃到那山，由於風吹雨打，烈日暴曬，入冬以後，更是雪飛霜降，寒冷異常，很多人都為之罹患疾病，加之醫藥缺乏，死亡者不計其數，我堂兄的三個可愛的兒女，竟在一個月內相繼死亡，全家人為之哭成一團。

民國三十年四月二十八日清晨，當人們正從山林中回到家裡早餐時，二舅驟然發現一群日軍聚集在他們逃匿的親戚家的門前山崗上，他和二舅媽立即奪門而出，利用熟悉的地形地物逃過日軍的追殺，但高齡七十的外婆，纏著一雙小腳，行動遲緩，來不及逃走，結果竟慘遭日本鬼子殺害，五十多年來，這一令人切齒錐心的慘事，就像一條毒蟲一直啃蝕著我的心，每想到我那慈祥親切的外婆，竟遭到如此悲慘的劫難，我就痛苦悲戚，義憤填膺。

就在外婆被殺的那一天，日軍還燒毀了我家的房屋，而我的兩位堂姐夫龐萬春和汪宗福，亦因抗日戰爭一被「徵兵」，一被「拉伕」，兩人均一去不返，音信渺無，不知葬身何處？我的兩位親愛的堂姐祖韓與祖魏，不知為他們流了多少眼淚，受了多少罪，「可憐無定河邊骨，猶是春閨夢裡人」，直到她們大去之日，猶眼巴巴的在盼望著他們歸來！所以我對日本軍閥，一直深惡痛絕，我從不聽日本歌，不看日本電影，直到民國七十二年進入中華電視公司服務以後，由於若干機器設備係由日本製造，節目製作亦常與日本合作，因此在主辦單位的要求下，不得不與日本人士打交道，主持簡報，研討問題，有時還得接受日方的邀請，前往參觀訪問，對我來說，實在是一件很痛苦的事，不過交往久了，我也逐漸體會到所有的一切罪孽，都是日本軍閥造成的，不能怪罪一般日本人民，因此我的心才逐漸獲得平靜。

註：在五家沖的山頂上，有一個天池，傳說以前有一群鸛鳥在那兒棲息，故叫老鸛窩。後來池水乾涸了，鸛鳥也都不見了。我小時逃難時，曾多次經過那裡。

第二章　流亡學生

一、船在長江三峽失火

日軍侵佔當陽縣後，縣政府被迫經過一段時期的流徙，最後選定我家附近盤龍埡的一幢汪家大宅，作為辦公的處所，這汪府的和平、泰平等兄弟，都是我的同學，他們的曾祖父是前清的進士，大門上鐫有「進士及第」四個大字，由於這位進士有五個兒子，所以五棟房子都同樣刻有「進士及第」的橫額，每一棟房子都是雕樑畫棟，很有氣魄，尤其每一道門崁都很高，兒童根本無法跨越。小時候到汪府去玩，必須先爬上門崁再翻越過去，而且每道門崁都是如此，令人視為畏途。

汪憲五先生所帶領的兩百多名男女學生，經過半年多的連繫，好不容易相繼被家長們接回，縣政府特請汪校長到教育科工作，因此他經常從我家門前經過，看見我在放牛及作一些農田的工作，認為長此下去乃是對青春的一種浪費，極力鼓勵我到後方去讀書，並說明政府如何搶救淪陷區青年學生的一些作法，讓家人放心。

那時由於日軍時常下鄉騷擾，姦淫燒殺，無惡不作，不但生活沒有保障，生命更感受威脅，因此在憲五先生的鼓勵與安排下，獲得堂兄祖鑑（號藻卿）的同意，我和汪裕九、高澤權、丁冰人等四人，請了一個急欲返鄉的四川逃兵幫我們挑被子，我們自己背著衣物和日常用品，於民國三十年臘月初一，在我家會合後，一起向鄂西與四川接界的咸豐縣甲馬池出發。

當時正值嚴冬，氣候十分寒冷，由於遠安和宜昌均被日軍侵佔，我們必須繞道徐家棚、羅漢隘、望家埡、下堡坪等山區小徑，有些地段，國軍為了防止日軍的突襲，還佈設地雷，稍一不慎，即有粉身碎骨之慮，老鸛窩貫昌河的袁吉五，便是因踹到地雷而遭到慘死的，所以行進時須十分小心。我們走了四天，才到達長江邊上的蓮沱，這是我第一次見到久已聞名的長江，雖然十分疲累，但心中卻無比的興奮喜悅。

自蓮沱渡江到南沱，再沿長江上行便是三斗坪。那時的三斗坪，只是一些簡陋的草棚，不過生意卻十分興隆，因為從湖北、河南等地前往大後方的商旅，必須經過此地。他們挑著棉花、香煙、及各種產品，先在這裡集中，然後由輪船運到巴東轉往恩施，或直接運往四川。長江的運輸工具，除了幾艘小型的軍艦外，最重要的便是被政府徵用的民生公司的船舶，我們在三斗坪停留了兩天，然後搭乘民主號輪前往巴東。

三峽是世界聞名的天險，尤其冬天枯水季節，灘高水急，驚濤裂岸，更是驚險萬狀，當我們所乘的民主輪正在西陵峽的新灘附近逆流而上時，船身震動得十分厲害，漆黑的夜空，發出江水的怒吼，顯得格外恐怖，這時忽然船上火光四起，濃煙撲鼻，有些乘客甚至抱著棉被，準備必要時跳船，我們四個孩子，則是靜靜的坐在一起，一切只有聽天由命，因為在那樣湍急的江流中，跳下去也必是死路一條。所幸船上的水手們非常機警勇敢，他們一手抓緊欄杆，一手傳遞水桶，奮不顧身的搶救，經過一段時間的努力，終於將火撲滅，大家都欣喜莫名，感激涕零，尤其那火焰是在船頂燃燒，如果是在底艙或中層，可能就更危險了，真是謝天謝地，使我們逃過了鬼門關！

從巴東開始又是步行，雄偉峻峭的巴山（又名金字山），一眼望不到山頂，由於積雪太深，車輛不能行駛，我們在冰天凍地中，奮力爬行了一天，才爬上了綠蔥坡。接著數天都在雪中前進，路上不僅行人稀少，房屋也看不到幾幢，走得十分疲累時，想找個休息的地方都沒有，而且沿途還看到一些殷紅的血跡，更增加內心的恐懼。每天必須趕到一定的地點才有客棧，有時連炊煙和飛鳥都看不到，真是「北風捲地寒侵骨，凍雪連山鳥不飛」。記得有一天，我們必須趕到一個名叫「大灣」的地方過夜，因為只有那兒才有客棧，可是冬天的白晝特別短，我們又都沒有鐘錶，忍飢耐寒，在黑夜中踏著雪色向前行，路上還幾度聽到野獸吼叫的聲音，真是十分恐怖，不知走了多久，才遇到一家客棧，所謂客棧，沒有床，也沒有寢具，只是在地上鋪上一些稻草，我們將自己帶的被子打開，吃過飯後，即倒地而睡。由於聽說在荒野地段有人開「黑店」，夜間會謀財害命，我們雖然沒有財，只有命，但躺在地上，開始時也有一些耽心，這條小命會不會遭到謀害，但因實在太累，不久也就矇矓入睡了！就這樣一直走到崔家壩，才算走出了蠻荒險惡的叢山峻嶺，眼看山勢逐漸低矮，人戶逐漸多了起來，我們心裡的恐懼才稍得以疏解。從巴東到恩施，不過二百多公里，我們翻山越嶺拼命趕路，竟走了一個星期，穿著布鞋在冰雪中行走，鞋是濕的，腳是冰的，越走越不舒服，經熱水一洗，方知已磨出泡來！

恩施原名施南，是湖北省抗戰時期的省會，也是第六戰區司令長官部所在地，當時的司令長官為陳誠上將，他並兼任湖北省主席，為了搶救淪陷區的青少年，據說他特別減少保安團的數目和經費，用以成立湖北省立聯合中學，搶救淪陷區逃亡出來的學生，還親自兼任校長，在主持聯合紀念週時，他特別勉勵學生要「讀書不忘救國，救國不忘讀書」。

我們在恩施住了幾天，然後搭汽車前往咸豐。由於那時汽油得來不易，價錢十分昂貴，有所謂「一滴汽油一滴血」，普通的汽車都不用汽油，而改用代替品，因此跑的很慢，遇到上坡時，因為馬力不夠，有時要幾次才能衝上去，不但開車的人很費力，乘車的人也很辛苦，大家都吐的很厲害，不過二百多公里的車程，竟走了好幾個小時才到達咸豐。第二天，我和高澤權學長背著棉被和衣物，再經一整天的跋涉，終於抵達甲馬池的墨池寺。

二、整天在饑餓中

當我們抵達位於墨池寺的省立秭歸初中時，學校正在放寒假，我們只有借住農家，那時鄂西山區的農家，似乎比我們當陽縣的農家還要窮困，他們沒有客房，沒有床鋪，我們只得打地鋪，合衣睡在稻草堆上，蓋著自己所帶的棉被，勉強可以禦寒。吃飯則是在農家搭伙，他們吃甚麼，我們跟著吃甚麼，由於農家生活簡單，因此所收費用也就相當低廉。

那時學校已實行秋季始業，春季沒有一上可讀，學校看我們不遠千里艱辛跋涉而來，唯一可通融的辦法，就是隨班旁聽，如各科考試成績及格，再報請納為正式生。好不容易有這樣一個讀書的機會，當然要專心一意的奮力向學，不論月考或期考，成績都很不錯，因此得以順利取得學籍。

抗戰期間，物資極為缺乏，我們住在廟裡，因陋就簡，睡的是上下兩層的統舖，寢室外面雖有走廊，但卻沒有牆壁，夏天入夜以後，涼風送爽，相當怡人，可是冬天則因風雪可以直接吹進來，冷的令人發抖。沒有盥洗室，更沒有自來水，只每人自購一個臉盆，早晨起來，要到兩百公尺以外的水井去打水洗臉，而後再端一盆水回來，以備晚上洗澡，夏天缺水時，則要下山到山溝裡去洗澡洗衣，並端一盆水回來供廚房使用。廁所則是一座可以數十人同時使用的大茅房，為了防止臭味，距離教室和寢室都很遠，又沒有任何照明設備，如遇上夜間拉肚子，就十分不方便。

學生一律公費，但發的食米雜糧總是不夠吃，而且是三成包穀（玉米），七成稻米，稻米不僅是糙米，且多參有粺子和沙石，稍一不慎，即會咬到石子，傷及牙齒，有時且是一天兩餐稀飯，一餐乾飯，用包穀煮稀飯，由於缺乏黏性，水是水，包穀是包穀，很難以充飢。而且又沒有葷菜，甚至連油鹽都沒有，因為那時沿海地區都已被日軍佔領，不容易買到鹽，只有四川出產的岩鹽或稱「鹽巴」，灰灰黑黑的，必須經過高溫炒過才能吃，也沒有豬油或其他動物油，甚至連菜油、麻油等植物油也沒有，只有茶油（用茶樹籽榨的），苦苦澀澀的，亦須經過高溫才能吃，因此炒菜時，總是先將茶油倒進鍋裡，等熱到冒煙時，再將鹽巴放進去，再經過一段時間，才可以將菜放進鍋裡去炒或煮。

說到蔬菜，我們也只能買一些萵苣葉、大白菜、南瓜、黃瓜、洋芋等，雞肉、雞蛋、豬肉、花生米等，根本買不起。早餐吃稀飯時，每人只有幾顆炒熟的黃豆，午餐和晚餐吃得最多的是「合渣」，即將黃豆用水泡過以後磨碎，然後與青菜一起放在鍋裡煮，連菜帶湯一起吃。一個月才打一次「牙祭」，一人可以吃到幾片豬肉，由於缺乏營養，整天都在饑餓狀態中，如果能吃到一碗豬油拌飯，或到附近農家炒一碗洋芋填飽肚子，便算是很大的享受了！

學校沒有餐廳，也沒有餐桌餐椅，開飯時只是在禮堂的地上，擺上一些菜盆（鋁質的臉盆），八人一盆，大家按固定的地點集合站隊後再魚貫而入，分別就定位，先盛好飯，等值日老師下達「開動」的口令，大家才蹲下去用餐，十五分鐘一到，即吹哨子叫「停」，沒有吃完的亦得放下碗筷，到外面集合，完全是一種軍事管理。

十幾歲正是求知慾最強、記憶力最佳的時期，可是學校沒有圖書館，也沒有課外讀物，甚至在那窮鄉偏壤的山區，連英文老師也請不到，英文沒有打好基礎，成了一輩子的痛。學生沒有報紙看，唯一的一份雜誌是三民主義青年團中央團部所印發的「時代精神」，大家都視為珍寶，爭相閱讀，可以說是發揮了最高的效用。除了音樂、體育課程外，沒有任何娛樂活動，因此，大家都將心力和時間用在課業上，所以國文、歷史、地理、公民等，都可以背得滾瓜爛熟的。晚自習時，兩人一盞桐油燈，因為桐油最便宜，而以桐油點燈，光很弱，煙很大，整個教室都是煙霧彌漫，翌日早晨洗臉時，鼻孔裡面全是黑黑的。惟那時似乎很少有人患近視，可能一方面沒有醫師驗光，同時也沒有錢和店鋪可以配眼鏡。沒有鞋穿，自己學著打草鞋，而穿著草鞋在雪地行走，腳上會沾很多雪，遇到雪地結冰，穿草鞋倒不會滑，整個冬天，腳都是冰的，很多人都生凍瘡，行動非常不方便。

三、遭受「政治迫害」

物質生活的窮困，倒還可以忍受，心靈上的磨難，則是最為痛苦。有天下午，級任導師同時也是我的國文教師程雁秋先生，把我叫到他的房間，他把門一關，滿臉陰沉嚴肅的對我說：

「你當採買貪污，趕快招認，把錢賠出來，否則學校要開除你！」

這真是晴天霹靂，從何說起，怎麼會有這種事臨到我的頭上，真不敢相信自己的耳朵。我急忙回答說：

「老師，今天的採買是我和冉文新兩人，他可以證明我絕沒有貪污！」

程老師把桌子一拍，很嚴厲的說：

「你還敢狡辯！冉文新不來告訴我，我怎麼會知道！你如坦白承認，趕快去寫張悔過書來，我可以為你向訓導主任說情，減輕對你的處分。否則將你開除，看你到哪裡去？！」

是的，我能到哪裡去呢？！

他這一下可真把我給嚇哭了！想到我離鄉背井，千辛萬苦才能進入這個學校，如真被開除了，人生地不熟，我怎麼辦呢？！

程老師看我哭的傷心，立即輕聲對我說：

「人非聖賢，孰能無過，知過能改，善莫大焉，只要你能悔過，去寫一張悔過書來，我會向校長和訓導主任為你求情，減輕對你的處分！」

我根本沒有貪污，如何能寫悔過書，但老師的話又不能不聽，我該怎麼辦？！

這樣可恥可悲丟人難堪的事，連最要好的同學亦都不好啟齒，只得獨自一人偷偷流淚，想想冉文新同學，他是當地人，也是農家子弟，我又沒有得罪他，為何要這樣陷害我，然而程老師說是他說的，我若找他對質，他也決不會幫我，想想沒有辦法，只得遵照程老師的吩咐，寫一份悔過書，承認自己犯了錯，請求學校能夠寬恕，孰知第二天下午，佈告欄裡即貼出一張佈告，說我當採買貪污，給我記大過一次，當同學們一陣嘩然大聲談論時，我真恨不得能一頭鑽進地底裡去，從此永遠消失算了！從小長輩們就告訴我要忠厚老實，要規規矩矩，要尊師重道，今天為什麼我的老師和同學要聯合起來陷害我，今後我將如何作人，如何生存？活著實在只是一種羞辱，還不如一死了之。但又想到我如死了，我的冤屈有誰知道？！而且我如何能對得起生我育我將全部希望寄託在我身上的母親？！種種愁緒襲上心頭，真不知如何是好！這時和我一起跋涉千里，一同入學的高澤權學長找到我，他問我：

「到底是怎麼回事？！怎麼會這樣？！」

我說：「我也不知道！」

他和我一樣也陷入沉默痛苦中。後來在他的勸慰和鼓勵下，我忍氣吞聲，帶著羞辱活下來，將一切的冤屈和苦痛都埋在心底，我要更勤奮堅強的努力學習！

也許是上帝的憐憫，其實我那時還根本不認識上帝，就在一個多月後，那位程雁秋老師竟然在夜間逃走了，原來他是潛伏在學校裡的一位「問題人物」（後來有人說他是漢奸），他的任務就是要搞垮校長余德隆先生，他曾多次以匿名信向上級檢舉余校長，教育廳長張伯謹博士（來臺後曾任駐日大使館參事，我在臺北曾多次晉謁請益，他也住在天母，而且是鄰居。）且曾親自跋涉數十里蒞臨學校視察，藉以深入了解，因為余校長是當陽人，連我這個從當陽來的流亡學生也不放過。西元一九九三年我返鄉探親時，和當年曾在秭歸初中擔任事務主任的張仁傑先生談起，張先生說當年就是因為程雁秋在學校興風作浪，他才離開秭歸初中，前往來鳳初中任教。現在想來，那也應該算是一場「政治鬥爭」，而我一個小小的流亡學生，竟也莫名其妙的被捲入其中，成了「政治迫害」的犧牲品，實在是冤枉透頂！那個程雁秋老師大概已經知道政府正在偵查他的真實身分，恐怕會被逮捕，所以連夜逃走。不過後來聽說還是被政府有關單位逮著了！

古人說「禍兮福所倚」，就在二上那個學期，勞作課分給我的園地所栽種的洋芋，竟然超過其他同學們所收穫的一倍以上，校長何欽朋先生找我去談話，問我是怎樣栽種的，我說我也沒有甚麼特殊的方法，只是照著一般農家所採用的生產過程與方法而已。何校長說其他的同學，也絕大多數都是農家子弟，為何就沒有你收穫的那樣多，你把詳細的生產過程和方法寫出來送給我，好作為以後栽種的參考。校長既然要我寫，就只得遵命，我很快即寫好送給校長。孰知第二天，佈告欄裡即貼出一張很大的佈告，說我栽種的洋芋不但收穫的特別多，而且還將生產的過程、方法與注意事項都寫出來，很值得參考，並說這種認真負責勤於研究的態度與精神，很值得獎勵，特記大功一次。當時我真感到莫名其妙，怎麼會因栽種洋芋而獲得記大功的榮譽。後來隨著年歲的增長，我才逐漸體悟，那也可能是何欽朋校長在擔任訓導主任時，聽了程雁秋老師的片面之辭，未經查證，即給我記大過一次，害得我差一點沒命了，及至程雁秋老師逃走之後，他仔細觀察，可能也曾找其他的老師和同學查問，知道我實在是被冤枉的，所以才藉著這樣的一個機會，給我記大功，使我功過相抵，還我清白。何校長如此用心良苦，我一輩子都非常感激。惟被冤枉「記大過」的事，仍像一塊烙在我心上的疤痕，永遠都無法忘記！五十多年來，每當想起那種被冤枉被羞辱的情景，心裡便非常痛苦。有一次在家吃飯時，談起當年的情形，我忍不住流下淚來，把孩子們都嚇到了！我真希望所有作老師的人一定要有愛心，千萬不要傷害到學生的自尊與心靈！

「初中二上」對我來說，真是一個關鍵時刻，由於無緣無故被記大過，既然決定要厚顏活下去，就必須臥薪嘗膽，雪恥圖強，因此各科考試成績都非常良好，除音樂為八十八分外（仍為全班最高分，我還是音樂隊長），公民、勞作都是一百分，其餘各科亦均在九十五分以上，總平均為九六、九七分，為全校之冠。校長何欽朋先生特在全校週會時，頒發獎狀獎品，並在講話中對我大大的表揚一番，六十年來，不論如何顛沛流離，許多證件和物品都已遺失，唯獨那兩張獎狀和成績單，雖然已經殘破，我仍一直保存著。而且自此以後，何校長將學校的許多文件和資料都交給我繕寫，並在校長室增設一張書桌，課餘時就教我去「打工」，儼然成了何校長的私人秘書。由於「打工」的成績不錯，何校長每學期都給我一點點零用錢，讓我能用以購買文具紙張。六十多年來，何校長的深恩厚德，一直銘記在心，只是這樣一位宅心仁厚愛護學生的教育家，當中共於西元一九四九年攫取政權後，據說卻在宜昌將他「鎮壓」（殺害），同時被鎮壓的，還有訓導主任熊人鳳老師，聞之真令人傷痛悲憤不已！

四、分發湖北省立七高

湖北省政府教育廳當時規定，所有初中應屆畢業的學生，都要分區集中考試，由教育廳統一派人命題、監考、閱卷，並按成績統一分發學校。設於咸豐縣的四所初中，集中在咸豐城裡考試，學校安排我們食宿都在「民享社」，那是陳誠將軍任省主席時所創辦的一種旅社和食堂，不分貧富貴賤，都可以進住，很多販夫走卒和公教人員都可以在同一個餐廳，享用同樣價格低廉而頗富營養的食物，實在是一大德政，尤其我們苦哈哈的流亡學生，也能進去食住，迄今猶念念難忘。

試場座號是將四所初中的學生，以間隔的方式統一編排，前後左右互不相識，目的當然是在防止作弊。兩天考試完畢後，各自回到自己的學校舉行畢業，等候分發。由於絕大多數同學都無家可歸，雖已畢業，仍要住在學校，由政府供給食住，我和好友任藝華學長則非常幸運，獲得學校推薦，前往三民主義青年團湖北支團部去服務。那時的三民主義青年團，在高中設有分團，在初中設有區隊，區隊長由訓導主任兼任，區隊附與組織、訓練、宣傳、服務等四股的股長、股員等，則由學生擔任，運用課餘時間，遵照上級的指示，有計畫的對同學與附近民眾，做一些抗日救國的宣傳服務工作。我和任藝華學長都曾擔任過區隊附和股長的職務，參加支團部所舉辦的各種比賽，亦都獲得獎勵，因此支團部允許我們利用暑假前往「打工」，幫忙作一些整理資料及抄抄寫寫的工作，暑假結束時並發給些許零用金，用來購買文具紙張等。記得那時的支團部位於恩施的東門，臨近清江。兼主任委員為第六戰區的司令長官孫連仲將軍，他同時也是湖北省的主席，書記則為劉先雲先生，我們分在第二組，組長為胡兆和先生，副組長為鄭耀漢先生，劉先雲先生和胡兆和先生後來都隨政府來到臺灣，我曾多次晉見請益，他們對我仍很親切熱誠，愛護有加。惟鄭耀漢先生留在大陸被中共殺害，殊為哀痛！

一天下午，書記劉先雲先生派人叫我到他辦公室接電話（那時全支團部似乎只有那一隻電話），原來是我的恩師汪憲五先生打來的，汪老師亦已來到恩施，在湖北省訓團擔任股長，他約我當天晚上到清江橋上見面，離家兩年多，他是我見到的唯一親人，是夜月白風清，人車稀少，師生兩人沿著清江橋至土橋壩（第六戰區司令長官部所在地）的路上來回行走，邊走邊談，似有說不完的心曲，汪老師很關心的問我：

「你的志願填的是哪個學校？」

我說：「省立第九師範。」

汪老師說：「為什麼填師範？你的成績一直很好，應該讀高中！」

我說：「我喜歡教書，老師不也是師範畢業嗎？」

汪老師說：「我和你情況不一樣，你以後還可以升大學，一定要讀高中！」

我說：「我哪有條件讀大學，想都不敢想！」

汪老師說：「現在大學也有公費，只要你考得上，而且我相信你一定可以考得上，我去找教育廳，請他們按你的成績分發！」

一個多月後，我接到通知，分發省立第七高中，這是當時全省最好的一所高中，就在恩施附近的金子壩，同時我的好友任藝華學長也分發七高，今後我們又可以在一起了，真是太好了！

七高的教育是嚴格的，管理卻相當鬆散，沒有早晚點名，也很少全校集合，因為根本就沒有大禮堂，由於課業繁重，每個人清晨起來即拿著課本，到後面山坡上找一個自己中意的地方，讀書、背書、記公式，準備迎接新的一天的挑戰。大家都拼的很厲害，誰也不甘心落後，尤其能進入這個學校，已是一種榮譽，無不專心一意，兢兢業業，希望能獲得優良的成績。只是由於戰時物資十分缺乏，伙食仍然很差，雖然校內有大餅、油條、花生、烤紅薯等食物出售，但阮囊羞澀，亦只能望物興嘆，每天仍在飢餓中煎熬。

第三章　十萬青年十萬軍

一、響應蔣委員長的號召

民國二十六年七月七日日本軍閥以現代化的強大兵力進犯我國，揚言「三月亡華」，我全國軍民同胞面臨生死存亡的關頭，在最高領袖蔣中正委員長的英明領導下，前仆後繼，浴血抗戰，至民國三十三年八月，已進入第八個年頭。

而在這一年，正是我國長期抗戰最艱苦的一年，也是日本軍閥對我國攻勢最凌厲的一年。因為當時盟軍在歐洲戰場已壓制了德軍的攻勢，逐漸向歐陸推進；在太平洋方面，美國海空軍已大挫日軍艦隊，正進行跳島作戰，威脅到日本本土及海洋交通。至於緬甸戰場，史迪威（Joseph W. Stilwell）與馬歇爾（George C. Marshall）聯合向蔣委員長要求派遣遠征軍前往作戰，當時蔣委員長因日軍對我國正展開強烈攻勢，本不宜分兵作戰，但史迪威以斷絕美援物資供應相威脅，幾經協調，我遠征軍乃於民國三十三年四月由雲南出發，配合原已入印的中國遠征軍，對緬北的日軍進行攻擊。

這時日軍大本營為了補償其在太平洋所受的損失，不惜孤注一擲，同時為避免美國潛艇與空軍襲擊其沿海交通線，急欲打通平漢、粵漢、湘桂、滇越等鐵路線，希望能形成大陸走廊，使其軍隊與物質可從東北直達廣州、越南，所以日軍調集五十萬大軍，實施所謂「一號作戰」，在我國河南發動猛烈攻勢，於四月攻陷鄭州，五月攻陷洛陽，同時並攻陷湖北省的襄陽、公安等縣城，復渡江南下進攻湖南的長、衡，長沙於六月十八日為其攻陷，衡陽守軍方先覺部拼命死守，血戰六個星期，至八月八日犧牲殆盡，衡陽亦告陷落。日軍再沿湘桂鐵路攻佔桂林、柳州，並於十二月五日攻陷貴州的獨山，距離貴陽僅六十公里，使陪都重慶為之震驚。

在這種強敵當前、內憂重重的情形下，最高領袖蔣委員長盱衡國內外情勢，認為盟軍反攻形勢已成，民心士氣高昂，為加強對日作戰的實力，並建立現代化的國防軍隊，乃於民國三十三年八月二十四日與二十七日，即衡陽失守的半個月後，兩度指示中國國民黨中央黨部與三民主義青年團中央團部，策劃知識青年從軍，爭取抗戰的最後勝利，以十萬人為目標，三個月內完成徵集。有關單位奉令後，即積極進行策劃，擬定徵集辦法與訓練計劃，並於十月十一日起在重慶舉行「發動知識青年從軍會議」，一連四天，詳細研討各種有關的計劃與辦法，蔣委員長曾數度蒞會致詞，他在十一日開幕典禮中說：

「這個運動如果成功，我們軍隊的力量固然可以增強，就是將來建國的工作也有了穩固的基礎。・・・而要發動知識份子，首先就要我們各級黨部的委員、團部的幹事，以及一切負責的幹部，凡年齡在三十五歲以下率先登記從軍。・・・我有兩個兒子，大的今年三十五歲，小的今年二十九歲，我現在都叫他們同時參加遠征軍服役；而且將來出征作戰，我決定親自來統率這個部隊，與一般士兵同志同生死、共甘苦，我覺得在我五十八歲的今年，能夠再回到我早年持槍作戰的生活，實在是生平最大的快事！」（註一）

十月十四日會議結束的同時，即成立「全國知識青年志願從軍指導委員會」，推定黨、政、軍、教、新聞、文化等各界領袖人士為委員，其他各級徵集委員會亦迅即成立，並以：

一寸山河一寸血，

十萬青年十萬軍。

為激勵青年從軍的口號，利用各種新聞媒体大肆宣傳，期能喚起知識青年對危機的警覺，對國家的熱愛；抱定犧牲奮鬥的決心，勇敢奮起，請纓殺敵，投入偉大的救國軍營。

十月二十二日，軍事委員會公佈「知識青年從軍徵集辦法」，兩天後，在日軍逼近桂林時，蔣委員長又親自發表「告知識青年從軍書」，呼喚全國知識青年要認識「抗戰已到了決定勝敗的最後關頭」，希望「全國知識青年皆能振臂而起踴躍從軍」，蔣委員長說：

「現在我們經歷了七年餘的艱苦抗戰，而且已到了決定勝敗的最後關頭，今後的一年，將是我們爭取最後勝利的一年，這正是我們知識青年報效國家千載一時最難得的時機，倘若我全國知識青年皆能振臂而起、踴躍從軍、發揚蹈厲、挺身衛國，就可以澈底改造我們社會頹風，洗雪我們民族的奇恥大辱，不僅可以完成抗戰的勝利，並且足以奠立建國永久的基礎。」

又說：

「中正深感我國家興亡民族盛衰的前途，完全寄託在我們全國知識青年的肩上，乃由中央發起知識青年從軍運動，號召我有志節、有血性的知識青年，一致奮起，志願從軍，共同集合在一個集團之內，在我親自統率之下，來做我的部下；凡是立志革命，決心報國，願與我同患難、共榮辱、來做我部下的青年，我必與之同生死、共甘苦，視之如子弟，愛之如手足，竭盡我力，盡我職責，來領導你們完成革命抗

戰，實現三民主義的大業。」（註二）

我國相傳自宋朝以來，即有「好鐵不打釘，好男不當兵」，甚至有「好吃懶做去當兵」的諺語與詖詞。現在蔣委員長鑒於國難當頭，號召全國知識青年從軍，乃是要知識青年踏踏實實的到部隊去當「兵」，而且要在三個月內完成十萬人的徵集，這在中國歷史上實是一項空前的創舉。

當蔣委員長的號召發出以後，湖北省的主辦單位經過詳細的研商規劃，即於十一月中旬，分別遴請德高望重的人士，前往各中等以上學校及各機關社團講演，鼓勵知識青年踴躍從軍，派到我們湖北省立七高的，正是頗富盛名的湖北省動員委員會書記長及第六戰區幹訓團政治部主任白如初將軍。白將軍口才便捷、熱情洋溢，他在講話時慷慨激昂，獲得熱烈的迴響；校長王寓農先生緊接著上臺講演，他除了鼓勵同學們要認清時代，踴躍從軍外，並帶頭簽名響應，接著訓導主任和軍訓教官也都簽名，這時同學們便一起踴向簽名臺，紛紛簽名從軍。

我和好友任藝華兄在讀過蔣委員長「告知識青年從軍書」後，即曾與幾位要好的同學認真研討，如何面對此一重大問題。討論結果，大家都認為只有從軍，才能打倒日本鬼子，挽救國家危亡；因此在白將軍未來演講之前，我們即已決定從軍。白將軍和王校長講演後更增強我們從軍的決心，於是我們即把握機會當場簽名，結果竟是我們全校同學都簽了名，經新湖北日報及各種新聞媒體報導後，在當時的湖北省各地都造成了極大的轟動。同時全國各省市鄉鎮，包括淪陷區在內，廣大的知識青年都熱烈響應從軍運動，掀起中國有史以來最大的一次從軍熱潮，顯示中華民族這隻沉睡的猛獅業已醒來，據中央政府公佈的數字，自十一月開始辦理登記到十二月底結止，全國經甄選及體檢合格的總計為十二萬五千五百餘人，遠遠超過預定十萬人的目標。

二、編入青年軍二〇四師

我們湖北省立七高所有體檢合格的同學，於民國三十四年元月五日奉命移住省訓團，接受各界的慰勉歡送，元月二十日集體前往四川萬縣青年遠征軍二〇四師辦理入營報到。那時沒有遊覽車，也沒有交通車，乃由軍方調來二十餘輛大卡車，載運我們恩施地區湖北省第一批從軍的五百餘人，當我們啟程之前，雖然天氣酷寒，省垣各界仍都前來歡送，大家唱歌、呼口號、熱情沸騰到了最高點。最令人難忘的是與我同車的胡佑文、佑華學長昆仲，他們的雙親一直站在車旁，忍受著刺骨寒風，和我們一起唱歌，當時可能只有歌聲最能代表彼此的心聲，於是滿江紅、熱血歌、大刀歌、抗敵歌、杯酒高歌、八百壯士、松花江上、義勇軍進行曲、從軍去中國的青年等歌曲，一首接著一首唱，當大家唱到：

天下父母心，
皆願兒女上戰場；
奮勇爭先去打仗，
為國去爭光。
……

只見胡伯父、胡伯母兩人熱淚盈眶，當車隊開始啟動時，胡氏兄弟和他們的父母再也忍不住了，一起放聲大哭，我們雖然家鄉淪陷，沒有親人在場，也禁不住跟著一起流淚；因為此時離別之後，不知何年何日方能重逢，而且是否還能再相見，誰也不知道，真正是生離死別，十分悲壯！

由於天氣奇寒，地面冰凍，且要翻山越嶺，十分危險，為了防止發生意外，每輛卡車的車輪都綁上鐵鍊，行進速度極為緩慢；因無車蓬，寒風刺骨，雪花撲面，第一天只到達建始，次日下午始翻越名聞遐邇的綠蔥坡，車輛小心翼翼的蜿蜒而下，抵達長江南岸的巴東，然後再乘船穿越巫峽、瞿塘峽、經巫山、奉節、雲陽等縣，到達二〇四師師部所在地的四川萬縣。在市內營區住宿兩天，辦理交接手續，並接受當地政府和民眾的歡迎，然後各自背著行李，步行到萬家壩，正式編入六一〇團第一營第二連。當時的營房都是臨時征用的農舍，只對內部稍加改裝，因此我們一面接受入伍訓練，一面整理操場與環境，由於体力負荷重，人人飯量大增，所發食米根本不夠吃，每餐都「打衝鋒」（搶飯），我入伍的當天即被選為伙食委員，面對此種情形，必須盡速解決，乃向連長建議讓大家先安心吃飽，等操作正常後，利用星期假日的結餘來彌補。連長欣然同意。

沒有多久，我被選送軍士訓練隊，預定訓練三個月後，回連當班長。軍士隊的訓練就更嚴格了，由於立正的姿勢站得太久太挺，雙腿已變得僵硬，起頭幾天，幾乎每個人都無法蹬下來上大號，那真是非常痛苦的經驗。

軍士隊的訓練，從單兵徒手開始，進而持槍，由伍、班、排、到連的基本教練，接著便是野戰教練，萬家壩附近的山頭，幾乎都給我們磨平了。每天都在山坡上搜索、爬行、衝殺，我因個頭較高，不論在軍士隊或是第二連，都是輕機槍手，那一挺捷克製的輕機槍，每天都與我相依為命。快要結業時，團部督導員室來函，調我去當股員，負責全團的文宣工作，支領少尉薪餉；副團長兼軍士訓練隊長易智上校獲知後非常不滿，他找我談話，劈頭便問我：

「你從軍是來當兵的，現在為甚麼要去當官?！」

我說：「報告隊長，不是我自己要去的，是有人推薦的。」

易隊長說：「軍人事業在戰場，戰場要靠槍砲，要靠指揮，你好好準備去當班長！」

我想既然副團長不同意，那就好好準備當班長，可是沒隔幾天，隊上通知我到督導員室去報到。後來我才知道，原來派職的公文早已由師部呈報青年遠征軍編練總監部核准了，不能輕易變更。我到督導員室以後，由於場地寬敞，遇有假日，同學們都來找我，尤其好友任藝華兄在戰砲連當幹事，相距不到一百公尺，每天晚餐後至自習前的一段時間，便是我們散步聊天及研討問題的大好時機；而督導員彭克純中校和覃保全、葉明善兩位股長，亦很親切誠懇，對我愛護有加，因此工作雖然極為辛勞，心情卻十分愉快。

三、日本無條件投降

政府在發動全國知識青年從軍時，即在重慶成立「全國知識青年志願從軍編練總監部」，直屬於軍事委員會，以羅卓英中將為編練總監，霍揆彰、黃維、彭位仁等將軍為副總監，負責青年遠征軍的編組訓練；同時成立政治部，直屬於軍事委員會政治部，以蔣經國將軍為主任，胡軌將軍為副主任，主持全軍的政治訓練工作。

在編練總監部的策劃與指導下，於四川璧山、綦江、瀘縣、萬縣、貴州修文、陝西南鄭、雲南昆明、江西黎川與鉛山等地，先後成立青年遠征軍第二〇一師至二〇九師，所有經檢驗合格的十二萬五千五百餘知識青年，除極少數因在淪陷區，受戰爭影響或因交通運輸等因素受阻外，絕大多數都報到入營，接受訓練。後來並陸續撥派一些知識青年到印緬遠征軍的新一軍、新六軍、第五軍、輜汽第十五團、憲兵教導第三、四、五團、傘兵總隊、翻譯官訓練班、及赴美、英受訓的海空軍等單位，共有一萬八千七百七十餘人。（註二）

我們青年遠征軍二〇四師，於民國三十四年元月一日在四川萬縣成立，師長覃異之中將，副師長吳嘯亞少將，參謀長唐肇謨上校，政治部主任劉炳黎上校，下轄六一〇團（團長胡一少將，駐萬家壩），六一一團（團長黃綅申少將，駐文家坪），六一二團（團長藍嘯聲少將，駐三正埠），山砲營，及工兵營等，負責接訓湖北、湖南、河南等三省的知識青年，由於湖南、河南兩省距離較遠，交通不便，至民國三十四年三月始完成編組教育；接著即實施正規教育，至七月底完成後，又實施兩個月的複習教育，實際上即在等候上級的命令，準備隨時開赴前線，對日軍展開反攻作戰，以爭取最後勝利。

民國三十四年八月八日，蔣委員長率同編練總監羅卓英將軍，政治部主任蔣經國將軍等，親臨萬縣校閱，地點是在李家河山砲營的大操場，亦即是師的集合場。是日清晨，全師各部隊即全副武裝，翻山越嶺，從四方八面向李家河大操場前進，蔣委員長在師長覃異之中將等將領的陪同下，依照原有的隊形校閱後，為了讓每一個青年軍同志都能很清楚的看到他，傳令閱兵指揮官將所有前三排的隊伍向前走，騰出空間，讓他再校閱後面的隊伍，然後再依次向前走，直到站在最後一排的青年軍同志，都能以最近的距離看到他；他還以極慢的步伐行進，仔細看看每一個青年軍同志，他這一舉措，讓每一個青年軍同志都從內心深處感到無限興奮。

閱兵完畢後，即集合訓話，他對青年同志們從軍報國的勇氣和熱忱至表嘉許，並期勉：

「大家要養成自立自強的人格，自動自發的精神，成為有志節、有能力的革命青年，擔負起抗戰建國的偉大使命。」（註四）

蔣委員長等一行在離開閱兵場後，即往梁山乘專機回重慶，在途中並致電覃異之師長，對官兵在閱兵時的優異表現，表示嘉勉；回到重慶後，又頒發犒賞金給每一個官兵，雖然為數甚微，但能得到最高領袖的犒賞，自是一項殊榮，因此每一個人都以獎金購買蔣委員長閱兵時的照片，以作為永久紀念。

當時大家心裡都明白，蔣委員長校閱後，我們即要開赴前線，與日軍展開殊死戰；因此都將僅有的私人衣物作緊急處理，氣氛十分緊張。然而，想不到就在校閱後的第六天，也就是八月十四日，驟然傳來日軍無條件投降的消息；開始大家都還不敢相信，及至證實之後，每一個人都歡欣鼓舞、狂喜不已，附近的民眾亦和我們一起熱烈歡呼，一時鞭炮聲、鑼鼓聲，各種能發出聲響的器皿都被拿出來敲打，有些同志甚至將步槍拿出來向天鳴放，以發洩內心的積憤與歡騰。傷天害理，殘暴兇狠的日本鬼子終於投降了，中華民族前仆後繼，經過八年多的浴血抗戰，終於獲得了最後的勝利；在這歷史性的一刻，每一個人都感到無上光榮，無限驕傲！

由於日軍已無條件投降，本師在兩個月的複習教育完成後，即奉命實施特種教育，接著又奉命實施為期六個月的預備幹部教育，預定至民國三十五年五月底結束，然後即舉行考試。成績及格者取得預備軍官的資格，不滿六十分者則取得預備士官的資格，均由軍事委員會委員長蔣中正頒發適任證書，同時並納入預備幹部管理系統，以利爾後動員召集，這是我國建立預備軍（士）官制度的開始。

當我們正接受預備幹部教育時，四川東部的宣漢、開江、達縣等地，由於地處山區，常有土匪出沒，擾亂地方治安，我們六一〇團奉命前往清剿。由於我們裝備精良、紀律嚴明、態度親切，主動幫助民眾解決問題，因此獲得民眾的熱烈歡迎；對於土匪則一面實施強力清剿，同時更大力宣傳安撫，因此很快便獲得其分別攜械前來投誠，至民國三十五年三月，即已全部肅清，奉命返回萬縣駐地。當我們離開達縣時，民眾均自動前來歡送，他們對青年軍留下非常良好的印象。

達縣距萬家壩據說有三百多華里，中間有兩座大山，我們返防時一天走了一百四十華里，相當於七十公里。那天早晨走了四十華里吃早飯，然後開始爬山，惟恐山上仍有散匪，大家都提高警覺，搜索部隊上山後並發射衝鋒槍，以展示強大火力；途中有位同志忽患急病不能行動，團長胡一少將以其座騎令其乘坐，他本人則與我們一同步行，獲得官兵同志一致敬佩。胡團長貴州人，他常說能當青年軍的團長，是他祖上有德，三生有幸。當我們入伍不久，有一天湖北與河南兩省的同志，不知為甚麼發生誤會，由於彼此都年輕氣盛，差一點演成武裝衝突；胡團長獲知後，立即跨上他那匹高大的白馬（那時團長沒有吉甫車，駐地也沒有公路，以後我們自己才建築一條公路），奔赴現場，他騎在馬上大聲呼喊：

「我是團長，一切由我負責，我們要打的是日本鬼子，不是自己的同志！」

一場誤會，很快就冰釋，以後大家在一起都相處得非常融洽愉快。胡團長常到各連與官兵一起用餐，節日慶典時，他更大杯喝酒，而且飯量很好，他常說：

「團長喝八杯酒，還要吃八碗飯。」

遇到籃球比賽時，他總不忘帶著他的幾個女兒一同去觀賞，並鼓勵同學們追求；可惜他唯一的兒子，竟被開水燙死，大家都為之惋惜不已！

四、復員聲中傳悲劇

日本帝國主義既已無條件投降，我們從軍抗日爭取最後勝利的目的業已達到，蔣委員長本著他愛護青年的一貫心懷，於民國三十五年二月，指令軍事委員會設立青年遠征軍復員管理處，由軍政部長陳誠上將兼任處長，蔣經國、彭位仁、鄧文儀等將軍為副處長；青年遠征軍各師則設立管理分處，並在全國各省（市）、縣（市）分別設立委員會，負責辦理青年軍的復員工作，使所有從軍的知識青年都能順利復員，投入建國的行列。

我國以往的兵役制度，是以募兵制為主，雖然也有徵兵，但對復員的需要並不迫切，故兵役制度只重視徵集，對於復員工作則並未予以重視。當知識青年從軍運動展開之初，政府即已考慮到爾後復員的問題，並已制訂了一些優待辦法，這可以說是中國兵役制度史上的一項創舉。

民國三十五年五月二日政府下達青年軍復員令，規定青年遠征軍各師的志願從軍知識青年，自六月一日起開始陸續離營復員，並規定六月三日為青年軍復員節。

蔣委員長一直對青年軍愛護備至，在青年軍開始復員之日，他發表告全體青年軍同志書，他說：

「希望我士兵子弟退伍以後，無論繼續求學，無論分別就業，或從事於農工商業社會各階層之中，總要一本・・・當日入伍之志願，與我期望於諸同 志者，不愧為革命建國之幹部，務希始終一貫，同心同德，信奉主義，執行命令，擁護政府，完成統一。」（註五）

六月三日晚上，蔣委員長又透過廣播，向全體青年軍發表復員訓詞，他提示青年軍同志要確切認知：

「在軍隊生活行動上所受的訓練，乃是其他學校社會不能學習得到的寶貴經驗，只要能夠本著已經學得之訓練經驗，不斷的身體力行，將來必定可以成功立業。」

蔣委員長並希望全體青年軍同志要：

「永記勿忘六月三日為退伍紀念日，隨時隨地要自愛自重，自立自強。」（註六）

青年軍復員無論是就學、就業、返籍、或是志願留營，都由從軍知識青年各依其志願自由選擇決定。

在離營復員時，並由青年軍復員管理處發給青年軍服役證書及青年軍紀念章，銓敘廳發給陸軍預備軍官（士官）適任證書，並發給從軍獎金六萬，以及必須的服裝用品等，為了能使復員的青年得以順利返籍、就學、或就業，特以「集體回省，個別回鄉」為原則，不論水路運輸、公路運輸、及鐵路運輸，均由交通部與後勤總部共同規劃負責執行，為顧及復員青年軍沿途食宿之需要，從駐地至省會運輸期間，依里程及所需時間，按尉級軍官旅費支給標準，每日發給交通費二千四百元，由省至各人最終目的地的旅費，則按里程與所需時間依尉級軍官旅費加發二分之一即每日三千六百元。由於各權責單位均能認真負責，解決交通問題，又發給足用的旅費，使青年軍數萬人的復員工作，得以順利完成。

然而正當大家興高采烈，積極準備復員時，竟傳來噩耗，恩師汪憲五先生車禍喪生，令人悲痛萬分；當即與汪萬象、汪潤茂諸鄉友，連夜趕往三正埠六一二團團部去祭悼。

原來這天上午，憲五先生與十餘位官兵搭乘一輛大卡車，前往萬縣師部去洽公，當卡車由三正埠出發不久，行至黑龍潭，正欲轉彎時，碰巧迎面有一臺人力板車，正逆向沿著山邊拼命向前爬行；卡車司機發現後深恐撞倒板車，乃急速向左閃躲，由於是下坡，又是急轉彎，且路面又十分狹窄，因此卡車一下子便衝到數十公尺深的河谷去了，車上十餘人頓時全部遇難，造成極大的不幸。

憲五先生原在恩施湖北省幹部訓練團服務，響應從軍後，被選調青年軍編練總監部幹部訓練團受訓，然後分發二〇四師六一二團督導員室，擔任第一股少校股長。由於他熱心誠懇，擅長演講，且態度親切自然，極得青年軍同志的愛戴，大家都樂於和他接近，聽他分析時事、講述人生，並送給他一個雅號「紅頭火柴」，意即到處都可以發光發亮。當獲知他罹難後，官兵同志都非常難過，乃自動發起捐款，成立「子女教育基金」；由於當時每個人都領有獎金和旅費，所以都慷慨解囊，以營、連為單位，全部收齊後送到團部，交給同在團部督導員室擔任第二股股長的鄧×材少校，希望由他轉送給汪師母陳大秀夫人。因為那位鄧少校也是當陽人，他和憲五先生是同事，也是多年的朋友，他的夫人汪開枬（楠）女士，是我家附近芭蕉園的名門閨秀，端莊賢淑，知書達理，與憲五先生是同輩（憲五先生的學名叫開已），抗戰勝利後返鄉，我和藝華兄曾到鄧府拜訪過。

孰知那位鄧少校在我民國三十七年離開當陽時，他一直未將錢送到汪府，甚至當我四十多年後即民國七十七年冬返鄉探親時，專誠前往當陽城內拜見汪師母時，她老人家說從未見到那位鄧某；想不到他竟將大家對汪老師的一片心意，全部據為己有，實在令人不可思議。

汪老師的靈柩，當時安葬在三正埠附近的山上，次年春天，我在宜昌讀高中，設法先由三正埠運到萬縣城內，再僱一艘木船，運到宜昌西壩，暫厝於泰和庵內，然後寫信給憲五先生的堂兄汪源清（開癸）先生，他是我們老鸛窩知名的士紳，請他派人到宜昌來運回，當運抵當陽縣城時，許多教育界的人士和學生曾舉行祭典，最後安葬於老鸛窩的鳴張坡，與祠堂崗遙遙相望，我每次返鄉探親，都要到墓前去憑弔祭拜。

汪師母陳大秀夫人，我返鄉探親時去拜訪兩次，當我第三次回去時，她已於西元一九九〇年春逝世。他們唯一的兒子很小已夭折，長女家芬與遠安縣前共黨「黨委書記」張鴻潤結婚，育有一子三女，現住宜昌，兒孫滿堂，且均勤勉奮發，事業有成，惟其夫君已逝世多年。次女家芳之夫君程邦楚，為當陽市「財政局」的處長，育有兩男三女，因家芳逝世時子女尚幼，汪師母特到程家幫忙照顧撫育，現均已成家立業，亦足堪告慰恩師在天之靈。

汪老師的靈櫬能回歸故里，特別要感謝祖籍四川的倪明仁學長，因有他鼎力協助，我才能得償心願。但倪學長五十多年來，一直渺無音訊，我返鄉探親時曾多方打聽，沒有任何迴應，他的音容笑貌，常在我腦際浮現，但願故人別來無恙，將來有一天能再相見。

註一：秦孝儀等編，《總統蔣公大事長編初稿》，中央黨史委員會卷五下冊，頁五八二，民國六十七年出版。

註二：《先總統蔣公思想言論總集》卷二十，演講，頁五一三，中國國民黨中央委員會黨史委員會編印，民國七十三年十月出版。

註三：《國軍政工史稿》，頁九二五，國防部總政治部主編，民國四十九年八月出版。

註四：同註二，卷二十一，演講，頁一六七。

註五：黃慶秋等著，《青年遠征軍第二〇七師》簡史，頁四五，國防部史政編譯局，民國五十九年五月出版。

註六：同註五。

第四章　田園寥落干戈後

一、哭聲　笑聲　槍聲

離家五年，魂牽夢縈，現在日本軍閥投降了，政府讓我們解甲復員，何等令人歡欣鼓舞。於是我和好友任藝華學長辦好手續後，即搭乘招商局的輪船，由萬縣順長江而下，經雲陽、奉節（夔府）、巫山、巴東、秭歸直到宜昌。著名的長江三峽（瞿塘峽、巫峽、西陵峽），以前曾經走過，但因兵荒馬亂，沒有心情觀賞，這次乃把握機會，好好欣賞她的瑰麗奇景，同時也深深體會到大詩人李白：「朝辭白帝彩雲間，千里江陵一日還，兩岸猿聲啼不住，輕舟已過萬重山」，以及杜甫「即從巴峽穿巫峽，便下襄陽向洛陽」的歡悅喜躍之情。

三峽奇峰聳拔，灘高水急，蜿蜒曲折，驚濤裂岸，有時面對懸崖，似已沒有去路，但一轉折，卻又豁然開朗；尤其泄灘新灘，位於兵書寶劍峽與牛肝馬肺峽之近鄰，向被視為鬼門關，形勢險峻，比之美國著名的科羅拉多河大峽谷（Grand Canyon），更令人驚奇震撼。

我們在宜昌登岸。宜昌古名夷陵，位於西陵峽的峽口，素有「川鄂咽喉，西南門戶」之稱，凡欲循長江進入四川，必先經過宜昌。日軍於民國二十九年六月攻佔宜昌以後，幾次進攻四川，都被國軍擊敗；特別是民國三十二年五月，日軍發動「鄂西攻勢」，數度發生激戰，均為胡璉將軍所領導的國軍健兒，打得落花流水，造成「鄂西大捷」。最高領袖蔣委員長且曾蒞臨恩施，予以獎勉鼓勵，直到日軍投降，始終未能越雷池一步。

由於思家心切，我和藝華兄在宜昌住了一夜，即趕著回家。當時被破壞的公路尚未修復，不能通車，我們只得步行；這裡發生了一則插曲。有一位河南的靳方宇學長，他原是我們六一〇團機二連的少尉幹事，和我們一起，另外，我們還請了一個人幫忙挑行李。第一天預定到鴉雀嶺，有位同學的哥哥在那裡當鄉長，邀我們到他那兒住宿，熟知快到鴉雀嶺時，正好遇到幾位從當陽來的朋友要去宜昌，多年不見，我和藝華兄便和他們站在路邊聊起來了，靳學長和挑夫先行；可是等我們到達鄉公所時，卻未見到他們，當時雖已黃昏，我們深恐他們已走，乃快步追趕，沒走多久，天即全黑，路不平又很生疏，昏暗中所見到的只是一片荒野，偶而也看到一些殘垣敗壁、但連燈光都看不到，為了壯膽，我們邊走邊喊邊唱歌，走了很久，好不容易才出現幾家小店，打聽之下，始知叫王家店，但仍未見到他們。由於時間已晚，饑陽轆轆，決定先住下來；但當我們正吃飯時，那位靳學長竟一個人摸黑找來了，交談之下，店主告知鴉雀嶺有兩個鄉公所，一屬宜昌，一屬當陽，他們在宜昌鄉公所等候，我們卻在當陽鄉公所詢問，以致錯過了；而那位靳學長竟然在那麼黑暗而又生疏的情況下，一個人餓著肚子拼命趕來，好令人感動。他說：

「今天如果找不到你們，我會一夜都睡不著覺。」

第二天早晨，我和藝華兄又回到鴉雀嶺，那位挑夫亦仍在那裡焦急的等候；從他們兩人所表露出來的人性光輝，令人印象深刻，迄今猶難以忘懷。

在從當陽回家的路上，先到大姐祖韓家裡，她是三伯父的大女兒，我們是吃同一個鍋裡的飯長大的，她一見到我，便熱淚盈眶，飲泣不已，原來大姐夫龐萬春兄被徵去當兵以後，一直渺無音訊。她日夜思念，不知流了多少淚，吃了多少苦。吃過飯後，她即陪我回家，到達老鸛窩時，在店子上遇到堂兄祖鑑，他是大伯父的兒子，我們亦是從小在一起長大，從未分家。我趨前喊他，也許太突然，他竟驚得說不出話來；原來我離家時比他矮，現在卻比他高多了。回到家裡，母親見我回來，喜極而泣；三伯母則因小姐祖魏（三伯父的小女兒）剛患闌尾炎而活活痛死，哭的傷心欲絕。大難之後，好多親友長輩都已作古，令人不勝唏噓，那時兵慌馬亂，一日數驚，生活至為艱苦，鄉下又缺乏醫藥，不知冤枉死了多少人！

苦難的日子終於過去，能從日本鬼子的刺刀下活過來，實在是不容易，因此親友相見，雖然有感傷，但亦十分歡欣，特別是那兩年風調雨順，五穀豐收，大家都不愁吃，不愁穿，更是笑逐顏開。鄉下的農民就是這樣單純可愛，他們最大的希望就是「國泰民安」，不要逃難，不要餓肚子，能過太平的日子，就心滿意足了！

然而好景不常，正當大家慶幸能休養生息過一下好日子時，槍聲響了。民國三十六年九月，一隊國軍追剿一支共軍，從南漳追到當陽，當共軍到達橫店芭蕉園時，發現國軍仍在追趕，即在我家附近的盤龍埡，利用地形部署陣地，俟國軍進入射程範圍時，即展開射擊，雙方發生激戰。當我寒假回家時，家人和親友都說，那一仗共軍以逸待勞，應是大獲全勝，但後來卻並未發現國軍官兵的屍體，倒是共軍死了一人，並將我母親為她自己所準備的棺材「借去」，將該一共軍埋在大堰沖和窯灣的山腳下，我路過那裡時還曾見過。那時在我們鄉間，無論男女，過了四十歲，便為自己準備棺材，而且每年用桐油內外刷一次，以增強其防腐的功能，那時鄉下人的平均壽命，可能只有四十幾歲，像我的大伯、三伯、三伯母、姑媽、二舅、二舅媽、大姐等都只活了四十幾歲。小姐祖魏死時還不到三十歲。能活到六十歲便算高壽，要大肆慶賀了！

二、成了「保黃黨」

從軍一年多，能夠重新回到學校，真是滿心喜悅、求知若渴；只是我所要就讀的省立宜昌高中，復員後臨時設在土門埡，利用日軍軍用機場的營舍作為校舍，教室、寢室、辦公室全部都是用鐵皮搭建的平房，天晴時熱得發昏，吹風下雨時，只聽得到風聲雨聲，根本聽不到老師講課的聲音，因此老師學生一致要求遷校。經過校方積極奔走爭取，半年後，遷到宜昌的西壩，這是長江中的一個沙洲，教室寢室均是借用民房，根本談不上甚麼設備，但能勉強上課，已是很不容易；因此決心好好把握時間，將荒蕪已久的功課能及時趕上，以便報考大學！

然而想不到隨著歲月的推移，國家社會又面臨新的變局。民國三十四年十二月，昆明西南聯大和雲南大學等，發生了「一二、一」血案；三十五年十二月聖誕節之夜，北平發生女學生沈崇被美軍「強姦」，引發大規模的示威遊行，要求美軍退出中國；三十六年六月一日，武漢大學又發生學潮，演變成為慘案，其他各地如南京、上海、廣州、西安等地，亦不斷發生學潮，影響所及，連我們小小一個宜昌高中，也有人要發動罷課遊行示威，要求撤換校長黃英烈。我和任藝華學長等，眼看就要畢業，即將面臨大學的入學考試，現在全心全力準備，猶恐來不及，如何還能橫生枝節，自找麻煩，因此堅決反對罷課；於是被對方扣上帽子，說我們是「保黃黨」（因校長姓黃），甚至揚言要在夜晚將我們丟到長江裡去，徐介人老師、趙春珊老師等都警告我們要特別小心，因為我們就住在長江邊上，為防萬一，乃向學校報備，自己到外面去租房子，住在樓上，一上樓即將梯子收上去，並作一些必要的防衛措施。

直到五十年後，也就是民國八十七年（一九九八）年十月十日，我和內子支洪在姪外甥女龐代瑛（遠安縣人民醫院婦產科主任），姪外甥女婿張春雷（遠安縣司法局長）的陪同下，前往當陽去拜訪老同學莊日嘉兄，並有老同學宋代美兄伉儷與龐耘郎兄等在座；飯後大家天南地北，互吐離情，在談到當年的情景時，莊日嘉兄說那時主張罷課遊行的就是他。他說：

「反正我考不上大學！」

原來他那時業已加入了共產黨，因為他和任藝華兄有親戚關係，我們一直走得很近，從來沒有懷疑過他，想不到他和我們的理念竟然完全不同。他自己揭穿這個陳年的謎底，也算頗夠意思。中共佔據大陸後，他當小學校長、中學主任，最後在縣的教研室主任任內退休，每月工資七百多人民幣，他說比縣長拿的還多。

三、行過死蔭的幽谷

就在那種危疑愁煩的情景下，好不容易捱到畢業，乃與任藝華兄前往武漢報考大學。武漢是個有名的火爐，夏天氣候十分炎熱，溫度常在攝氏三十九度左右，那時旅館餐廳都沒有冷氣，整天汗流浹背、頭昏腦脹；最令人難受的，也許是水質太差，我竟全身長了許多瘡，紅腫疼痛，行動非常痛苦。尤其臀部也長，不能端坐，參加考試就更苦不堪言，那時盤尼西林剛剛問世，廣告作得很大，為了減輕痛苦，雖然價錢很貴，也不能不咬牙一試，乃到武昌一家診所去求診，醫生根本沒有經驗，他毫不考慮即為我注射一針，而我就立即昏厥，倒在一條木質的板凳上，不省人事，嚇得藝華兄和醫生不知所措，所幸沒隔多久，我就甦醒過來了。愛國詩人陸游的詩說：「死去原知萬事空」，當時我是真的死去了，眼睛一發黑，便甚麼都不知道，確實是「萬事空」了，如果我就那樣去了，可能也是一種解脫，因為沒有任何痛苦和恐懼，只是陪同我的藝華兄可就慘了，他必定要為我處理後事，那還有心情和時間去參加考試；而且如果我母親知道了，恐怕她也難過的不想活了，所幸上帝憐憫，雖然那時我還未信上帝，但卻讓我又活了過來。後來勉強參加幾場考試，僥倖獲得錄取湖北省立農學院農業經濟系，能有機會再繼續讀書，真是最大的福氣。

湖北省立農學院的前身，為前清湖廣總督張之洞於西元一八九八年所創辦的湖北農務學堂，張之洞為了揭示樹木樹人的心意，特在學校前面親手栽種了幾顆梧桐樹。西元一九〇四年擴建為湖北高等農業學堂。民國成立之後，迭次加以擴建，於西元一九四〇年在恩施改建為湖北省立農學院，對日抗戰勝利，又遷回武昌東郊的徐家棚，南瀕東湖，北臨長江，地當粵漢鐵路的起點，環境清幽，交通十分方便。

湖北農學院僅設農藝、園藝、農業經濟、植物病蟲害等四個學系，全校師生僅一千餘人，可以說是一所袖珍型的學校，正如院長管澤良博士所說：

「我們的學校雖然很小，但我們請的老師卻都很好。」

管院長係美國康乃爾大學遺傳學博士，其夫人管喻宜萱教授是著名的聲樂家，有時清晨我們經過院長官邸附近，會聽到她練唱的美妙歌聲。農業經濟系的主任王一蛟先生，係我國金陵大學與美國密蘇里大學畢業，是一位農經專家，所有教授對教學都相當認真，教學紀律尤其嚴格，植物病蟲害系有一期，考試淘汰的結果，到四年級時僅剩下一位女同學，那麼多的老師與設備就只為她一人，似乎亦形成了教育上的一種浪費。

西元一九八五年，中共將武漢區各大學的農學院與湖北農學院合併，改為華中農業大學，西元一九九八（民國八十七）年十月，他們擴大舉行建校百年校慶大會及各項活動，邀請我們旅臺與世界各地的校友回校參加，臺灣曾有數位學長回去，頗受禮遇。

我們旅臺的校友五十餘人，由於何澤浩、李發強、唐必敬、張振、毛星階、任藝華、王功震、嚴太熣、張濤安等學長的熱心連繫，出錢出力，每年或在南部，或在北部都有一兩次聚會，大家相聚一堂，熱情洋溢，親如手足，有時參觀，有時旅遊，由於每次均攜眷參加，使得老少咸集，更是其樂融融，歡笑不斷。可惜近年來隨著歲月的流逝，部份學長業已走入歷史，尤其與我五十五年來推心置腹、肝膽相照的患難朋友任藝華兄，亦於民國八十四年元月二十八日逝世，更使我傷痛不已。而當（民國三十八）年同船渡海來臺，被稱為「八仙過海」的當陽縣的八位好友，如今也只剩張正中、莊日緒二兄和我了，詹國瑞、蕭正、姚振、任藝華、和任德雄等五位兄長都已大去了，真令人無限懷念！

第五章　驚濤駭浪的日子

一、從武漢到臺灣

民國三十七年冬，國軍在徐蚌會戰失利，一時謠言四起，物價飛漲，人心惶惶不安。三十八年元月二十一日，總統蔣中正宣佈暫行引退，並於當天離開首都南京，飛回奉化溪口，代總統李宗仁於翌日視事後，即電邀李濟深等積極策進和平運動；而在北平的華北勦匪總司令傅作義則在搞所謂「局部和平」，華中勦匪總司令白崇禧亦在武漢按兵不動，作其和平美夢。這時我們就讀於武漢三鎮各大專院校的青年軍復員同學二百餘人盱衡情勢，惟有忍痛犧牲學業，再度獻身國家，將革命事業從新做起。

當時同學們有兩種意見，一是去重慶，一是來臺灣；經廣泛討論的結果，認為反共不同於抗日，唯有來臺灣才是一條生路。且中央政府已於元月初任命陳誠先生為臺灣省主席、蔣經國先生為中國國民黨臺灣省黨部主任委員，陳誠在任第六戰區司令長官時兼湖北省主席，他減少保安團的數量，將節省下來的經費用以成立湖北省立聯合中學，並自兼校長，大力搶救淪陷區的青年；而我們這一群多半都是當年湖北聯中的學生，心裡都對他存有一份感激之情。蔣經國曾是青年遠征軍編練總監部政治部主任，「一寸山河一寸血，十萬青年十萬軍」，青年軍當時以身許國，抱持的是忠義血誠。蔣經國曾期勉青年軍要做到「一日青年軍，一世青年軍」，不論走到那裡、不論面臨何種局面，都要共甘苦、共患難，以國家興亡為己任。現在國家有難，希望能再得到他的領導，拼死一戰。因此各院校的同學代表如湖北農學院的何澤浩、張振，武漢大學的潘正文、姚振，中華大學的舒達，國立師範學院的沈宗英等等，乃聯名寫信給陳誠，希望他能幫忙解決赴臺的交通問題，可是等了許久，沒有下文。乃轉向湖北省黨部主委方覺慧與華中勦匪總司令白崇禧求援，仍然沒有結果。而當時情勢日益惡化，十分迫切，正當大家心急如焚之時，適有由孫立人將軍所主持的陸軍訓練司令部，派員到武漢地區招收青年學生及與部隊失聯的官兵，辦事處就設在武昌斗基營，處長為藍鐵民少將。於是何澤浩、潘正文、張振等學長即前往洽商，藍處長極表歡迎，並願遵守政府規定，凡領有少尉預備軍官證書的復員青年軍同學，再服役時即以少尉任用。登記報名的結果，包括十餘位同學的未婚妻與女友，共二百零四人。另有志願從軍的高中學生八百餘人，合計一千餘人，浩浩蕩蕩，一起奔向臺灣。

民國三十八年四月八日清晨，我們從武昌徐家棚火車站上車，乘粵漢線經廣州來臺灣，行前並發表宣言：「有我在不許中國亡，有我在誰敢亡中國」，呼籲全國愛國青年一致奮起，以生命血肉挽救國家的危亡。當時中共潛伏在各院校的職業學生都來為我們「送行」，並進入車廂與我們握手，實際上他們是來清點人數，看我們到底有多少人；因為我們離開學校後，再也沒有人反對他們罷課遊行、反對他們「三光運動」，他們就可毫無顧忌為所欲為了。

經過兩天一夜的辛苦行程，九日晚間抵達廣州車站，住進白雲路一幢尚在興建中的空屋內，等候赴臺的船艦，直到五月十日才有海桂輪來接我們。在黃埔上船前，監察院長于右任先生正好來到黃埔，大家熱烈鼓掌，歡迎他講話，右老感於國難當前、情勢危急，他慷慨激昂、語重心長，雖然只是很短的時間，大家都熱淚盈眶、感動難忘。

海桂輪在珠江航行時十分平穩，可是一過香港海面，幾個巨浪便把我們衝得暈頭轉向、嘔吐不已；由於大家都擠在艙底，連嘔吐的地方都沒有，且天氣炎熱、空氣污濁，感到十分難受。當時只有李發強、尹以瑔等極少數學長，似乎具有異稟，尚能跑上跑下，為同學們拿水拿飯；其餘的都躺在艙內，動都不能動。從黃埔到高雄，不過四百多海里，經過兩天兩夜的折騰，直到五月十二日凌晨，才抵達嚮往已久的復興基地臺灣。而就在我們抵臺後的第三天，武漢三鎮即被白崇禧將軍不聲不響的拋棄了！

時光無情，當年我們來臺時都是二十剛出頭的小伙子，而今則都已成為年逾古稀的老人了；且有不少學長早已撇下親人和未酬的壯志，進入另一個世界了！

二、在鳳山接受「新軍訓練」

海桂輪在晨光熹微中，緩緩的靠岸了，大家以歡欣鼓舞的心情，踏上了這美麗的寶島，放眼四望，才知道是海軍左營基地的碼頭。由於兩天兩夜未吃食物，無不饑腸轆轆，便從水果攤上買些香蕉充饑。這時一輛軍用卡車將女同學們載往屏東阿猴寮的女青年工作隊去了，我們這些大男生，則是各自扛著行李，前往火車站，搭乘火車到臺南的「旭町營房」，也就是現在成功大學的光復校區。

一進入營門，就感覺氣氛十分緊張，剛放下行李，隊職官們便宣佈集合編隊，並令我們剪成光頭，換穿紅短褲，戴上竹斗笠，開始接受入伍教育。由於我們在武昌報名時，藍處長說得很清楚，將給予少尉軍官任用，現在為何將我們當作新兵看待，顯然與政府的法令及藍處長的承諾相違背，因此各校代表即據理向隊職官們陳情，希望他們能諒解，並向上級反應。就在這時，傳來營區內的新兵因受不了教育班長的打罵處罰，有跳游泳池自殺的，有吞金戒子或上吊而死的，大家更感到情況嚴重，必須及早設法解決。於是除分別寫信給司令官孫立人將軍，表達我們的心聲外，何澤浩學長等則祕密前往臺北，設法晉見省主席兼警備總司令陳誠，蒙允以警備總部名義致函孫立人將軍，在鳳山成立政工訓練隊，代訓六個月後，撥交警備總部任用。正在大家熱切期盼時，隊職官宣佈：司令官已指派新聞處長張佛千前來訓話。張將軍學貫古今、思想敏銳、口若懸河、雄辯滔滔，給我們講了許多大道理，可是問題仍未解決。當他訓話結束時，大家即把握這難得的機會，坦誠恭敬的說明我們再次從軍來臺的經過，並指出戡亂作戰所以節節失敗，主要是由於國軍官兵在抗戰勝利後，失去中心思想，不知為誰而戰，為何而戰，以致軍紀敗壞，精神渙散；尤其高級將領自私自利，保全實力，各自為戰，見死不救，以致為共軍各個擊破，同遭覆亡的慘痛命運，我們投奔新軍，希望能從事精神教育和文宣工作，造成有思想有紀律的鋼鐵隊伍，因此，請求司令部在鳳山成立政工訓練隊，我們樂意接受新軍訓練，為反共救國而犧牲奉獻。張佛千聽後，覺得似乎不無道理，允應向司令官呈報。孫立人將軍果然從善如流，很快即成立政工訓練隊，令我們到鳳山去接受訓練。

政工訓練隊的營舍就是現今中正堂所在的地方，坐南朝北，是一間平房，原本是一座倉庫，連窗戶都沒有，稍加改裝，即成了我們的寢室和教室；吃飯則在露天，各人坐著小板凳，吹颱風下大雨時，則進入教室，仍是那一張小板凳，菜碗則是一個鋁臉盆。由於菜少不夠吃，能吃辣椒的則以辣椒醬拌飯。首任隊長為鍾山中校、指導員為金曄少校、排長則是陸軍軍官學校畢業的軍官。根據訓練計劃，訓練時間為二十六週，即從六月初開始，到十一月下旬畢業，受訓期間給予下士待遇，畢業後以少尉分發任用。既然司令官孫立人將軍已採納我們的意見，有關階級待遇也就不再計較了，因為我們從軍原不是為了當官，只是希望能貢獻力量挽救國家危亡而已。那時一個下士，一個月的薪餉是臺幣十二元，約合美幣三角五分。和我們一起來臺而未在鳳山受訓的毛星階學長，不知是否係奉兒女之命，急欲和李道書小姐在高雄結婚，我們湖北農學院的校友，為了表示衷心的祝賀，每人將一個月的薪餉全部贈送，合起來也不過才買了一張竹床、和一些鍋瓢碗盤之類的炊餐用具。當時生活的艱困，實非現在一般青年所能想像！

開訓後不久，又有從南京、上海各大專院校如中央大學、復旦大學、暨南大學、朝陽大學、大夏大學、上海法學院等校的同學數十人來到隊上，於是重新再作混合編隊，積極展開訓練。從單兵基本教練開始，進而伍、班、排、連教練及戰鬥教練，尤其重視體育，單槓、雙槓、木馬、跳遠、爬槓、游泳、劈刺、格鬥、枕木運動、四百公尺接力、一千公尺武裝超越障礙、及五千公尺賽跑等等，從早到晚，都是光頭、赤膊、紅短褲，有時戴竹斗笠，在操場、靶場、野外，不停的操作跑跳，因為孫立人認為作為一個軍人，體格最重要；沒有強健的體魄，就無法從事艱苦的戰鬥任務。所以在第四軍訓班，設有一個教官人數眾多的體育組，聘請一些具有專長的體育教官，排定時間，對學生實施體育鍛鍊，以增強體格。

在軍事教育方面，特別重視實彈射擊與野外戰鬥教練，從擦槍開始，都有一套標準規定，決不准使用鐵通條，以免磨損槍膛和槍口。必須用竹子通條，兩人將槍管抬平，慢慢用竹通條沿著來復線的溝紋，輕輕的旋轉，這樣就容易擦拭乾淨，除竹子通條外，尚有大竹籤、小竹籤、大毛刷、小毛刷、大方布、小方布；小方布又有油布、乾布之分，對武器的愛護可說無微不至。至於實彈射擊，要求就更為嚴格，例如步槍，從握槍把、扣板機，到停止呼吸，必須確確實實，不能有誤，然後再依次實施箱上瞄準、三角瞄準、以及各種射擊姿勢的預習，一切及格之後，方准實施實彈射擊，而在實彈射擊之前，還要作射擊預習，必須經過反覆磨練，心領神會，射擊時才能百發百中，成為神槍手！

鳳山天氣炎熱，風沙甚大，特別是夏季秋天，烈日當空，雖戴斗笠、打赤膊，仍是汗流如注，由於穿著短褲，陰囊遭風沙吹襲感染，產生一種奇癢無比的皮膚病，被稱為「繡球風」，那真是對男人極嚴酷的折磨。它越癢，你越抓，結果皮破血流，更癢更痛，而又無特效藥，尤其那些身材比較福態的同學，不僅白天流汗，夜間也流汗，所以更是受盡煎熬，出操時，他們不能操作，但必須兩腿分開，佝著身子在旁見學；野外教練時，他們也必須隨部隊行動，於是只得以右手抓握槍帶，左手拎著褲襠，兩腿向外彎曲，一搖一擺的跟在部隊後面徐徐前進，就像一隊企鵝。

既然是政工訓練隊，當然也有一些政治課程，如國父遺教、國際現勢、俄帝侵華史、匪黨理論批判等，其中最令我們感到興趣的，是匪黨理論批判，因為我們以前沒有學過，特別是在當時反共情緒正處於高潮時，了解匪黨理論的荒謬，對我們來說，也實在是很重要的。

三、聽孫立人將軍講「統馭學」

凡在鳳山受過「新軍訓練」的人，不論軍官、士官、乃至輪流調訓的士兵，幾乎都聽過司令官孫立人將軍講授「統馭學」（Leadership）。經常是數千人一起集合在司令臺前的廣場上聽他講演。不過我們政工訓練隊的同學，則是得到孫立人將軍的特別垂愛，他要單獨為我們講授，而且時數也比較多，每天上午四個小時、連續五天，時間是七月下旬，地點是在俱樂部；那是一棟相當寬敞的鋼筋水泥平房，我們兩百多人，還只用了一半，四周都有高大的樹木，濃蔭蔽天。我們坐著自帶的小板凳，腿上放著圖板，一面聽講、一面作筆記，比起在烈日下出操，真是一大享受！

平心而論，孫立人並不是一位很擅長講演的人，比起他的副司令官賈幼慧中將、和新聞處長張佛千少將，都要遜色。但他講話中肯實在，而且引證許多中外史例、與他自己所親身經歷的事實，也頗能扣動聽眾的心弦，引起一些共鳴。

孫立人認為一個部隊，如果僅有良好的裝備、熟練的技巧，是不能作戰的；必須要有團結的精神、旺盛的士氣，特別是靈活的指揮，才能打勝仗，而這一切則是屬於統馭的能力。一個部隊長，就是這個部隊的靈魂與核心，對於統馭學需要特別重視，因為部隊的組織是寶塔式的，而作為寶塔頂尖的部隊長，必須要具有領導一切的能力，如果領導得法，就必能使部隊團結一心，奮勇爭先，克敵致勝，獲得成功；否則，不但會吃敗仗，甚至整個部隊，連同自己的性命在內都要犧牲，而國家亦將因之遭受重大損失與影響。

至於統馭才能的形成，孫立人認為部分是與生俱來的，但主要的還是要從不斷的學習中累積經驗。他曾以他自己為例，說他小時候體弱多病，到五歲才能走路，母親因照顧他積勞成疾，不幸早逝。後母待他非常好，見他溫順沉靜、舉止文雅，有時竟將他當成小女孩看待，為他穿女妝、梳辮子，甚至還在他的臉上擦胭脂；由於他率直的講述，我們都覺得好笑，但又不好意思笑出來。平時我們所見到的司令官，總是上身穿著軍常服，下身穿馬褲和馬靴，頭戴大盤帽，腰繫寬皮帶，氣宇軒昂，雄姿英發，真如玉樹臨風。想不到他小時候還曾被當著女孩看待；在他脫下軍帽時，當時雖只五十歲左右，頭髮卻已花白，只是皮膚白細、眉目俊秀，如果年輕時真扮成女妝，恐怕還真是一位美人呢！

孫立人說直到他十三歲考入清華中學之後，才如脫韁之馬，性格丕變。由於該校採用美式教育，特別重視體育，他的功課因已在家庭教師的嚴格督教下，打下深厚的根柢，因此每天除了上課，便是打球，足球、籃球、排球、棒球、手球，樣樣喜愛，經常活躍在運動場上，身體亦因而一天比一天強健；又因愛看俠義小說，喜歡為人打抱不平，竟在一年之內被選為四種球隊的隊長，而且都是校隊。由於他凡事詳細規定，秉公處理，上場打球時又控球靈活、指揮若定，成為全隊的靈魂；沒有多久，果然成績斐然，曾連勝四十五場，並在遠東運動會時奪得冠軍，成為人們心目中的英雄，也從而奠定他自己對統馭領導能力的信心。

孫立人不但喜愛體育，還一心想學軍事。他說因為很小的時候，在青島曾被德國人欺負，他覺得唯有國家強盛，才能受人尊重，而要使國家強盛，最直接的方法便是建立強大的軍隊，所以他決心要學軍事，但他的父親不同意，希望他學醫，他不好違背父親的旨意，清華中學畢業後，由於學的是工科，便申請到美國普渡大學去學土木工程。兩年後順利拿到工程學士學位，這時他仍想學軍事，便不再顧及父親的反對，毅然申請進入維吉利亞軍校，該校有一個傳統的作法，就是老生管新生，而且以打人而聞名。孫立人說，在普渡有老師打學生，在維吉尼亞，則是老生打新生，而且不是一個打一個，乃是幾個打一個，並且是在光天化日、眾目睽睽之下，一拳接一拳的打。他在報到的那一天，就一連挨了好幾拳，但也就是那幾拳，使他走路的姿勢已完全合乎要求的標準。當時我們就想，原來司令官也是被打出來的，怪不得他所統率的第四軍訓班，特別是入伍生總隊，經常打人，而且還打得理直氣壯，這些都是有所傳承的，並且聽說司令官本人也曾用馬鞭打過人！

孫立人講統馭學，就是這樣循序漸進，從一般統馭與軍隊統馭的基本原則，講到平時和戰時帶兵作戰所應注意的事項，每講到一項，他即引用古今中外的名將與兵學家對練兵帶兵用兵的嘉言語錄，以及他自己從排長幹起所親身經歷的一些經驗與故事，而他引用最多的，乃是「孫子兵法」、「曾胡治兵語錄」與總統蔣公的訓詞。他認為指揮作戰，必須講求戰略戰術的靈活運用，也就是孫子所說：「以正和、以奇勝」。因為戰場情況千變萬化，決不能一成不變，如果讓敵人摸透你的戰法，你便會掉入他所預設的陷阱，遭受失敗的悲慘命運。孫將軍以在緬甸作戰為例，當時日軍以兩個師團的強大兵力，將英軍七千餘人團團包圍，英軍總司令亞力山大上將，請求我國迅速派兵救援；當時上級為了顧及盟軍的友誼，下令孫立人就近以新三十八師，派出一一三團前往救援。窺其本意，不過是表示一點意思而已，但孫立人認為他身為部隊長，決不能看著自己的官兵白白去送死，所以他決定親自率領該團七百餘人，星夜前進，以迅雷不及掩耳的行動，採兩翼包圍、分進合擊的戰法，使日軍措手不及，倉惶中棄甲曳兵而逃，死傷枕藉，使英軍得以被解救，並擄獲大量的戰利品，造成震驚世界的仁安羌大捷，使中國軍人得以揚眉吐氣，從而贏得英美人士前所未有的尊敬！

作為部隊的統馭者，孫立人認為必須要有高尚的品德、優良的學術、本著良心血性，以身作則，了解部屬心理，深得部屬信仰，在指揮作戰時尤要能勇敢果決，當機立斷，不可優柔寡斷、猶豫不決，因為一個部隊長，掌握著一個部隊的生死成敗，當其馳騁於千變萬化的戰場時，官兵的性命、部隊的成敗，完全決於俄頃，如果顧慮太多、考慮太久，以致耽誤時間、坐失良機，而使敵人搶得先機，則將坐以待斃，失敗無疑。我們在大陸勦匪作戰，所以遭受慘痛失敗，孫立人認為部隊長要負主要的責任。他特別提到前東北保安司令長官杜聿明，這位曾兩度當過他頂頭上司的杜長官，以他的戰術思想和指揮才能，孫立人認為頂多只能當一個排長；因為他既無膽識，又不懂得戰略運用。他曾舉例說，當時在瀋陽有五個精銳軍，裝備極為精良，如果遵照上級規定的時間，前往攻取錦州，應該絕無問題；但他拖拖拉拉，行動非常遲緩，原來錦州的共軍見我軍聲勢浩大，本已準備撤退，後來發現我軍行動遲緩，他們乃調動大軍，形成大包圍。這時我軍見態勢不妙，便又遲疑不決，既想退回瀋陽，又想南下營口；如此徘徊幾天，匪軍的包圍已逐漸縮緊，官兵一時驚惶失措，只顧逃命，遂導致全軍覆亡。而整個東北亦因之陷入敵手，連杜聿明本人亦被敵軍俘擄，真是「一將無能，累死三軍」，國家和人民都因而受到悲慘的命運，當他講到此處，表情嚴肅，情緒激動，心中似乎仍憤恨不平。當時我們就想，如果當年東北勦匪作戰是由孫立人將軍負責指揮，不知是否會出現另一種局面！

四、二十三位同學被逮捕

由於江陰要塞司令戴戎光變節投降，共軍於四月二十一日渡過長江天塹以後，南京、杭州、武漢、宜昌等各大城市，很快便相繼淪陷，臺灣全省即於五月十九日起宣佈戒嚴；這時在臺灣的全體軍民已是同舟一命，尤其是軍人，雖然職位不同，但目標和任務卻是一致，更應同心協力，共赴國難。可是不知為甚麼，當時在我們隊上總感到有一種不和諧，甚至相對立的氣氛。隊長鍾山中校，原是馬來西亞的僑生，英國皇家機械學校畢業，並曾參加皇家空軍海外志願隊，回國後又進入我中央軍官學校十四期，畢業後再進砲兵學校，不但英語、國語都很好，而且學識淵博，對戰術也很有研究，他因仰慕孫立人將軍，特別投效到孫所領導的新三十八師，到緬甸作戰，在任搜索連長及營長時，機智勇敢，屢建奇功，極受孫立人賞識和器重，東北作戰失利被俘，後來脫險來臺，仍投奔孫立人，所以孫派他來擔任隊長，可以說是對本隊的重視。指導員金曄少校，大學畢業，學驗豐富，幾位排長也都非常優秀，像這樣堅強的陣營，如果他們開誠佈公，以良心血性來領導，絕對可以贏得同學們的支持與尊敬，然而可能由於他們有先入為主的觀念，認為這是一群問題學生，一進新軍的營門就表示不願接受入伍訓練，應該給點顏色看看，所以在言語上及態度上，常引起同學們的不悅和反感。

而在我們學生這方面，有些同學認為國家已到了這種地步，救亡圖存第一，因求好心切，遇有不合理的地方，便直言相諫，希望有所改善，可能使隊職官在心理上感到不滿；還有武大的栗鐵山同學，將那時中共職業學生最慣常唱的「山那邊好地方」的曲譜，填上「新臺灣好地方」，有天晚飯後要大家一起唱，栗學長的本意，當然是要歌頌臺灣、讚美臺灣；但歌詞唱起來別人不一定聽得清楚，而曲調一聽就非常明白，雖然沒唱兩遍就停止了，但當時在營區內唱共產黨的歌曲，可能造成非常不好的影響。尤其重要的，有些同學對孫立人將軍寄予極高的期望，希望他能了解隊上的實際情況，因此推選潘正文、劉俊三、李清等三位學長，以全體同學的名義寫信，想乘他為我們講統馭學的機會送給他；誰知孫立人接過信後，連信封都未望一眼，即順手交給隊長鍾山了，當時大家心裡就感到不妙。

果然未隔幾天，也就是八月五日的中午，當全隊正在午餐時，值星官宣佈：

「司令官一四〇〇在司令部會議室召見，凡是唸到名字的同學，著軍便服、打綁腿，一三四〇在隊部門前集合。」

這一宣佈，激起一片歡欣。司令官畢竟是一位百戰英雄，享譽國際的名將，他要了解同學們的心聲，竟然一次就召見二十三人，真是令人敬佩。

可是這些榮獲司令官召見的同學，直到吃晚飯時仍未見回來，大家心裡覺得有些奇怪，難道司令官還賜宴不成？等到熄燈號吹過之後，仍不見他們回來，這時就知道事態嚴重了；然而整個營區一片寧靜，也無從找尋。到第二天吃過午飯後，同學們才藉口到醫務所看病，登記排隊，到相關單位去打聽，第一個要去的地方便是禁閉室，果然他們都在裡面，不過潘正文、劉俊三、李清、姚神英、向士宏、倪素墳、翟平安等七位同學已被押走了，不知送往何處？由於平時負責對外連繫的同學已被一網打盡，我們人地生疏，不知向何人求援？還是何澤浩學長偷偷遞出一張紙條，告知羅卓英將軍在屏東的住址，才由負責採買的同學祕密去見羅將軍，因為他曾是青年軍的編練總監，請他設法營救這些手無寸鐵身無分文的同學。

四天之後，也就是八月九日的夜晚，這些被關在禁閉室的何澤浩、姚振、易禮金、舒達、栗鐵山、舒敬昕、鄒定華、李如松、楊佑庭、葉一泰、張久裕、戴聲萱、蒲春厚、何榮高、劉定一、葛運炎等十六位同學，又被押走了，同樣不知下落，大家都心急如焚，深怕他們被丟進太平洋裡，因此不斷有人去找羅總監，請他搭救這些同學，可是羅將軍說有關單位都打聽過了，都說不知情，這時大家的心裡真是悲憤沉痛到了極點，但誰也不願再表示意見。由於驚慌、鬱悶、恐怖，積壓太深太久，竟至連續幾夜發生「鬧營」；午夜時分突然有人發出一種怪怪的聲音，跟著有聲音響應，只一瞬間，便在整個寢室，有人大叫、有人大哭、有的打人、有的咬人、有人從上鋪掉落地面、有人在地上打滾，盧德斌學長（後任醒吾商專教授兼訓導主任）並在一次鬧營中，咬住鄰友的手指不放，對方本能的用力拔出，竟將他的門牙拔掉，兩人都鮮血直流，到現在仍令人記憶猶新，永難忘懷。

直到是年十月，那些被捕失蹤的學長又奇蹟似的來到臺灣，從他們的口述中，我們才得知他們是以「思想複雜、行動乖張、圖謀不軌」的罪名被押解出境。第一批七人於押赴廣州後即被關進監獄，在監獄中並與中共南下工作團的人員有所鬥爭，由於對方人多勢眾，情勢十分危險。第二批同學在抵達黃埔港時，廣州情勢已相當混亂，他們即乘管理人員自顧不暇時偷偷上岸，一方面以流亡學生的身分，請求教育部救濟，同時並積極探聽及設法營救前一批的同學，廣州綏靖公署在了解實際情況後立即予以釋放，於是他們二十三人又聚在一起，並前往黃花崗七十二烈士墓前獻花致敬，由於遭此誣陷，感觸良多，不禁悲從中來，相互擁抱痛哭！

由於大陸情勢急轉直下，廣州已岌岌可危，他們所能走的惟一生路就是再來臺灣；因此致電陳誠主席，請求設法搭救，誰知等了數日沒有回音。幸好何澤浩學長有位中學時的教官王雲平上校，在「三七九一」部隊擔任團長，有一天他們在街上遇見，經何學長說明詳情，王團長立即接納他們加入部隊，於十月二十四日廣州棄守前，乘登陸艦來到臺灣。他們後來就個人的志願奮勉發展，在教育界、財經界、企業界以及軍中，均有非常卓越、亮麗的表現與成就。

惟倪素墳、葛運炎、向士宏三學長遭此打擊，越想越氣，決定不再來臺。向士宏獨自去香港，倪素墳和葛運炎則飛往重慶，未久，重慶淪陷，他們被中共強迫還鄉，遭到極殘酷的鬥爭。因為當時中共將「青年從（軍）」與「國大代（表）」、「立監委（員）」、「軍官總（隊）」列為所謂「四大害」。他們認為這些在民國三十三年對日抗戰最艱苦危急關頭，忍痛放棄學業事業，響應蔣委員長號召參加「一寸山河一寸血，十萬青年十萬軍」的愛國青年，都是效忠蔣委員長的「頑固份子」。所以中共在佔據大陸後，對留在大陸上的青年軍同學實施「鎮壓」（槍斃）、活埋、鬥爭、勞改，甚至傳聞有被剝皮凌遲而死的，直到西元一九八九年江澤民出任中共總書記後，劫後餘生的青年軍同學才獲得釋放，並每月發給生活費人民幣三十元。據傳江澤民當年也曾參加青年軍，屬二〇八師六二三團，當時的團長，便是曾任我國憲兵司令與國家安全局長的王永樹中將，可惜王將軍已於西元一九八七年辭世，無法求証了！

五、到五塊厝「煉獄」

忍氣吞聲，為期二十六週的訓練，終於接近尾聲，各種測驗業已完成，只等司令官孫立人將軍蒞臨校閱後便可畢業了。隊職官們一再宣稱：「司令官這樣繁忙，還要親臨校閱，這是你們的光榮，務必要好好準備，不得怠忽。」

司令官指定校閱的課目是「班攻擊」，這對我們來說早已駕輕就熟，而攻擊的路線，則是從灣子頭到六四一高地，長約二千多公尺，從攻擊發起線到攻佔敵人陣地，沿線的地形地物及敵人陣地的位置與兵力配備等，我們都已摸得清清楚楚，因此大家都有信心，決不會讓司令官失望。在校閱的前兩天，隊職官們為恐百密一疏，又帶領我們去重覆演練，務求做到盡善盡美，決不容許有絲毫缺失。

校閱的一天終於來到了，同學們個個精神抖擻、士氣高昂，先將內務和環境整理得十分完善，然後將隊伍提前帶到灣子頭的攻擊發起線，只等司令官一到，攻擊立即發起。

一班接一班依序攻擊前進，每一個同學都卯足全力，希望能博得司令官的肯定和賞識，可是沒有多久，當各班正奮力攻擊前進時，值星官傳令下來：

「演習終止，隊伍到指定的地點集合！」

這時大家真是興高采烈，這最後的一課終於完成了。不料隊長林煒晨上校卻宣佈：

「司令官指示，要各位再到五塊厝去接受兩個月的入伍訓練！」

大家一聽，就像洩了氣的皮球，情緒頓時跌到了谷底；隊職官們也垂頭喪氣，感到很沒面子。原來孫立人將軍的基本原則是絕對不變的，任何人要到鳳山接受「新軍訓練」，都必須先受入伍教育，我們先前不願在臺南接受，現在便將我們送到更為嚴格的五塊厝，這就是孫立人的堅持。

當天夜晚便有幾位同學溜走（開「小差」）了，我和好友任藝華學長也決定不再在這裡耗下去了。第二天晚上我們輕手輕腳進入儲藏室，準備拿幾件隨身衣服，孰料被隔壁房間的隊長林煒晨上校發覺，他大聲詢問：「誰在裡面做甚麼？」我們只好報上姓名。林隊長說：「明天再來找，趕快回去睡覺！」我和藝華兄只得乖乖出來，而他卻已站在門口等候，他很嚴肅的對我們說：「你們想做甚麼我知道。」然後對著我說：

「我告訴你，別人可以走，你不能走，因為你們的成績都已算出來了，並已報到班

本部去了，你是第一名，如果你也走了，教我這個做隊長的如何交待？」

接著他神色凝重，而很感性的說：

「人生並不都是一帆風順的，有時會遇到風險和苦難。兩個月，不過短短的兩個月，有甚麼好怕的？咬一咬牙就過去了，凡事堅持到底，才能成功勝利。青年人不但要有勇氣，尤其要有毅力，士不可以不弘毅，任重而道遠，不要就為了這兩個月而憂傷洩氣！」

經他這麼一訓，我和藝華兄雖然心裡不樂意，但也不好意思逃走了；因為人與人之間，總要留些情面，何況人家也沒有惡意，不能做得太絕，令他失望寒心。

沒過幾天，我們便被送到五塊厝入伍生總隊。由於我們人多，編成第一營的第一連和第二連。我是第一連，連長為羅銀倫上尉（後任三軍大學少將總教官），排長都是少尉。教育班長則都是軍士隊畢業十八九歲的小伙子，他們精力充沛、動作熟練，整人的手法和功夫也是一流的。

從入伍生總隊接受我們的第一分鐘開始，值星官便宣佈，不論在什麼地方，做甚麼事情，只要聽到哨音，便要馬上立正站好，等宣佈的口令結束後，方可行動，如果是要到指定的地點集合，當值星官「向前看」的口令停止，還未進入部隊站在自己應該站立的位置，不論是徒手或持槍，都必須立即匍匐前進，如爬得不快，即受處罰。夜間上廁所，須向衛兵登記，等前面去的人回來後才能去，夜間不得有兩人同時上廁所。洗澡時，一連一個露天小水池，每人五分鐘，限時完成。至於吃飯、著裝、整理內務、打掃環境乃至睡覺等等，都有詳細的規定，時間的限制，必須嚴格遵守，否則便要處罰。那些小班長最會利用機會找同學們的缺點和麻煩，一經發現，立即予以拳打腳踢，並口口聲聲說：

「不要以為你們是大學生，大學生有甚麼了不起，我打給你們看。」

在他們眼裡，大學生似乎等同囚犯。有一位許傳恕學長，敦厚實在，非常可愛，可是教育班長卻用小板凳把他的手打腫了，連吃飯都不能拿筷子。而且他們每天都檢討，看看那些人還未挨打，明天該打誰，都有計劃。有天中午，我們從大貝湖附近實施野戰教練回來，快進鳳山市區時，正唱著軍歌，勇往前進，忽然聽到一陣急促的皮鞋聲，緊接著我的背上被打了一拳，並有聲音說：

「為甚麼不唱歌？」

我回頭一看，才知是值星官李排長。當時我真感到莫明其妙，因為事實是在唱，而且是蠻大聲的在唱。一個連的行軍縱隊，總有三十公尺左右的長度，值星官為了照顧整個部隊，通常都走在中間地帶，我是輕機槍手，走在隊伍的排頭，他離我最少有四、五公尺，真不知他從我背後如何能看到我未唱歌？吃過午飯後，我的幾個「鄉兵」憤憤不平，要到連長那裡去為我討回公道，我謝謝他們說：

「這裡那能夠找公道？司令官要我們到這裡來，就是要我們來挨打的，他自己不是也挨過打嗎？再過兩天，我們就要功德圓滿離開這裡了，算了，不要惹他們了。」

後來沒過多久，聽說那個李排長患肝病去世了，英年早逝，亦可說是國家的損失！

入伍生總隊的訓練，完全是術科，不是操場，就是野外，而每天早晨的第一課，便是越野賽跑，從五塊厝跑到高雄火車站，再從原路跑回來。那時高雄和鳳山之間很少有房屋，車輛更少，整條公路就成了我們的跑道。至於訓練的課目，仍是由單兵、到伍、班、排、連等基本教練與戰鬥教練，因為司令官的本意不是要我們去學甚麼本領，而是要我們去接受磨練，兩個月的時間一到，倒是讓我們很順利的回到鳳山。民國三十九年二月一日舉行畢業典禮，司令官孫立人將軍親為我們頒發畢業證書及前三名獎品。經過八個月的苦訓，終於修成了正果，所有的同學都分發第四軍官訓練班所屬學生總隊，校官、尉官、軍士大隊及新成立的臺灣軍士教導團等單位，擔任連隊級的政治指導員。我被分到班本部訓導組擔任課員，承辦政治教育業務，只是畢業分發的那一天，正是農曆的除夕，部隊循例休假，有些同學拿到分發命令卻無法前往報到，過了一個很不一樣的農曆新年。

六、親歷陸軍官校在鳳山復校

民國三十九年三月一日，總統蔣公在全國人民殷切喝望下復行視事，同年八月，陸軍軍官學校在鳳山復校。因其原在成都的校本部未能即時撤出，乃以鳳山的第四軍官訓練班為基礎，加以擴充改組，也就是取消第四軍官訓練班的名義，將原有的訓導組改為政治部、行政組改為行政處、訓練組改為教育處、軍需室改為補給處、學生總隊仍為學生總隊，並由羅友倫中將出任首任校長。

羅友倫原名羅又倫，黃埔軍校七期畢業，前為第六軍少將軍長，在東北勦匪作戰失利後，前往美國哥倫比亞大學進修，獲悉蔣公復行視事，即毅然立即回國，進入陽明山革命實踐研究院受訓，以一篇「讀訓質疑」，深得蔣公嘉許，並公開稱讚他學習認真，富有研究精神。陸軍官校復校時，蔣公特下手令：「派羅友倫中將為陸軍軍官學校校長」。這一手令，不僅給羅將軍升了一級，還將他的名字也改了，而這一字之改，不但更有意義，而且音調也更響亮，具見蔣公對中國文字與中國文化體認之深。

羅友倫年青英俊、儀表非凡，雖然屢經陣戰，但因生得一張「娃娃臉」，而且個頭不高，當時三十九歲的他，看起來不過二十出頭。他曾在一次週會上說：

「現在部隊的軍紀和禮節實在太差，我到部隊去看演習，官兵都不知道向我敬禮，只說看哪，好年輕的中將！」

羅校長也很會講話，有人講不過他，就稱他是「話學博士」！

陸軍官校復校後的第一件大事，就是招考二十四期的學生，也就是所謂「鳳山一期」。當時由於大陸淪陷，許多愛國青年都急欲從軍報國，特別是隨部隊來臺具有高中學歷的士官兵，更是熱切的希望能進入軍官學校，所以報名的非常踴躍，並有好些斬斷手指寫血書給羅校長，以示投考軍校的決心。羅校長對此曾在週會時公開表示：

「學生錄取絕對要以成績為標準，任何血書都不考慮，否則我們豈不是在鼓勵自殘，而我們未來的陸軍軍官豈不成了殘廢軍官，這是不可以的。」

我原本分發在第四軍官訓練班訓導組服務，現在隨著單位改編，便到政治部第一科當科員，仍舊承辦政治教育。當時同在第一科的尚有李瞻、張炳禧、李崑崙等兄。李瞻兄後來考取國立政治大學新聞研究所，畢業後留校任教，歷任教授、研究所所長，著作豐富，桃李滿天下，為國內與國際極受尊重的學人。那時政治部分為三科，第一科主管政治教育，第二科主管政訓活動，第三科主管保密防諜，另有一位上校監察官，負責人事財務與軍風紀之監督，首任政治部主任為馮國徵少將，他也是黃埔七期畢業。有一天，不知為了甚麼事情，和監察官起了爭執，馮主任一氣之下，即以監察官抗命為由，下令將他關入禁閉室。那時由於大陸棄守，許多部隊慌亂中撤退來臺，有的吃空缺，有的假報銷。種種違法亂紀的事，不一而足，國防部為了整飭軍風紀，樹立監察官的權威，特對監察官賦予較大的權力。現在一個政治部主任，為了意見不合，竟將上校監察官關了起來，這可不能等閒視之；國防部獲報後，立即下令傳訊那位上校監察官，而沒有幾天，政治部的馮主任亦被調職了！

繼任的政治部主任為胡軌（步日）少將，他是黃埔四期的老大哥，曾任中央幹部學校副教育長（教育長為蔣經國先生）、人民戡建總隊少將總隊長，公正廉明、和藹可親，極受官兵學生的尊敬。他來接主任，許多人都為他感到委屈，他則說：「能回到母校服務，實在是一種光榮！」有一次他回臺北，補給單位為他送去兩張火車票，他說：「這次是因私事請假，不能用公家的車票。」承辦人說：「沒有關係！」胡主任很嚴肅的說：「怎麼會沒有關係呢？公是公，私是私，不論大事小事，公私一定要分清楚！」又有一次，他在全校週會中對師生講話，謂在臺北時很多朋友問他：「今日的黃埔如何？」他說：「一切都很好，就是沒有精神！」使得同時站在司令臺上的羅友倫校長感到很不自在。胡主任為了重建黃埔精神，特擬頒運動綱領，展開普遍而深入的討論；並從先後兩次徵文中，將我所寫的幾句話，用作「重建黃埔精神運動綱領」的前言，使我頗感意外。

民國四十年七月的一天下午，時任陸軍總司令孫立人上將的侍從參謀陳良壎少校來找我，他說：「總司令要你去當秘書，請你去看總司令辦公室的孫主任（克剛少將）！」這真是一件突如其來的訊息。下班後，我將此事向我的頂頭上司李宗瑞科長、和教官趙尺子上校請教，他們都說：「這是好事，應該去！」我說：「我和總司令一點關係都沒有，如何能去當秘書？」他們說：「你畢業時考第一名，總司令親自為你頒發畢業證書和獎品，怎麼會毫無關係呢？」但是我想那只是例行公事，軍訓班那麼多班隊，差不多都是他親自頒發畢業證書和獎品，他那裡還記得那麼多。而且孫上將貴為總司令，身邊必是人才濟濟，我一個農村青年，從小學起就當流亡學生，不是跑日軍的警報、就是逃山裡的土匪，根本沒有讀甚麼書；參加青年軍又耽誤了一年多，好不容易考上湖北農學院，學的又是農業經濟，對文史哲學雖然有興趣，但讀的實在太少，現在要我去舞文弄墨，實是自暴其短。而且當時我承辦政治教育，為各班隊擬計劃、排課表、請教官、算成績、已駕輕就熟，同時還兼任一門課，逼著自己讀書，可以教學相長。還有我那被無辜逮捕的二十三位同學，他們未經任何審訊就被押解出境，難道當時的司令官是被蒙在鼓裡嗎？雖然他們後來絕大部份又來到了臺灣，但他們心裡的怨恨，是可以想見的。如果我去為孫總司令當秘書，他們必定會與我劃清界線，因此我決定對此事靜觀其變；如果總部發佈命令，軍人以服從為天職，我只得前往報到，但我絕不採取主動。日子就這樣一天天的過去，直到九月下旬，政工幹部學校第一期招收新生放榜，我僥倖被錄取，也就按時前往復興崗去報到入學了！

第六章　復興崗上

一、要升官的莫進來

全國軍民同胞經過八年多的浴血抗戰，好不容易打敗日本軍閥，獲得最後勝利，成為世界四強（中、美、英、蘇）之一。但是不過短短的四年時間，整個大陸的錦繡河山，便淪入中共手中，實在是令人不可思議。

政府在兵荒馬亂中撤退到臺灣，喘息未定，危機四伏，總統蔣中正先生在全國軍民同胞一致喁望和要求下，於民國三十九年三月一日復行視事，立即莊嚴的宣佈「去此一步，即無死所」，並在陽明山革命實踐研究院連續講述「革命魂」、「軍人魂」、「民族正氣」，使全國惶惶不可終日的軍心民心，迅速得以穩定。復成立改造委員會，對中國國民黨進行澈底改造，希望能喚醒黨魂，團結全民，共同為反共復國而奮鬥。同時對國軍實施整建，將國防部參謀本部的政工局，改為總政治部，任命蔣經國先生為主任，使能經由政工改制，帶動整個國軍的革新進步，掃除以往貪瀆、自私、擾民、害民等的一切陋規惡習，實施「人事、經理、意見、賞罰」等四大公開，建立「主義、領袖、國家、責任、榮譽」等五大信念，剷除「剛愎自用」、「各自為政」、坐視友軍失敗而不遵命救援，甚至變節投降恬不知恥的心理與行為，使國軍全體官兵都能統一意志，集中力量，知道「為誰而戰」、「為何而戰」，從而提振士氣，鞏固團結，造成攻無不克、戰無不勝的國民革命軍。

為了達成整軍建軍的神聖使命，培養新的革命幹部，蔣經國先生乃在臺北北投成立政工幹部學校，並於民國四十年八月二十七、二十八日，在臺北、臺中、臺南、臺東、金門、澎湖等地舉行招生考試，九月二十六日放榜，我和好友任藝華兄倖獲錄取，即遵照規定於十月二十三日前往北投報到。

新生報到處的前面，樹立著兩幅巨大的標語：

要升官的莫進來，

想發財的請出去！

同時從播音器裡傳出響亮甜美且極富感性的聲音：

「政工幹部學校不是普通大學，也不是一般軍事學校，更不是升官發財的階梯，和一般知識的販賣部。它是陶冶革命青年的搖籃，是培育反共鬥士的學府。它的教育宗旨，不僅是順應時代的要求，更肩負著偉大的歷史使命，是要集合起民族的精英，在英明領袖的領導下，為反共救國大業，為中華民族五千年歷史文化的傳承，要犧牲個人的生命、自由與幸福，來消滅萬惡的朱毛奸匪，光復大陸，重建三民主義的新中國。」

在當時那種危疑震撼的情勢下，聽到這種聲音，真是既興奮又感動，深感能與許多志同道合的青年朋友，一起來為反共復國效命，實在是一大幸事。

學校規定在辦理報到時要先口試，我所面對的口試官是保防室主任劉益華上校，他說我的體檢表上註明眼睛有色盲，不能入學，我說：

「從青年軍到鳳山新軍，我已兩度接受軍事訓練，都沒有問題，這裡又不是考飛行員和駕駛，和色盲有甚麼關係。」

但那位劉上校卻非常堅持，且表現出一副不耐煩的樣子，我只得趕快離開，怕耽擱他的時間。這時有位長官看我愁眉苦臉，主動問我有甚麼問題。當他了解以後，即領我去見教育長沈祖懋先生，沈教育長聽完報告，二話不說，即拿起筆來批了一個「准」字，這樣我才得以完成報到入學，否則可能就要脫下軍服另謀生路了。

二、克難建校

當時的復興崗，對外稱「覺村」，是日據時代遺留下來的競馬場，黃沙滾滾，一片荒涼，沒有一棵樹，沒有一條柏油馬路，也沒有一塊像樣的草坪。北投冬季風大，吹得沙霧瀰漫，行進間必須瞇著眼睛，屏著呼吸，深恐沙子會吹進眼內，吸入肺部。幾幢破爛不堪的馬廄，成了我們的寢室和飯廳，每根柱子都有被馬啃過的斑剝痕跡，生活其間，可常聞到一些馬糞味。

校本部設在看臺後面一幢破舊的樓房裡，而原有的售票房，則成了大禮堂。總統蔣公民國四十一年元月六日蒞臨主持開學典禮時，即在那幢售票房裡，由於空間太小，參加典禮的長官和同學站不下，還有許多都站在外邊。全校集體上課或聽演講時，則在大操場，每人一塊圖板和一個小板凳，大家整整齊齊的坐著小板凳，腿上放著圖板，認真的記筆記。

學校的領導人都是一時之選，校長胡偉克將軍，黃埔軍校六期畢業，曾到英國學習飛行。在大陸曾任筧橋空軍軍官學校校長，英姿挺拔，氣宇軒昂，由國防部總政治部副主任調為學校首任校長。他在講話時，嚴肅中帶些恢諧，特別強調現代的戰爭已非傳統的戰爭，必須懂得思想和組織，我們在大陸的失敗，實是由於忽視無形戰力所導致的惡果。今後我們必須發揮無形戰力，才能獲得勝利。當我們從部隊「當兵實習」回來時，胡校長已離開學校，又回到總政治部當副主任去了。新任校長是王永樹將軍，他原為總政治部第一組組長，到任後即雷厲風行，督導全校官生，全力推行「克難建校」運動，希望使荒草漫野的競馬場，能儘快呈現一種新的面貌。

教育長沈祖懋先生，是一位教育家，身材高大，溫文儒雅，他總是穿著一身深色的中山裝，講話不疾不徐，頗有長者之風。他在講述學校教育政策時，特別強調一切要從「自力更生」做起，決不能再存任何依賴心理。唯有自助方能獲得人助，這在當時孤立無援的情況下，大家都有很深的感受。有位同學在打掃教室時，不慎將玻璃窗打破了，沈教育長為之感到很難過，當他講到學校經費拮据、物力維艱時，忍不住語帶哽咽，大家都為之動容。

教育處長賴琳上校，筧橋空軍官校畢業，謙沖和藹，風采奕奕，他在作教育報告時，強調本校成立的時代背景與歷史使命，希望同學們能以崇高的理想，堅強的毅力，奮發圖強，努力學習，成為一個忠黨愛國反共抗俄的優秀幹部，領導部隊官兵，完成反共復國的偉大任務。

訓導處長王昇上校，中央幹部學校研究部畢業，在任戡建總隊長時，奉派到上海，領導全體隊員，隨同蔣經國先生實施經管工作，與當地惡勢力展開搏鬥，旋調任第三總隊少將總隊長。來臺後任總政治部第一組副組長，秉承經國先生的旨意，負責草擬政工幹部學校的建校計劃，舉凡校址的選定、校園的規畫、課程的設計、人員的調配、教授的敦聘等，不知費了多少心血。特別是對於經費的爭取與設備的籌措，更是受盡屈辱。當他坦誠說出學校成立的艱辛時，大家都深受感動。他說學校是大家的，大家要愛護學校，學校絕對一切為學生，希望學生要全心全力為國家，每一個人都要「抱青天白日的心胸，立萬載千秋的大志」，負起反共抗俄的歷史使命。

入伍期間，每天早晨與下午最後兩節課都是勞動服務。早晨一起床即拿起圓鍬、十字鎬，不論天晴天雨，大家都捲起袖子，努力修道路、建圍牆、挖水溝、開魚塘、栽花種樹種草皮，先種「木麻黃」，因為它一年即可長得很高，希望能為學校帶來一些綠意，但很快即告枯萎。隨後又種「油加利」，亦因其長得比較快。分科教育開始後，每天下午仍有勞動服務，修操場、建堤防，為新建的中正堂及其他房舍挖地基、搬磚瓦，有時會挖到蛇窩，許多小蛇都在窩裡蠕動。不知流了多少汗，手上起了多少泡，才將昔日荒蕪的競馬場澈底改頭換面，使得馬糞的臭味亦逐漸消失。民國四十一年四月，經全校師生熱烈討論，決定將「覺村」改稱為「復興崗」，並函請臺灣省政府明令公佈，從此復興崗的美名便享譽中外。

由於整天操作勞動，體力負擔極重，公家發的食米根本不夠吃，尤其早餐只吃稀飯，很快就飢腸轆轆，因此開飯時便打「衝鋒」，越搶越不夠吃。我很幸運，每到一個新的單位，總是一開始便被選為伙食委員，面臨這種局面，乃將在青年軍時的老辦法搬出來，邀請炊事班的同志們開會，研究如何解決問題，最後他們都同意買蒸籠蒸饅頭，不再將公發的麵粉折價買菜，當早餐有饅頭吃之後，中午就不再搶飯了，食米也就夠吃了。

沒隔多久，訓導處關心我們入校後的生活，特召集伙食座談會。訓導處長王昇先生親自主持，各隊代表均紛紛發言，抱怨飯不夠吃，我乃將買蒸籠蒸饅頭的經過，作一簡單報告。王處長聽後說：

「第一隊的辦法很好，各隊也都可以照樣作，學校雖然沒有錢，但買蒸籠的錢，還是可以發給你們，第一隊買蒸籠的錢也照樣補發。」

與我同辦伙食的張北海同學，河南大學畢業，他平時沈默木訥，一語不發，可是入學後不久，竟被以「匪諜」罪嫌逮捕，同時被捕的還有六人。當時我覺得像他那樣怎麼會是「匪諜」，因此在和同學們私下聊天時，曾不加思索的說：

「如果張北海也是匪諜，那共匪太看不起我們政工幹校了！」

好友任藝華兄立刻輕聲對我說：

「你不要這樣講話！」

經他這樣一提醒，我深深地感到自己失言，因為當時中共一再揚言要「血洗臺灣」，當然會無所不用其極，對於這種事，我怎麼可以隨便講話。只是當時在我的心中，被抓的數人，只有一位曾毅學長，學識豐富口才便捷，演講比賽第一名，中共如派他來，倒還有一些道理，可是後來卻就只有他一人被釋放出來了。

三、經國先生的教誨與期盼

當我們在校期間，經國先生常不分晝夜，自己開車來到學校，有時早晨起床號音還未落，他已進入我們的寢室；有時熄燈號剛剛吹過，便聽到他那稍帶沙啞的聲音：「蓋好被子，當心受涼！」他有時甚至還為同學們蓋被子。

經國先生檢查內務時，我們疊得整整齊齊的棉被、蚊帳、毛巾等，他看都不看一眼，卻叫人找來掃帚，自己趴到地上，從床底下掃出一些垃圾來。當隊職官和我們學生都準備挨罵時，他卻笑著說：「要消滅死角，小處不可輕忽。」

記得他第一次對我們講話，是民國四十年十一月一日的上午，他的第一句話便說：「黃花崗七十二烈士的血，不是白流的。他們犧牲了自己的生命，造成了辛亥革命的成功，他們的精神感動了無數的革命志士，掀起了全國的革命風潮。七十二烈士的年齡都很輕，都是青年，他們認清了革命的任務，反對滿清的專制統治，而從事於推翻滿清建立一個真正民主自由的國家而奮鬥。」（註一）

當時大家心裡都十分明白，他就是教我們要學習黃花崗七十二烈士犧牲奮鬥的精神，準備為反共抗俄而流血拼命。

同時他在第一次講話時，就把學校的任務、革命幹部必須具備的基本條件與具體要求，也都說得清清楚楚。他說：

「今天大家來到政工幹部學校為的是甚麼？領袖創辦這個學校又為的是甚麼？在這裡我首先要向大家說清楚，我們都是中國的青年，在我們的背後有著五千年的歷史，在我們前面展現著億萬里的長途，現在我們雖然退守臺灣，但是我們要知道朱毛匪幫在大陸的殘暴獸行，我們不相信漢奸能夠成功。現在我們最要緊的就是志氣，……

要立定志氣來革命。一個有志報國的革命幹部必須具有下列兩個基本條件：

一、純潔的思想：革命最要緊的就是乾淨。首先思想要乾淨，人格要乾淨。過去的錯誤，現在必須痛加反省，重新洗刷乾淨。為甚麼黃花崗先烈他們不留戀自己的家庭和妻兒？這就是思想的乾淨。今天大家都是青年男女，我們要澈底反省我們的思想、人格、以及歷史是否乾淨。社會上也有些人思想是乾淨的，如像虔誠的宗教徒，他們的思想就很乾淨，因為思想乾淨，才可以在艱難的情境中完成任務。但我們和宗教徒不同，宗教徒是求對得起自己，對得起上帝。而革命者是要以純潔的思想加上積極的行動，對歷史、對民族、對國家、對全世界、全人類求得無愧。

二、不怕艱難危險：任何一件事在開始的時候，做起來還比較容易，所以發動革命是容易的，但要完成革命就比較困難。所以說：『守成比創業難，中興比守成更難』，就是這個道理。因為中興是要從失敗中再求復興，我們今天革命的目標，就是復興中華民國。當年黃埔軍校是打天下，廬山、峨嵋訓練團是守天下，現在則是需要我們負起復興國家的中興大業了。這是一個非常的事業，也是極端艱鉅的事業，我們必須具有堅強的毅力和決心，拿出開天闢地的氣魄和勇氣，不怕艱難，不怕危險，去打倒蘇俄，消滅朱毛匪幫，用非常的革命精神，來創造我們非常的革命事業。」

「我們知道謙讓、虛心、穩重、深刻，是我們做人做事的基本條件，更是我們政工人員應具的基本風度。所以政工幹部學校應該樹立起一個幹部的特質，它的具體要求應該是：

一、絕對性的信仰主義。

二、無條件的服從領袖。

三、不保留的自我犧牲。

四、極嚴格的執行命令。

唯有做到這四點，才是革命的新幹部，也唯有這種新幹部，才能在這天翻地覆的時代裡，完成驚天動地的偉大事業。」（註二）

民國四十年十二月三十一日的夜晚，學校為慶祝新年元旦，規定以中隊為單位，舉辦壁報比賽。我負責編寫，當我將壁報寫好張貼到指定的位置，回到寢室，正解開綁腿準備就寢時，忽然緊急集合的號音響了，整個寢室立即亂成一團，大家都緊急著裝，抓起武器，由值星官帶領，齊往司令臺前奔跑，當我們站穩腳跟，抬頭向司令臺看時，經國先生正站在臺上，看看手錶是零點二十分。舉行團拜以後，經國先生說：

「現在已經是民國四十一年元旦了，也就是四十一年的第一天，本校全體師生在此元旦之始，舉行緊急集合與團拜，實有深重的意義。同志們，應從即日起下最大的決心，作艱苦的奮鬥，以同志們血和汗的交流，作反共勝利的保證。」（註三二）

在我們入伍教育期間，經國先生每週都來給我們上課或訓話，分科教育開始後，亦常來主持週會，他有時講一小時，有時兩小時，惟不論時間長短，都是有備而來。每次講話都有主題，有重點，將國家的處境、人民的痛苦、革命的形勢、青年的責任，以滿腔的熱忱，作條理的分析，他那略帶沙啞的聲音，就像一座時代的警鐘，不急不徐鏗鏘有力的敲在我們的心上。我們坐著小板凳，腿上放著圖板，聚精會神的一面聽講，一面作筆記，希望能將他所講的每一句話都記下來。

他每次講話，都能很精準的把握時間，下課號音一響，他的講演正好結束，乾淨俐落，決不拖泥帶水，就像經過多次彩排過一樣，讓人覺得意猶未盡，期待他下一次再來。

由於他每次講話，都是排在上午八點，因為人多，只有在大操場，早餐吃的是稀飯，個把小時便已完全消化。有一天他講課是兩個小時，中間休息十分鐘，大家都急著要上「一號」，可憐那時的復興崗，衛生設備實在太差，在大操場附近不過兩三處非常簡陋的廁所，一千多人要在十分鐘內解決問題，根本不可能。在情急之下，只有在司令臺對面的田埂上「方便」起來，好在那時附近全是一片稻田，只在山邊才有幾戶人家。但經國先生卻全看在眼裡，等再集合上課時，他毫無慍色的說：

「剛才你們這種『集體施肥』的動作，看起來實在很不『雅觀』。」

大家聽了，都忍俊不禁相視而笑。

四、誠實運動

大陸剿共戰爭遭受慘敗，多少人心如刀割。蔣經國先生由於身分特殊，當然感受更深。他痛定思痛，認為最根本的原因，在於人心敗壞，道德淪喪。他說：

「每個人都只顧到自身的利益，而忘記了國家民族的利益，更壞的是少數野心份子充滿了領袖慾和優越感，處處表示高人一等、表示特殊、表示與眾不同。因此彼此不相上下，忌才能、不合作，最後勢不兩立，互相攻訐、排擠，不擇手段。結果力量相消，自己內部佈滿敵人，又怎能和共匪奮鬥呢？」（註四）

為了救亡圖存，他在十二月三日主持全校週會時，很明確的提出要推行「誠實運動」，他說：

「政工幹部學校的生命建立在那裡呢？第一是要剷除個人自私的觀念；第二是要提

高榮譽感；第三是要提倡忠實心，就是對國家，對領袖，對學校必須絕對的忠實。任何一個人都要具有榮譽感和忠實心，這兩者是相連不可分的。如果說虛榮，倒不如說虛偽。因為榮譽和忠實是不可分的，虛榮和虛偽也是不可分的。所以今天我們要提倡一個誠實運動，建立一個誠實校風。」（註五）

經國先生對誠實運動還提出了一些具體指示，他說：

「這個誠實運動為本校成敗的關鍵，只許成功，不許失敗。這個運動要從那裡做起呢？為了培養同學們的榮譽感，今後本校對將要受到處分的同學，可以設立一個違紀報到處，要做到：違犯紀律，自動報到；心中有事，和盤托出。違犯紀律的可向訓導處報到，內心的痛苦隱衷也可以向訓導員說出。訓導人員必須負責解決，務必使每一個人的內心全部乾淨，人格全部完滿。把這個自發自動的風氣養成了，才算是一個理想的學校。幾千年來說謊不誠的惡習，要從我們自己改革做起。」（註六）

「誠實運動」可以說是一種「心靈改造」運動，正如天主教徒的「告誡」，基督徒的禱告與見證一樣，必須坦白真誠，發自內心深處，不為外物所惑所動，一切事物都要靠自己內心深處的真誠。所謂「精誠所至，金石為開」，只有真心誠意，才能成就一切事功。

學校為了貫徹經國先生的指示，特於民國四十一年元月三日的師生大會中，經全校師生熱烈討論，決議響應經國先生的號召，以誠實為本校的校風，共同一致遵行。

訓導處並根據師生大會的決議，訂頒「誠實校風實施辦法」，要求「人人誠實、事事誠實、時時誠實、處處誠實」。做到「不說謊、不欺騙、不舞弊、不變節」。以往不論做了甚麼不誠不實或違犯紀律的事情，只要誠實的向各隊訓導員「和盤托出」、「自動報到」，都可以免除或減輕處分，並絕對代為保密。各中隊並設立誠實信箱，誠實商店，希望以各種方式培養誠實風氣。尤其對於各種考試，更要求從心理上摒除作弊的心理，不得有任何違犯誠實校風的事情，如有舞弊的情事發生，一經查出，即予以開除，決不寬容。

五、到部隊當兵實習

入伍教育分兩個階段，第一階段兩個月，在學校實施；第二階段兩個月，則是到部隊去當兵實習。

當兵實習是軍事教育的一項創舉，它是總政治部主任蔣經國先生親自提出來的。經國先生說：

「為要解決戰士的痛苦問題，必先知道戰士的痛癢之所在。亦只有與戰士共同生活，才能真正瞭解戰士們真正的需要。政工人員的生活與戰士脫節，這是政工不能發生效力的主要原因。政工人員不是做慈善事業，而是培養革命力量，亦祇有將自己的血汗與軍中官兵的血汗流在一起，才能完成此一任務。因為自己的痛癢，只有自己知道。所以我要你們到部隊實習兩個月，完全無條件的過士兵的生活。唯有如此，才能真正瞭解士兵的痛苦，才能下決心為戰士服務。」（註七）

訓導處長王昇先生，深怕我們到部隊以後，不能與士兵打成一片，帶給部隊麻煩與困擾。同時亦擔心同學們不能承受勞苦，作出違犯紀律的事，讓官兵看不起，影響學校的聲譽。因為我們這些學生當中，有些是當過營長、副團長的校級軍官，有些是在政府機關、學校與私人企業，擔任過重要職務的官員、教師、與企業人才。現在要到基層的連隊去與士兵一起生活操作，是否真能適應，實在值得顧慮。因此王處長特別親自擬定一份「當兵須知」，發給每一位同學，並為我們講解。他要大家在心理上先要有所準備，一到部隊，即要成為真正的一名士兵，不要有絲毫特殊的表現；在行軍時應特別注重軍紀，不得擅離部隊或爭先恐後；編組以後，即應詢問左右鄰兵，瞭解該部隊的習慣與規定；對班長的指揮，務必誠懇接受，虛心學習；在會議中發言要有分寸，多建議，少批評；對於勤務的派遣要樂於接受，認真執行，盡最大的努力，為群眾服務；發現部隊缺點，應深入瞭解其發生的原因，求得最佳的答案；實習期滿後，對部隊長官的教導與士兵弟兄的協助，應衷心表示感激；營內如有餽贈，應婉言謝絕；若有請求，則應慨然答允；如舉行集會歡送，則應派代表致詞答謝。王處長完全以一種「嫁女兒」的心情，在我們踏出校門之前，苦口婆心，一再叮嚀。

我們前往當兵實習的部隊，是當時頗富盛名的陸軍第六軍與五十二軍。第六軍軍長艾靉中將，並於民國四十一年元月九日下午，親自到學校來迎接。他在致詞時說：

「幹校同學到部隊實習士兵生活，是我們國民革命軍的一次創舉。今天我來迎接各位，除代表部隊表示歡迎外，更重要的還希望各位能為部隊打氣，能對官兵起示範作用，以促進部隊更團結更進步。」

元月十日清晨，我們在校長、教育長及全校教職員的熱烈歡送下離開學校，前往實習部隊報到。我們研究班的同學先到負責臺灣北部海岸防衛作戰的第六軍三三九師一〇一五團，團部設在淡水忠烈祠，團長為于豪章上校。他身材魁梧，氣宇軒昂，態度誠懇，親切自然，同隊的陳典熹學長在入伍前是該團的副團長。他說于團長本是少將，原為總統蔣公的侍衛官，曾隨蔣公回溪口，學識豐富，才能卓越，行事為人極得蔣公和夫人的賞識，為了歷練部隊主官，才讓他出來當團長。他對我們講話後，即由各營連將我們分別帶到駐地。

我們這一班分配第一營的機一連，駐在海邊的港子坪，我們揹著背包，步行到駐地，受到戰士們的熱烈歡迎。午餐後即與戰士們混合編隊，每班至少都有一位同學，吃飯、睡覺、操作、出任務，完全和士兵在一起，大家相處極為融洽愉快。操作之餘，和戰士們聊天，彼此也都能推心置腹，無話不談。當時連上有好幾位「新生兵」，他們是在「古寧頭戰役」中被俘的中共士兵，亦樂於和我們交談，使我們從而知道一些中共基層連隊的實際情況。

陳典熹學長兩個月前是這個團的副團長，現在回到團裡來當兵實習，營連排長原來都是他的部屬，對他敬愛有加。因此連長要讓出自己的寢室給他住，班長要替他出任務站衛兵，他都一概拒絕，就是規規矩矩要作一個兵。於是吃喝拉撒和睡覺，都和士兵在一起，更贏得官兵的尊敬。

陰曆除夕的夜晚，大家正在酣睡，忽然哨音響起，值星官宣佈立即起床著裝，各就戰鬥位置。原來接到上級指示，近海有情況，需要嚴加戒備。我們在黑夜中，扛著重機槍和子彈，沿著海岸，走過沙灘，迅速進入碉堡，聚精會神，盯住漆黑的海面。直到天亮以後狀況解除，才回到連上吃早飯，並互道恭喜，過了一個難忘的除夕之夜。

一個月期滿後，在戰士們依依不捨的情形下，我們奉命轉到駐於中壢的三六三師一〇八八團，該團正實施基地訓練。我們加入編隊以後，每天都在操場上操作，和在學校接受入伍教育一樣，只是更為勞累緊張。

兩個月的當兵實習，留下極為深刻的印象。戰士們刻苦耐勞，流血流汗，對反共戰爭充滿信心。只是感覺到不受社會重視，得不到應有的尊嚴，心理上難免有些不平衡。尤其生活設施極為簡陋，那時的營舍，多是官兵自己用茅草搭建的「克難營房」，遇到下雨時，外面下大雨，室內下小雨，夜間睡覺，雖在棉被上搭蓋雨衣，仍會被雨水淋濕。沒有飯廳，晴天在室外蹲著吃，雨天則在寢室，洗臉、刷牙、洗澡，都在小溪邊解決。冬天寒風吹襲，亦只能用冷水洗澡，棉軍裝每人只有一套，打濕了只有靠太陽曬乾。廁所則是戰士們自己挖掘的大糞坑，周圍用稻草圍起來，不論官兵，大家都在裡面方便，真是袒裎相見，毫無隱私。由於衛生條件太差，身上都生跳蚤，床上並有臭蟲，夜晚根本無法睡眠。我們兩個月都靠撒BHC藥粉才能勉強入睡，現在說出來，可能令人難以置信。

三月十一日實習期滿返校，十二日學校即舉行檢討會。經過各隊的報告與熱烈討論，作成結論，並推出兩位代表，向經國先生提出報告。經國先生聽完後說：

「剛才聽到兩位同學關於部隊實習的經驗意見報告，把部隊的優點與缺點說得很多，尤其注意到基層組織，我感覺很高興。因為這種學問，不是平常所能學得到的。」

接著他又說：

「我常說士兵是今日社會上最光明最坦白的聖人，最近想寫一篇叫「今日聖人」的文章，雖已著手，但尚未寫完，希望各位多多供給我資料，共同來完成這篇時代的文章——今日的聖人。其作用是在寫明他們的光明、熱情、坦白、與誠摯。為什麼說士兵是光明坦白的呢？因為在他們的心裡，只有坦白光明，他們不曉得「耍花頭」，他們多半是農民出身，知識水準並不高，同士兵們相處，沒有甚麼顧慮，有甚麼就說甚麼。其故安在呢？因為他們一塵不染，充分代表著我們民族文化的真正精神之所在。舉例來說，不久以前，我因事同一位美國軍官到金門的大擔島去，島上守軍請我們吃飯，我就同士兵在一桌吃，士兵們看見我同他們一桌，雖然有很多魚肉，他們都不吃，只揀了一些素菜嚥飯。我曉得他們是客氣，而不是不想吃，是不好意思吃，於是我就很快的吃完離開了。等我離開以後，他們當然會一下子把魚肉都吃光的。後來那個美國人問我為什麼吃得這樣快，我就把這個意思告訴他，他說在他們美軍裡根本不知道有這樣一回事。然而這是為什麼呢？我想任何人都沒有告訴他

同長官一起吃飯，不要吃魚肉，也並沒有規定客氣就是祇可以吃素菜，這就是我們中國的民族性使然。」（註八）

學校在經國先生要我們提供寫作今日聖人的材料後，即規定我們每人寫一篇「今日的聖人」，並經逐級評審，最後由訓導處選出五篇，送呈經國先生核閱。經國先生逐篇看完後，批示將我寫的那一篇，送交當時臺灣發行量最多的中央日報發表，並親自召見，垂詢我生活與讀書情形，給予很多鼓勵，這是我第一次獲得經國先生單獨召見。為了體現當年國軍部隊士兵生活的實際情景，特將原文附錄於後，以供參閱。

附錄　今日的聖人

一

蔣經國主任曾昭示我們說：「今天自由中國的士兵，都是當代的聖人」。我們初聽這話，並不十分了解；可是當我們一到部隊當兵之後，由於整天和士兵們生活在一起，學習在一起，工作在一起，娛樂在一起，我們才體驗到這話的真實意義。而且我們深深的感到，如果不是一個對士兵有深切了解的人，決說不出這樣的話來！

也許有人說：「當一個大兵，有什麼了不起，還不是穿著二尺五，到處嚇唬老百姓！」如果你真的還是這種想法，而且竟以這種眼光來看我們自由中國的士兵，那你才是大錯特錯，一個為人所不恥的時代落伍者！

我這樣說：並不是有意挖苦，也不是存心奉承，這是有事實的根據的。

二

今天社會上的一般人，都是專門圖享受、講安樂，好像他們生下來就是專門來接受人家的奉獻的，一天到晚，「只想拿別人的痛苦來換取自己的快樂，希望人家失敗來爭取自己的成功，甚至不惜出賣自己的靈魂，違背自己的良心，阿諛逢迎，奴顏婢膝，來換取所謂榮華富貴」，至於國家亡不亡，民族滅不滅，同胞苦不苦，似乎都不干他們的事！在這種人慾橫流、寡廉鮮恥的污穢的世風中，只有我們的戰士們還保存著一線民族的生機，維繫著中華民族知廉恥重氣節的民族精神；他們不講待遇，不計地位，沒有牢騷，沒有怨言，忍受一切苦難，擔當一切責任，淳厚樸實，潔白光明，不要人家一針一線，不佔別人絲毫便宜，而是以自己的血汗來換取國家的生存，以自己的犧牲來完成別人的自由，無我無畏，大公至誠，這是多麼聖潔的靈魂，多麼完美無缺崇高偉大的革命人格！

三

一直到今天，還有一些所謂知識份子，甚至達官貴人，他們對自己的民族缺乏信心，把國家的命運寄託在別人的身上，一聽說有人援助，便手舞足蹈，興奮得發狂；一旦說別人將撒手不管，他們就悲觀失望，惶惶不可終日。他們不知道「只有自立才能自強，只有自助才能人助，自己的命運只有自己才能決定。」然而兩年來，我們的戰士們自力更生，發奮圖強，使整個國軍邁向新的階程。現在他們不但知道「為誰而戰，為何而戰」；而且深深了解「為何漢奸必亡，侵略必敗」的一番大道理。他們常說：「我們中華民族五千年來該遭遇了多少苦難和侵略，但是有那一個能亡我們的天下?」「毛澤東是什麼東西，甘心給史達林作走狗，只要我們跨海反攻，和大陸的游擊隊來一個裏應外合，他那建築在人民血淚之上的秧歌王朝，便很快的可以消滅」。他們又說：「只有我們　國父的三民主義才能使世界和平，使人類獲得溫暖，只有我們的領袖才能領導我們走向光明，走向自由!」因為他們有這種信心，所以他們勇氣百倍，一往無前，你看他們「很多」人的臂上都刺有「效忠　總統，反共抗俄」的八個血字，這是決心，這是誓言，這是血的保證。現在他們正在臥薪嘗膽，枕戈待旦，準備以自己的熱血和頭顱，去接受最艱苦的戰鬥，打敗瘋狂的敵人!

四

大家都曉得我們的部隊有了驚人的進步，但是戰士們學習情緒的熱烈，才是最為動人，不論操場野外，教室課堂，他們都專心一志的操練，用心用力的學習，那壯得如山的身體，矯捷敏活的動作，精練嫻熟的技能，實在不愧為一個標準的革命軍人。俗語說：「官怕入列，兵怕出列」，今天我們的戰士們，不僅動作嫻熟，技藝驚人，就是小部隊的戰鬥指揮，也都非常老練，他們常常利用空閒的時間，認真的讀書寫字，甚至情願拚著幾個月不抽一支香煙，不吃一粒花生米，積下十幾塊錢來買一支鋼筆，一本筆記簿，一個月就只七塊半錢！然而他們會作合理的支配。

有時連燈光也沒有，他們感覺很傷腦筋，然而他們並不就此放鬆，於是想出一個克難的辦法，彼此在手心裏寫字，你寫給我認，我寫給你認，或者彼此交換問題，背誦讀本，現在他們不但都能寫得一手好字，而且文章也寫得非常通順有力。他們這種「學而不厭」的精神，努力向上的志氣，該是何等動人！就是顏回的簞食瓢飲，也要愧色三分。

五

臺灣今天不僅是我們民族復興的基地，而且已成了全世界反共抗俄的燈塔，然而這種力量的成長並不是偶然的，而是全國上下在領袖領導下努力奮鬥的結果，尤其是我們的戰士們，終年刻苦耐勞，自力更生，臥薪嘗膽，勤修苦鍊，餐風宿露，忍飢耐寒，在他們已成了習慣。他們重新鼓起了我們祖先開天闢地的克難勇氣，發揮了我們民族獨立自強冒險犯難的創造精神，他們變荊棘為坦途，化黑暗為光明，沒有住的，自己造房子，沒有吃的，自己種田地，鞋子沒有自己做，衣服破了自己補，「自己的國家自己救，自己的道路自己開」，早已成了他們一致的呼聲，一致的行動。兩年來他們在克難運動與兵工建設中，運用了所有的智慧，發揮了無比的威力，已給中華民國打開了新的局面，創造了中國歷史上輝煌的勛業。今天戰士們有的是犧牲奮鬥的勇氣，有的是克難創造的精神，他們「逢山開路，遇水搭橋」，靠著這種精神，靠著這種本領，天下那裏還有打不敗的敵人，中華民族那裏會得不復興？

六

尼采說：「人生不是一支蠟燭，而是一把火把，要把這把火照亮後傳給下一代。」今天我們的戰士們情願自己化為灰燼，讓民族的火種，在我們這一代手裏有光有色的傳下去，他們跳動的熱血，已燃起了萬丈的光芒，照著中華民族的永生！

蔣經國主任說：「鋪路是要石塊的」，今天戰士們就是負荷重擔的石塊，讓人家踏著他們印在石塊上的殷殷血跡，英勇前進；蔣經國主任說：「種子核心是苦的」，今天戰士們就是埋在地下的種子，把自己的苦心碧血，結成燦爛的花，甜美的花果，供人家欣賞、吟味、巡禮、徘徊！

為了祖國，為了領袖，戰士們勇敢的背上十字架，他們認犧牲為愉快，視成仁為聖潔，他們沒有徘徊，沒有瞻顧。

七

從前周公制禮，使上下有別，長幼有序，奠定了中華民族偉大倫理的基礎，我們尊他為「聖人」。孔子教給我們「誠正修齊治平之一貫大道，與修身為本之唯一至德」，給中華民族開闢了一條光明大道，我們尊他為「聖人」，孟子以仁愛為天下倡，以「浩然正氣」傳授人，使中華民族養成了至大至剛沛塞天地的大無畏的民族精神，我們尊他為「聖人」，關羽忠義參天，武德峨峨，為中國軍人立下萬世楷模，所以我們尊他為「武聖」。

今天我們的戰士們一無所有，一無所求，所有的只是反共抗俄的責任，所求的只是中華民族的復興，他們抱定繼往開來的志願，負起救國救民的重任，犧牲奮鬥，百折不撓，出死入生，勇敢堅貞，他們代表了中華民族獨立自主的文化，他們代表了中華民族克難創造的精神，他們代表了中華民族浩然無畏的民族正氣，他們更要在偉大領袖的光輝下，開拓中華民族萬世千秋的隆運——我們有甚麼理由不承認他們是今日中國的聖人！

是的，我們應該慶幸，我們的國家有這幾十萬的聖人！我們應該歡呼，我們的民族有這幾十萬的聖人！我們應該奮起，向聖人們學習，向聖人們看齊！

六、名師們傾囊相授

入伍教育期間，學校規定不放假，不會客；到部隊當兵實習，兩個月又換了兩個部隊。由於生活緊張，大家都和校外幾乎完全斷絕了關係，因此便有流言說我們是在受「特務情報訓練」。及至分科教育開始，情況完全改變，不但可以外出，而且教育計劃亦和普通大學一樣採學分制，只是偏重文法學院的課程，再加上一些革命理論和敵情研究的課程，可以說設想十分周到。教授陣容亦非常堅強，而且他們教學熱心，傾囊相授，其中有經師，有人師，使我們受益良多。雖然已時隔五十年，當年他們授課的情形，仍歷歷如在眼前。

喬一凡老師講授中國文化史，他認為我們在抗戰勝利後，竟然會敗給中共，完全是由於文化方面出了問題。在共產黨及其同路人的大力宣傳下，大家都講思想解放，而不講民族道德。其實道德才是生命的本質，亦是生命價值的具體表現。孔子講「忠恕」，老子講「無為」，墨子講「兼愛」，名稱雖然不同，實質卻是一樣，都是我們中國人在道德上一貫的精神。儒家所倡導的「五倫」，更是中國文化的根源。做人必須從夫婦之道開始，要「相敬如賓」，要「舉案齊眉」，唯有「家齊」而後才能「國治」，整個社會才能富強康樂自由幸福。喬老師溫文儒雅，博古通今，對我們學生尤充滿愛心，從他身上即可看出中國文化的精神。

翟韶武老師講授中國政治思想史，他曾任河南大學校長與河南省教育廳長，對歷史大事與政治思想的演變，從人物到事件，都能侃侃而談，如數家珍，其認真教學的態度，贏得同學們一致的尊敬。

鄒文海老師講授西洋政治思想史，他不帶課本，不發講義，只以粉筆寫個標題，或寫出講到的西洋學者的英文名字。他從西洋古代的政治思想，講到現代個人主義思想。尤其對共產主義產生的時代背景，及其利用「各盡所能，各取所需」的口號，蠱惑人心，以致造成人類歷史的悲劇，娓娓道來，引人入勝。

國父遺教由黃季陸老師講授，黃老師曾是中國國民黨第一次代表大會最年輕的代表。抗戰時任四川大學校長、四川省議會議長，來臺後歷任內政部長與教育部長，是一位頗富盛名的黨國元老，也是一位教育家、政治家。他身材微胖，上課時總是笑咪咪的，講一些中山先生的掌故逸事，從掌故逸事中，凸顯中山先生的崇高偉大。並且從他自己所讀新書與所接觸到的理論，證實國父遺教實是順應世界潮流、合乎人群需要的寶典。唯有澈底實行國父遺教，才能使我們的國家和人民，達到富強康樂自由幸福的境地。

黃老師每講到精彩處，便不自覺的撫摸他那圓圓的肚皮，或用領帶輕拍肚皮，同時搖頭晃腦的說「恍然大悟」，好似他正好將國父的心意完全講出來了，因而喜形於色。黃老師也常講一些親身經歷的小故事，他說在美國留學時，有一次和一個日本學生發生爭執，那個日本學生說：

「你們中國人就是不行！」

他卻大聲說：「中國人不行，但是我行！」

黃老師說，當他話一出口，就覺得大錯特錯，要知我們中國地大物博，人口眾多，而竟遭受帝國主義的侵略，最根本的原因就是由於每一個人的自我意識太強烈，只認為自己行別人不行，因此不能合作，不能團結，實在應該澈底改正這種錯誤的意識和觀念。

范錡老師講授哲學概論，他是留德的博士，二十幾歲即在北京大學任教，早已望重士林，為我們上課時不過五十歲左右，卻口口聲聲自稱「我老人家」。他將哲學分為一般哲學、特殊哲學與應用哲學，而一貫的中心思想，則為人格絕對的價值。他依唯人論的主旨，批判各家學說的短長。對獨斷的唯物論，因其忽視人格，固對其大張撻伐；對非人格的唯心論，亦毫不客氣，而以發揚人格最高的價值，為其立論的中心點。對於認識的本質問題，他主張實在的觀念論；對於本體論的問題，他主張心物合一論；對於人生的本質問題，他重視人格的創建性；而對於人生的價值問題，他則推崇人格表現的真、善、美、聖等絕對的價值。聽范老師講哲學，確實在思想觀念上可以得到一些啟發，而讀他的大著《哲學大全》（商務印書館出版），則更是每讀一遍即有一些收穫。

許格士老師講授理則學，他也是留德的博士。來臺後曾任教育廳長，是一位著名的學者。他教理則學，不論演繹法、歸納法、辯證法，都能深入淺出，條理分明，有時並用圖表加以說明。由於言語詼諧，音調抑揚，將一門枯燥無味、艱深難懂的學問，講得頭頭是道，真是非常難得。

近代法學思想由丘漢平老師講授，他是國際法的權威，從歐洲文藝復興、宗教改革，講到十八世紀啟蒙運動以後，個人自由主義興起，人民可以自由意志決定一切政治制度，但因對自由缺乏正確認識，以致形成「自由太多，責任太少」，因而發生流血衝突，形成社會動亂，近代法學思潮的最大任務，即在如何以國際法維護國際間的安定與和平。

梁大鵬老師講授「政治制度」，他對英國、美國、法國、蘇聯、義大利、瑞士、日本等國的政治制度，都作了重點介紹。由於他在美國各大學教學與研究多年，故對美國的民主政治與總統、議會、政黨、及選舉制度等，都作了深入而精闢的講述，令人印象深刻。

但蔭蓀老師是我們研究班的主任，他是留法的博士。曾任教育部高教司司長，並在各大學任教多年，為我們講授政治學時，總是先發講義，然後照著講義發揮，我們也就可以專心聽講，不必作筆記了。

此外尚有王伯琦老師講民法、吳英荃老師講刑法、趙蘭坪老師講經濟學、吳仕漢老師講社會學、李定一老師講世界革命史、田炯錦老師（後任司法院長）講中國憲法、汪大鑄老師講國防地理學、沈剛伯老師講法國大革命、吳兆棠老師講軍事心理學、哲學大師方東美老師講廣大和諧的原理、任卓宣老師講共黨理論批判、羅時實老師講共產主義批判、張鐵君老師講民生哲學本體論、臺大校長錢思亮博士講原子能、鄭彥棻先生（中國國民黨中央黨部秘書長）講國父奮鬥史、胡一貫老師講領袖言行、谷正剛老師講中國國民黨政綱的基本精神、陶希聖先生講反共抗俄基本論、沈祖懋老師講修養的重要與方法、李方晨老師講文學革命的時代背景與成就、包華國先生講中國社會問題、趙琛檢察長（最高法院）講戰地司法、黃通先生（農復會土地組組長）講收復區土地問題、許恪士老師講收復區文化教育問題、黃速茹將軍（國防部動員局局長）講動員問題研究、翁之鏞先生講財經問題研究、唐縱先生講中共實況研究、劉杰先生講中共運用策略研究、陳建中先生講社會調查工作研究、黃公偉先生講中共的文藝運動、張道藩院長（立法院）講文化動員、曾虛白先生講文藝與生活、謝冰瑩教授講如何欣賞文學、張錦鴻教授講如何欣賞音樂、王紹清主任（影劇系）講如何欣賞影劇、美軍顧問巴博講心理作戰、韓國駐華大使金弘一講韓戰經過等等，課目繁多，不勝枚舉，這些課程給予我們很多啟示與裨益。

最後一個學期著重實際工作技能，請來的都是經驗豐富的專家、中央政府各部門及各軍種總部實際負責的主官。他們都毫不保留的傳授工作經驗與方法，對我們幫助很大。

在國破家亡，顛沛流離的情形下，能獲得名師們的教誨與各專家的經驗傳授，實在值得珍惜。因此便抓緊機會，拼命學習，真希望能將老師們所講授的每一句話都能作好筆記，銘記心坎。然而想不到當學校對全體同學作一次X光透視時，竟發現有四十多人的肺部感染了結核菌，而我竟不幸是其中之一。當時真是心如刀割，痛不欲生，覺得一切都完了。因為肺病是一種傳染病，又沒有特效藥，且當時待遇菲薄，連魚肝油丸都買不起。好在學校對我們非常照顧，蔣主任經國先生並安慰我們說；

「上次X光檢查結果，有四十幾個同學肺部不好，但各位不必著急，我已問過，你們的病情並不嚴重，都只是初期的。我建議學校另外給你們房子住，還是一樣可以讀書，最忌的是心理上的恐懼。生病的時候，用甚麼方法可以醫好呢？最主要的就是樂觀，當然這不是科學方法，但這是實驗過的最有效的方法。」（註九）

經國先生不但勉勵我們要樂觀，不要恐懼，還送給我們每人一大瓶魚肝油丸，以補充營養。學校亦遵照經國先生的指示，在學校後面找到一幢房子，作為我們療養的地方，派出炊事單獨開伙，並免除一切操作與勞動服務。我們便一面休養，一面上課，直至四十二年四月廿八日，總統蔣公蒞校主持畢業典禮後，我們分發部隊工作，才離開復興崗。

註一：《本校的革命任務》《復興崗講詞第一輯》頁一 政治作戰學校編印

註二：同註一　頁三至五

註三：《一顆革命的心　一雙萬能的手》　同註一　頁五九

註四：《蔣總統經國先生言論著作彙編第二集》　頁七四

註五：《誠實與榮譽》　同註一　頁四六

註六：同註五

註七：《政治作戰學校校史》第二冊　頁二五〇

註八：《向「今日的聖人」學習》　同註一　頁六八

註九：《奮鬥的道理》　同註一　頁一〇二

第七章　空軍嘉義基地

一、竭力為空軍健兒服務

學校訓練的目的，當然是要我們到三軍部隊去工作。但當時由於各大專院校正開始實施軍訓，同時中國青年反共救國團剛剛成立，需要幹部開展工作。因此便有一部分同學被分配到教育部軍訓處與青年反共救國團總團部，我則被分發空軍第十大隊。

空軍第十大隊是運輸部隊，當時駐在嘉義水上，北回歸線的座標就在營門的前面。和我一起分發十大隊的共有六人，另外還有分發空軍第四大隊與基勤大隊的同學共十餘人。五月二日，我們和所有畢業的同學們一起，在全校師長同學熱烈的歡送下離開復興崗後，即逕赴松山機場，搭乘飛機直飛嘉義基地。這是我生平第一次坐飛機，後來才知道那就是十大隊的C47運輸機。在對日抗戰時，它飛越駝峰，將美援物資運送到國內各戰略要地，供應作戰的急切需要，對抗戰的貢獻極大。C47雖只有兩具螺旋槳，但飛得十分平穩，只是沒有隔音設備，響聲很大，起飛時大家都捂著耳朵。

我們到達嘉義基地後，受到大隊官兵的親切接待與照顧。因為初進空軍，一切都很陌生，甚至連穿著都不一樣。我們穿的是草綠色的陸軍軍便服，他們穿的則是黃色卡璣軍便服；我們戴圓帽，他們戴船型帽；看起來非常不搭調。所以大隊部先將我們留下來，為我們講述大隊的隊史、編組、特性與任務等等，希望我們儘快進入狀況。並發給我們卡璣衣料，要我們去作制服。經過兩個星期的講習與實習，實際上也是大隊在對我們考核與了解，然後正式分發工作。同來的杜伯翰中尉與曾中少尉留在大隊政治室擔任參謀，張備文少尉到一〇一中隊任幹事，王朝蓬少尉與何培洵少尉到一〇二中隊與專機中隊擔任政治指導員，我則到一〇三中隊擔任政治指導員。

當我接到分發命令後，政治室副主任邊永壽少校（後為王惠仁少校）好心的對我說，一〇三中隊的蕭隊長個性強、脾氣壞，要我小心忍耐。可是當我前往報到以後，發現隊長蕭孝嵩中校，卻是一位忠厚坦誠熱心快腸的人，他不但中文程度很好，且精通英語、俄語，在抗戰初期他還曾和蘇俄軍官打過交道。生來一副濃眉大眼，說話中氣十足。由於求勝心切，無論甚麼比賽和檢查，樣樣都要拿第一，而且他那湖南人的「騾子脾氣」，有時發起來也是蠻震撼的，因此對隊上的官兵形成很大壓力。副隊長以下，都對他心生畏懼，即使是在操場上踢足球，大家亦不敢鬆懈。其實他的心裡卻是充滿著關愛，而且極富正義感，對官兵的工作與生活都非常關懷照顧。

當時一個中隊有三百多人，在隊長蕭孝嵩中校與副隊長楊基昊少校之下，有三個分隊，第一分隊長為尤家洪少校，第二分隊長為殷延珊少校，第三分隊長為沈瑞麟少校。飛行中隊當然以飛行軍官為骨幹，飛行員都是少校與尉級軍官。在隊部則有政治指導員室、參謀室、機務室和行政室等單位。參謀室由張啟隆少校擔任作戰長，下轄領航官、空勤通訊官等多人，負責執行任務與飛行訓練；機務室負責飛機的維修保養，有軍官、士官長、士官、士兵共一百餘人。他們在機務長任歌樵少校（後為范凝劭少校）的領導下，不分晝夜，奮力工作。在飛行部隊，除了飛行軍官外，最重要的就是機務人員了。因為飛機如果維修不好，飛行時就會出狀況，直接影響駕駛、乘員的生命與任務的達成，所以對飛機的維修是看作與飛官的訓練同等重要的。

那時我們對大陸還時常進行空投，地區包括福建、廣東、浙江、安徽、江西、湖南、湖北、江蘇、乃至山東等省。經常前往投下大量的食米、花布、毛巾、鞋襪等，以救濟苦難的大陸同胞。當然更投下大量的傳單、圖片，告訴大陸同胞有關臺灣復興基地的進步情況，及如何積極準備反攻大陸。由於任務頻繁，有時難免會發生事故，蕭隊長總是和我一起去慰問烈士的遺屬。當遺屬看到我們時，心裡難免會痛苦難過，甚至還會生氣。蕭隊長總是極有耐心的安慰他們，即或遭到遺屬的責難，他亦毫無怨言。後來他和酆夠珍女士結婚，並調到空軍總部作戰署工作。酆女士為國防醫學院畢業的高材生，曾任臺中市立護理職業學校的校長。他們伉儷情深，育有順恬、順怡兩位千金，亦都非常聰明可愛。可恨天忌英才，蕭隊長在空總服務期間，竟因心臟病突發而告不治，英年早逝，實為國家的一大損失！

空軍雖是一個比較年輕的軍種，但它卻很早即已建立士官長制度。資深士官長的待遇比照中校軍官，目的即在提升其素質，加重其責任，而所有的士官長亦都能自愛自重，克盡職責，努力達成任務。

隊上所有各單位的主管都是少校，惟有我這個政治指導員現階只是中尉，階級上雖相去甚遠，但大家相處則十分愉快。我和幹事袁昌群中尉、文書熊蘊輝士官長，秉持國父所說以「公僕」的心理，誠誠懇懇為官兵服務，只要是官兵所關心所需要的，我們都盡一切努力，以達成他們的願望。當然最重要的，還是遵照上級的指示，為軍官作政治報告與時事分析，為士官兵上政治課程，並舉辦各種政訓活動，以調劑官兵的身心。那時強調「以黨領軍」，我報到不久，隊上按照時間即需舉行黨員大會，乃好好規劃籌備。

開會那天，想不到大隊長烏鉞上校竟以上級指導員的身分親自蒞會，他眼看會議進行十分順暢，各項報告甚有價值，所有提案都能針對部隊的實際需要，官兵發言亦極為踴躍中肯，充分顯示對團體的愛護與支持。他除當場表示嘉許外，翌日並在大隊會報中提出表揚。

空軍第十大隊除了我們一〇三中隊外，尚有一〇一、一〇二、與專機中隊。總統蔣公的座機即由專機中隊負責駕駛與維護，駐在臺北松山基地。當時的中隊長為汪正中中校，後來我到國防部服務時，他正好是參謀本部情報次長室的中將次長，常常在一起開會。一〇二中隊的中隊長張麟德中校，後來亦晉升中將，退役後出任中華航空公司的總經理。看到他們，特別使我懷念蕭隊長，如果他仍健在，必對國家有極大的貢獻。

大隊長烏鉞上校，身材魁梧，氣宇軒昂，治軍雖然嚴格，但待人卻極為熱誠而有親和力，尤其對官兵的愛護令人感動。猶記本隊的士官長梁逢志同志因患白內障，找眼科醫生診治，起初醫生說尚屬初期，用不著開刀。可是沒隔多久再去診療時，醫生卻說為時已晚，開刀已來不及了，梁士官長和其家人頓時陷入愁雲慘霧。我在大隊會報中提出報告，烏大隊長當即指示派專機送臺北，找最好的醫生治療，終於解除了梁士官長的痛苦，迄今記憶猶新。二十多年後，我在國防部一〇一單位工作，烏鉞上將由空軍總司令調任副參謀總長執行官，兼任一〇一單位的主任委員，正好是我的頂頭上司，能再次獲得他的領導與教誨，實在非常幸運。後來他轉任中華航空公司董事長，經過一段時間的慘澹經營，便使華航轉虧為盈。由於他很重視乘客的安全與服務，大力改善機上的伙食，使所有搭乘華航飛機的客人，都有了舒適與豐美的享受！

嘉義基地還有空軍第四大隊，它就是著名的志航大隊，是為紀念對日抗戰時，率領空軍健兒痛宰日軍，後來英勇殉職的大隊長高志航上校而命名。同期的賈嵩麓學長等即分發該大隊，與我同機前來嘉義報到。四十三年夏天，第四大隊接受第一批由美國援助的F86雷霆式噴射戰鬥機成軍，整天起飛降落，呼嘯而過，使得整個機場似乎都動了起來。另有基勤大隊，負責整個基地的後勤工作。後來嘉義基地成立第四聯隊，劉光漢少將出任聯隊長、牟敦琥上校擔任政治部主任，而我們第十大隊則奉命移防屏東基地，屬於第六聯隊了。

二、生命中的轉折

一〇三中隊實在是一個很好的工作環境，每一位官士兵同志都是那樣純真熱情，主動積極，一心以達成任務為第一，我能為他們服務，內心實在感到非常高興。只是身體不爭氣，由於肺疾尚未完全痊癒，工作又繁忙緊張，體重乃逐漸下降，且常常失眠，醫生說雖不是開放性，不會傳染，但病灶尚未鈣化，應該好好休息，不能太勞累，否則會造成不良後果。在反覆思考時，想到經國先生曾對我們講過的一個故事。

他說從前有一個戰將，在敵人追趕時，突然發現座騎的馬蹄鐵壞了，根本跑不快，情急之下，他沒有辦法，只得停下來，先將馬蹄鐵修好，然後再努力趕路，最後終於轉敗為勝，圓滿達成了任務。

我思之再三，乃決定忍痛暫時放棄工作，設法安心療養。當我向蕭孝嵩隊長說明我的苦衷時，他雖然十分不捨，但為了我的健康，亦只得同意。然後我再向韓主任與烏大隊長報告，獲得他們的允准，即以書面報告請求調為附員，並搬出營區，在嘉義市山子頂，租一間房間，準備好好專心調養。

沒有多久，接到龍曼殊隊長自臺南來信，謂臺南有位傘醫師，他以中藥治療，相當有效，盼我能去。我乃轉往臺南，與他同住，請那位傘醫師治療。可恨肺病乃是一種慢性病，除了攝取充分的營養，吸收新鮮的空氣，保持適度的運動，培養愉快的心情，以增強抵抗力外，實非短時間可以完全康復。在經過一段時間的治療後，龍隊長邀我一同回北投，再到山邊那間療養室去居住。我因沒有棲身之所，只得隨他而行，唯一的希望，就是能早日恢復身體的健康。

可是人的思想卻是一個很奇妙的東西，越是安靜時，卻越是如脫韁之馬，騰空萬里，各種思緒就像排山倒海一樣，洶湧澎湃，多少陳年往事，多少家國傷痛，都齊上心頭。想到從小便顛沛流離，受盡苦難，如今孑然一身，淪落異鄉。鄉關渺茫，音訊毫無，不知母親是否尚在人間？今生今世不知是否尚能見面？自己已三十出頭，不但一事無成，且為病魔纏身。一個中尉薪餉，只能勉強維持生活，根本無力購買營養品與特效藥。這樣苟延殘喘，有甚麼意義？有甚麼希望？還不如自我了斷，乾淨俐落。但又想到如果就這樣一死了之，如何對得起國家和社會的培植？如何對得起當年從軍報國的心志？如果有一天大陸光復，母親還在，而我卻先死了，母親將是何等悲傷，而我又將是何等罪孽？許多紛雜錯亂的思緒，常常縈繞我心揮之不去！

俗語說：「英雄只怕病來磨」，何況像我這樣一個庸庸碌碌平凡卑微的人，更是難以招架。正在百感交集憂心忡忡的時候，北投教會的張湘澤弟兄和洪勤誠弟兄來了，他們非常熱誠親切，關心我們的生活和健康，並邀我們到教會去參加各種聚會。在多次聚會之後，張弟兄並要我到他家中吃飯，閒聊家常，就像親兄弟一樣。後來我才獲知他是一位將軍，曾任軍長及安徽省的保安副司令，係由越南富國島回到臺灣。張師母王帥信女士為第一屆國民大會代表，兩人都有基督的智慧與恩典。洪勤誠弟兄伉儷當時非常年輕，但在事業上已很有成就，他們對我亦很有愛心。在他們的引導下，使我能靜下心來聽道，並閱讀聖經。當我讀到下面的這些經句時，就好像是主耶穌在對我說話：

> 所以我告訴你們，不要為生命憂慮，吃甚麼，喝甚麼。為身體憂慮，穿甚麼。生命不勝於飲食麼，身體不勝於衣裳麼。
>
> 所以不要為明天憂慮，因為明天有明天的憂慮，一天的難處一天當就夠了。（馬太福音第六章25－34節）
>
> 我雖然行過死蔭的幽谷，也不怕遭害，因為你與我同在。（詩篇第二十三篇4節）
>
> 喜樂的心乃是良藥，憂傷的靈使骨枯乾。（箴言十七章22節）
>
> 凡勞苦擔重擔的，可以到我這裡來，我就使他們得安息。（馬太福音十一章28節）

這些經句帶著奇妙的能力，進入我的心裡，使我愁苦憂煩的心獲得安慰、希望和鼓勵。因此我願將一切勞苦重擔都交到主耶穌的手裡，並跪下來禱告，承認自己的軟弱和罪過，祈求能得到主耶穌的救贖。於是我受了浸禮，承受了主耶穌基督永恆的生命。

第八章　回到復興崗

一、講授理則學

說也奇妙，我信奉主耶穌基督以後，心情突然開朗，不再為明天憂慮，一切都交在上帝的手中。因為憂慮除增加內心的痛苦外，實在別無一點好處。我深深的體悟到「喜樂的心乃是良藥，憂傷的靈使骨枯乾」的真實意義。因此我儘量使自己走出憂傷，凡事都往好的方面去想，每天讀聖經、聽音樂，看自己喜歡看的書，做自己喜歡做的運動，爬山、唱歌，獨自在山野或房內禱告，日子過得輕鬆多了。

半年之後，自覺身體大有進步，就在這（民國四十四）年十二月，政工幹校需要教官，張佐華學長等希望我去參加試講，結果調為政治作戰系政訓組教官。可是當我報到時，卻被派到教育處編譯科擔任編審工作，過了一段時日，又調到總教官室。那時沒有總教官，由副總教官劉濟上校（黃埔軍校第六期畢業）負責，受教育處長之督導，為全校十個學系的教授教官服務，而總教官室僅我和顧龍天學長兩人，也是相當忙碌的。那時顧學長的名字還叫王正，後來才改回原名。他歷任總政戰部科長、副處長、政治作戰學校科長、副教育長、教育長、及國家安全局處長等職，曾兩度前往美國史丹佛大學深造，並晉升陸軍少將，對國家貢獻良多。

校長王昇將軍當時對深造與分科教育各班次的學員，極力倡導政治作戰，即思想、組織、謀略、情報、心理、群眾等六大戰。對基礎教育學生班次則要求四大技能，即能想、能講、能寫、能查。因為要能想，必須要懂得思想方法，因此特建立理則學教室，另外還建立演講教室與調查教室等。由於班次多，又實行小教授班制，一時聘不到足夠的理則學教師。有一天，劉副總教官又在為此事發愁，我因佔的是教官缺，又拿教官加給，卻作參謀的事，深恐引起物議，乃藉機對他說：

「請給我三個月的時間，讓我來準備好不好？」

劉副總教官顯然有些感到意外，他沈吟片刻後說：

「你有把握嗎？給你三個月的時間好了！」

理則學自是一門比較艱深的學問，我們當學生時只有一個學分，但許恪士老師在開始講授時，即以古羅馬凱撒（Gaius Julius Caesar）將軍被殺而引起我們的興趣。他說凱撒將軍的好友布魯特斯（Marcus Junius Brutus）深怕凱撒因戰功彪炳而自行稱帝，破壞了共和，所以將其殺害，使得擁護凱撒的群眾一時群情激憤，欲將布魯特斯置於死地；布魯特斯乃當眾發表演說，指證凱撒一心想當皇帝是該死，他是為人民除害，群眾聽後認為他殺得對，為他歡呼。然而這時站在旁邊的凱撒麾下的大將安東尼（Marcus Antonius）卻慢慢走向前，將凱撒沾滿血漬的屍體抱起，以非常悲痛的聲音，從許多親身經歷的事實歸納出一個結論，證明凱撒絕未想做皇帝，完全是布魯特斯的一派胡言。他說布魯特斯自稱是凱撒的朋友，卻竟將勞苦功高的凱撒殺死，實在是無情無義，令人憤慨。群眾一時火冒三丈，高呼要「為凱撒報仇」，結果憤怒的將布魯特斯的房子燒掉了。他們兩人一用演繹法，一用歸納法，結果都造成撼動人心的場面，可見理則學確實是一門值得重視的學術。我雖生性魯鈍，也想花些時間和精力來進行研究，現在既然學校聘不到教師，劉副總教官又已同意我的請求，我即將經手的工作交出，積極準備上課。

首先到臺北市各大書店與圖書館，購、借有關理則學的書籍，循序漸進仔細研究，並向幾位任課的老師請益，又到教室去隨堂聽講。不過有的只聽一次即告中止，唯有賈宗復老師的課，我是從頭聽到底。所以許恪士先生可以說是我理則學的啟蒙老師，而賈宗復先生則引我進入理則學的門路。賈老師祖籍河南，中央政治學校（國立政治大學的前身）研究部畢業，志節高尚，學貫中西，親切熱誠，誨人不倦，著作甚為豐富，其中「俄共理論的轉變與唯物辯證法的破產」一書，蔣經國先生讀後，曾當面向他表示謝意，並親臨「理則學教室」聽取有關理則學的講述。可惜天不假年，賈老師在民國四十九年四月，感覺頸部右側的扁桃腺有一腫瘤，時而疼痛，經醫生診斷竟為癌症。當時他對我說：「你看我今年才五十歲，正是成熟的時候，怎麼會得這種病？」我雖極力安慰他，實在我內心裡也非常難過。四月廿一日我送他到臺大醫院，二十七日動手術，可恨癌細胞業已擴散，次年七月三十日便不幸與世長辭。是時我正奉派越南工作，未能回來見他最後一面，直至五十一年元月回臺後，方至臺北市忠孝東路善導寺去祭拜，忍不住傷心流淚。他走後留下冠慶、二慶、小靜、小麗四位年幼的師弟妹，全賴賈師母李孟群夫人獨力撫養，景況極為艱困。所幸他們兄弟姐妹都能自立自強，奮發有為。現在他們都已事業有成，事母至孝，賈師母雖已八十六歲高齡，身體仍甚健康，兒孫滿堂，歡樂融融，亦堪告慰賈老師在天之靈。

我從學生部第七期開始授課，同學們對我講授的內容與方法頗能接受，並有其他教授班的學生前來旁聽。其後又先後受聘到政治大學、中正理工學院、中央警官學校、中國文化學院等校兼課，反應亦都不錯。我的底缺則由政治作戰系調到革命理論系，系主任為周世輔教授。他對中國文化與國父遺教甚有研究，著作甚豐。其後轉任國立政治大學的訓導長，其哲嗣南山、陽山、玉山昆仲均極優秀，早已成為國內當代的知名學人與政論家。那時革命理論系可說是人材濟濟，如賈宗復、任卓宣、周鼎珩、王逑先、薛純德、黎凱旋、吳一舟、張選殿、林桂圃、陸群立、趙慎安、韋魯翹、劉象文、王修詣、謝榮光等諸先生，都是學有專長，熱心教學的好老師。

我一直覺得讀書、教書、寫書，乃是人生的最大樂事。因此我一面上課，一面將研究所得寫成專書，送請賈宗復老師審閱。賈老師真是一位可敬可愛的老師，他竟冒著溽暑，流著汗珠，很快即看完了，且很愉悅對我說：

「你寫得很好，可以出版！」

我因受到他的鼓勵，一時興起，便請他為我寫序，我想左思花了十年的功夫，寫成「三都賦」，剛出來時還有人挑剔，後來他請望重士林的皇甫謐作序，竟造成洛陽為之紙貴。我如請賈老師和牟宗三老師幫忙寫序，可能也會引人注意。孰知賈老師立刻很嚴肅的說：

「你以後要養成習慣，寫書千萬不要請人寫序！」

當時我多少有些失望，後來越想越有道理。隨著年齡的增長，接觸的範圍較廣，方知請人寫序，裡面竟也有一些可笑的秘密。

為了將此書出版，賈老師引薦我到三民書局去看劉董事長振強兄，希望他能幫忙。那時的三民書局創業未久，位於衡陽路的四十六號，當時只有三分之一個店面，劉董事長惠允代為發行，革命理論系主任周世輔教授，則慨允以其夫人闞淑卿女士所創設之陽明出版社的名義，代為報請內政部登記出版。印刷方面，我則請政工幹部學校印刷所幫忙，分期付給印刷費。這樣印刷、出版、發行三個問題方得以解決。有人說出書好比生孩子一樣痛苦，我想對有才華有財富的人，那是輕而易舉的事。但像我這樣兩者皆無，確實是煞費周章。然而想不到出版以後，反應還真不錯。像這種冷門的書，不到一年，兩千本即已銷售一空，且榮獲總統蔣公頒發績學獎章一座，政工幹部學校並用作教材，名作家亮軒馬國光教授還列為他精讀的著作之一。他在其大著《一個讀書的故事》中寫道：

「我把要讀的書分為三類：雜讀、選讀、精讀。……精讀書則指世人奉為經典的一些名山鉅論，中國古典文、哲、史作品概在此列。但我精讀的書極少，……只有四本：高瀨武次郎著《中國哲學史》、陳祖耀著《理則學》、中華版《中國文學發達史》、王國維著《人間詞話》。」（註一）

這些都給我極大的鼓勵，及至民國五十二年，三民書局劉董事長振強兄主動要我將版權賣給他，並開出價錢。我因宇兒剛剛誕生，需要錢買奶粉，同時我想由他們出版，可能也易於推廣，因此就同意了。現在三民書局已印行了十餘版，但願對讀者能有一些幫助。

劉董事長振強兄，不僅是一位成功的企業家，且以發揚中華文化為己任。它在經過長時間的克勤克儉、慘澹經營、累積豐厚的資金後，除仍大量出版優良讀物，為社會提供最佳服務外，並敦請一百多位專家學者，花了十四年的功夫，編纂成「大辭典」，分為三巨冊精印出版。接著又聘請八十位優秀的美術人員，澈底整理中國文字，分正楷、宋體、長仿宋、方仿宋、黑體、小篆等六種，由美術人員一筆一畫細心認真的寫出來，現已寫了十多年，尚在繼續努力中。他這種不計功本，不顧盈虧，一心只以整理中國文字、發揚中華文化為懷的精神，實在令人敬佩。

二、震驚中外的「孫立人案」

民國四十四年八月二十日臺灣各報都以頭條新聞刊佈總統命令：

參軍長孫立人上將因匪諜郭廷亮案引咎辭職，應予照准，並派陳誠、王寵惠、許世英、張群、何應欽、吳忠信、王雲五、黃少谷、俞大維等九人組織調查委員會，秉公徹查。

這一消息，真是令人十分震驚，貴為總統府參軍長，且曾為陸軍總司令的孫立人，竟因「匪諜」關係而辭職，實不可思議。我雖未為孫立人當祕書，但卻受過他的教誨，並從他的手中接受畢業證書和獎品，而且他又是飲譽國際的名將，為我中華民國贏得極高的榮譽，現在竟發生這種事情，怎不令人關心。其後並有許多傳言，但真相究竟為何，不得而知，只聽說孫立人已經被「軟禁」，變成了張學良第二。直到民國七十七年三月，國防部長鄭為元上將到臺中拜訪孫將軍，告訴他：

「今後可以到任何想去的地方，見任何想見的人。」

被軟禁了三十三年的孫立人，才恢復了自由。

在孫立人將軍恢復自由前後，海內外掀起了一陣翻案風，認為孫立人是被有心人設計陷害，必須為其洗刷冤屈，還其清白。惟俗話說：「無風不起浪」，何況孫立人將軍戰功彪炳，舉世聞名，且極得總統蔣公的賞識與倚重，為何會遭到如此重大的風波與重擊？直到西元一九八八年（民國七十七年）以後，美國國家安全會議、國務院、及中央情報局等機構陸續將一些有關的檔案解密了，從那些文件中，才使我們恍然大悟，原來這股風暴是來自太平洋的彼岸。這裡特根據楊毅周先生著「轟動臺灣的孫立人案今破解」第五章（註二）、及沈克勤先生著「孫立人傳」第二十二章（註三），摘要引述如下：

西元一九四九年（民國三十八年）二月，美國駐華大使館參事莫成德（Livington T. Merchant）在秘密外交電報中，建議由孫立人主持臺灣省政。

一九四九年五月莫成德又提一項建議：「美國如願保衛臺灣，則應大量提供軍經援助，並要求將臺灣海空軍基地交由美軍使用，全部軍隊交由孫立人指揮」。

一九四九年六月二十三日，美國國務院政策計劃處主任肯南（George F. Kennan），向美國國務院和國家安全會議提出處理臺澎問題報告書，其要點為「聯絡菲、澳、印尼、巴基斯坦、紐西蘭等國，各派一支象徵性的兵力，會同美軍佔領臺灣」，「邀請孫立人將軍加入佔領軍的新政權，如孫立人願意接受，則美國分化中國駐臺軍隊的工作，即告成功」。

一九四九年秋，美國助理國務卿魯斯克（Dean Rusk）請他服役時的長官麥里爾准將（Frank Merrill）前來臺灣，探詢孫立人有無「救」臺灣的「一些計劃」。

一九四九年十二月，美國駐臺北總領事克倫茲（K. Krentz）告訴孫立人，「如果他同意控制」國民政府，美國「將會澈底支持他」。

一九四九年十二月二十八日，美國海軍部遠東事務特別顧問白吉爾上將（Admiral oscar Badger），責問我國駐美武官皮宗闞和總統特使董顯光：「為甚麼身為臺灣防衛司令的孫立人，沒有充分的權力，為甚麼還有人干預他的工作！」

一九五〇年二月十一日，麥克阿瑟元帥派專機到臺灣接孫立人去日本，面商機密。

一九五〇年二月二十日，美國國務院中國科擬訂一份「臺灣政變草案」（Draft Coup in Formosa），建議由孫立人為政變指揮官，以「反共、保臺、聯美」為政變主旨，推翻總統蔣公所領導的政府。

一九五〇年四月二十七日，美國駐華武官白里特（David Barrett）與孫立人接觸後，謂孫立人建議採取「劇烈的行動，以挽回狂瀾」。

一九五〇年五月三日，美國國務院計劃處官員尼茲（Paul H. Nitze），在一次祕密會議中，建議由孫立人發動政變，以推翻總統蔣公的「假設性」方案。

一九五〇年六月十九日，美國國務院召開對臺政策會議，擬訂一項「極機密」的計劃，以最嚴密的方式通知孫立人，如果他願意發動政變，以軍事控制全島，美國政府將提供必要的軍事援助。

一九五〇年六月下旬，孫立人經由美國密使前美國第七艦隊司令柯克，向魯斯克遞送一份密函，表示願意領導兵變、推翻總統蔣公的政府，並要求美國予以支持，至少予以默許。這份密函魯斯克深恐外洩，會對孫立人不利，當場即行毀掉，但卻已告知國務卿艾奇遜，艾奇遜並已呈報總統杜魯門。

據美國國務院中國科的文件顯示，美國國務院所擬議的「政變日期」（Target Date）為六月的最後一個週末，即六月二十四日或六月二十五日（註：臺北與華盛頓之時差為十二小時，臺北二十五日上午八點，為華盛頓二十四日晚間八點）。然而就在六月二十五日，韓戰爆發了，美國的對臺政策完全改變了。當天晚上，杜魯門即下令第七艦隊進入臺灣海峽，防止中共對臺灣的進攻，同時亦監視中華民國政府停止對大陸的一切海空攻擊。

一九五三年元月二十日，艾森豪就任美國總統，孫立人（陸軍總司令）去函道賀，並邀其來華訪問；總統蔣公獲悉後頗為不悅，曾面詰孫立人說：「你憑甚麼去函邀請美國總統訪華！」

從以上所引述美國檔案資料，可見孫立人在美國多方策動下，只有一次有「回應」，但那一次送給魯斯克的「密函」，又被魯斯克「當場即行毀掉」了，並未留下任何直接證據；所以孫立人是否真的曾接受美國的誘導，決心發動政變，推翻總統蔣公，並不十分明確。直至民國七十九年（一九九〇）九月十二日，魯斯克在給孫立人的義子揭鈞的覆信中說：

「我不希望對於在韓戰爆發之前聲稱是由孫立人將軍所傳來的訊息作任何進一步評論，我並沒有證實這項訊息確實是孫立人將軍傳來的，我甚至忘記是透過那一個管道傳來的。」（註四）

美國自西元一九四一年十二月八日珍珠港事件發生後，為了共同對抗日軍的侵略，開始對我提供軍經援助。其後當戰爭形勢轉趨對美國有利時，美國即對我國百般挑剔，及至戡亂作戰時期，美國對我更是百般刁難，壓迫我政府與中共和談，處處遷就中共，打擊我軍士氣，並慫恿李宗仁競選副總統，造成我內部分裂。（註五）所以大陸戡亂作戰之失敗，我政府固然要負起一切責任，但美國對我處處掣附，形成壓力困擾，亦不無關係。總統蔣公三十九年在陽明山宣佈：「去此一步，即無死所」時，當然那是表示他堅決反共誓與臺灣共存亡的莊嚴宣示，但那也可能是對「在背後插刀」的美國所發出的一種警告！其內心的沉痛，當非我們所能想像！

孫立人將軍幼承庭訓，以「忠義傳家」為榮，以「忠誠」、「精忠」自勉，並以勉勵僚屬，他常說最崇敬的歷史名將是「精忠報國」岳飛，陸訓部所發行的報紙，即命名為「精忠報」。我們有理由相信，他不致被美國人利用，做出對不起領袖和國家的事情。但孫將軍當時如能提高警覺，與美國保持適當距離，當可免除政府對他的疑慮；因當時我政府撤退來臺，驚魂未定，兵慌馬亂，危疑震撼，而中共對我內部的滲透破壞，更是無所不用其極，我們從中共所發表的「在敵人心臟裡」、「中共地下黨現形記」等，便可以了解。總統蔣公曾身受「西安事變」的慘痛教訓，其後又有吳化文（八十四師師長）、傅作義（華北剿匪總司令）、程潛（長沙綏靖主任）、陳明仁（湖南省主席）、龍雲（雲南省主席）、戴戎光（江陰要塞司令）等等的變節投降；在大敵當前、內外交迫的情形下，為了國家民族的生存發展，全國人民的生命財產，不得不斷然採取必要的預防措施，以致引發此一震驚中外的「孫立人案」，這是孫立人將軍個人的不幸，也是國家民族的不幸，更是我們生為中國人的悲哀！

民國三十八、九年，我在鳳山所見到的孫立人將軍，年已五十，鬢髮皆白，但膝下猶虛。軍中傳言孫立人因參加對日抗戰，在上海負傷時，傷及生殖系統，無法生育，致其原配張晶英夫人虔誠禮佛，其後卻與張梅英夫人連生兩子安平、天平，兩女中平、太平，都長得英俊秀美，聰慧勤奮，分別獲得博士學位，且均事業有成，家庭美滿。

民國七十七年十一月二十五日（農歷十月十七日）為孫立人將軍九十華誕，他的門人弟子與昔日袍澤，特於十一月二十七日在臺中市中正國小大禮堂舉行祝壽大會，據報導參加盛會者達四千餘人，孫將軍親臨會場，倍感溫馨；他的冤屈終被平反洗淨，而孫將軍亦於七十九年十一月十九日溘然長逝，享年九十一歲。

註一：《一個讀書的故事》頁三九，書評書目出版。

註二：《炎黃春秋》西元一九九四年七月號（總第二十八期）頁十九至二十九。

註三：沈克勤著：《孫立人傳（下）》頁七〇二，臺灣學生書局出版。

註四：同註二，頁一〇〇九。

註五：王俯民著：《蔣介石傳》，頁二九六，經濟日報出版社。

先總統　蔣公召見駐越軍事顧問團，點名訓話後與全團軍官合影，左二為團長鄧定遠中將，右一為筆者

越南吳廷琰總統與奎山軍官團全體軍官合影，左起一、譯員吳成兼上尉，二、陳禔上尉，三、副團長阮成章少將，四、參謀長劉戈崙上校，六、團長王昇將軍，七、楊浩然中校，八、陳玉麟中校，九、筆者

國防部副部長蔣經國先生召見駐越軍事顧問團，點名訓話後與全體軍官合影，前排左三為團長鄧定遠中將，右二為筆者

美軍Talbott將軍代表美國政府頒贈銅星勳章

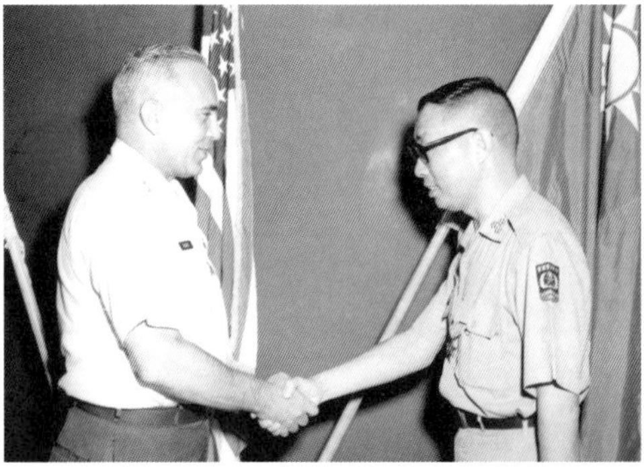

應邀隨越南總統阮文紹前往頭頓海邊參加童子軍活動，在我前面為總參謀部參謀長阮文孟中將

自由世界各國駐越軍援司令部的參謀長每月定期聚會

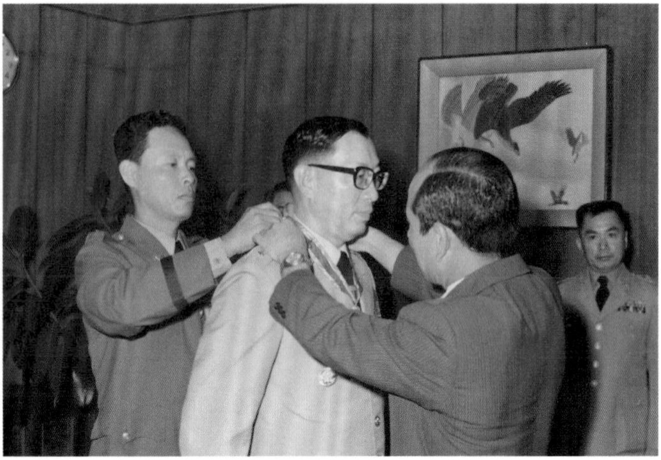

大韓民國中央情報部副部長代表韓國政府頒贈保國天授勳章

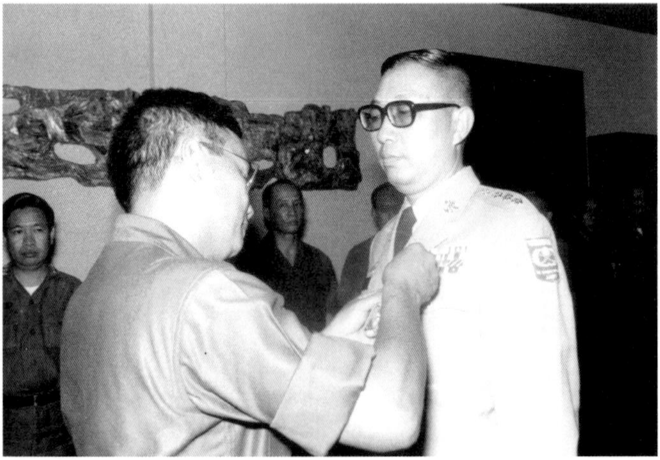

越南政戰總局長陳文忠中將代表越南政府頒贈軍功勳章

第九章　四次奉派越南工作

一、隨王昇將軍訪越

民國四十九（一九五〇）年，我在政工幹部學校革命理論系當教官，四月一日下午兩點半，校長王昇將軍召見我和時任軍官外語學校教官的陳禔上尉，囑隨他去越南。並叫我們儘快蒐集國軍、越軍、美軍、越共、中共及俄共有關政治作戰的資料。又叫我們準備到國防部、各軍種總部、安全局、婦聯會、救國團等單位訪問，瞭解各單位的實際作法。因為這年元月，前越南共和國總統吳廷琰前來我國訪問，在參觀國軍作戰演習時，目睹官兵戰技精良，士氣高昂，感到非常高興。當他獲悉國軍官兵的待遇，還不及越軍薪餉的一半時，更感到十分驚異。因此在與總統蔣公會談時，特別要求派遣一位將軍前往越南，協助其加強軍隊的整建工作。吳氏回國後，又循外交途徑來電催促，國防部乃簽派王將軍擔任此一艱鉅任務。

經過月餘的準備，我們於五月三日下午四時三十分，搭乘國泰航空公司的班機，先到香港，由航空公司安排住在新羅旅社（Shamrock Hotel），次日再乘原機前往西貢。當時香港政府對我們相當不客氣，在入關時即將我們的護照留置，直到第二天上飛機時才還給我們；以後數次經過香港亦復如此。

五月四日十一點四十五分，我們抵達西貢新山一機場；受到越南外交部的代表厚參事、國防部的代表阮文珠署長、我國駐越大使袁子健先生、安全局代表黃天邁先生以及其他單位的代表與友人數十人的歡迎，在貴賓室稍事寒暄後，即由袁大使、阮署長等陪同前往Hotel Caravelle。十二點三十分，袁大使在官邸設宴款待，並請雷震遠神父、王爵榮博士及黃天邁先生等作陪；席間及餐後，均對越南的一般情勢廣泛交換意見。

我們抵越的第二天上午，由袁子健大使陪同前往國防部，拜會副部長陳中庸（TRAN-TRUNG-DUNG）（部長為吳廷琰兼任）。陳副部長除表示熱烈歡迎外，並提出具體的項目，請王將軍幫忙研究：一、如何鞏固部隊團結。二、如何提高部隊士氣。三、如何防制越共滲透。四、如何加強敵後工作。晤談結束後，再前往外交部拜會部長武文牡（VO-VAN-MAU）。

越方原通知說，吳廷琰總統五月六日上午接見王將軍，可是臨時取消了。直到五月九日下午，才由總統府部部長阮廷淳（NGUYEN-DINH-THUAN）代為接見。阮部長除代表吳總統表示熱烈歡迎外，並轉達吳總統的指示，請王將軍先訪問各有關機關、學校、部隊及各省市地方政府後，再行研究各項問題。於是從五月十日起，即依越南共和軍總參謀部所擬定的日程，展開一系列的參觀訪問活動。

首先由心戰署阮文珠署長陪同前往新山一總參謀部，拜會參謀長范春炤（PHAM-XUAN-CHIEU）少將（後曾任駐我國大使），再由范參謀長陪同晉見總參謀長黎文己（LE-VAN-TY）上將；接著即訪問總參謀部的第一廳至第五廳，然後是軍隊安寧署，心理作戰署及其所屬心戰營，社會文化署（軍眷服務），退除役軍人事務署及所屬整型中心，軍醫署、共和軍總醫院、血庫中心，軍需署、軍裝食品庫小團（糧秣被服營），軍具（兵工）署及其所屬之軍具工廠，總統府警衛旅司令部，首都軍區司令部、別動軍司令部，海軍司令部，空軍司令部，傘兵司令部，軍事大學及梅山情報學校等。接著又訪問新聞部及其所屬的電影中心、青年總署、廣播總署、公民事務特委總署等，就這樣由警車開道，在西貢市區及其鄰近地區穿來穿去。

這些單位參觀完了之後，即向南行，先拜會邊和省政府；然後訪問駐紮邊和的步兵第七師、及該師所主辦的「保衛鄉村青年訓練中心」，還有實用美術學校、富利砲兵訓練中心、清栗漆畫廠、光中訓練中心、守德聯合軍事學校等。

接下來又乘專機，前往位於湄公河三角洲地區的巴川省政府、及在省政府附近的第四軍區司令部、永隆省政府、及位於省政府附近的「人位主義訓練中心」、以及花蘆「稠密區」、味青「稠密區」、與丐山「定居區」。所謂「稠密區」，乃是為了那些散居各僻遠地區的居民，為避免遭受越共的裹脅迫害，由政府選定適當的地點，建立房屋、劃撥土地，將人民遷來集中居住，以保護其生命財產的安全。而「定居區」，則是為由北越逃出來的一百多萬難民所建立的社區，在美國的援助下，由政府劃撥土地、興建房屋道路，並提供耕牛種籽，使難民們得以安居樂業，重新獲得自由的生活與發展。其間也曾前往西貢的外港頭頓（YUAG-TAU），遊覽海濱風光，參觀燈塔及附近名勝，並接受福綏省長的款待。

接著又由西貢向北飛行，先到風光明媚的避暑勝地大叻，參觀國家武備學校（中央軍官學校）；再飛濱海的芽莊，參觀芽莊士官學校、海軍訓練中心、空軍訓練中心、海軍學院（軍官學校）及慶和省政府。再繼續北上訪問位於峴港的第一軍區司令部，最後到達故都順化，參觀步兵第一師，並前往分割越南的北緯十七度的濱海河，參觀戍守在最前線的步兵第二團及其所屬各營連；站在砲兵陣地的砲座上，瞭望對岸的越共，他們的一切活動，都可以看得清清楚楚。

在一個多月的參觀訪問過程中，發現他們不論大小單位，都有一套標準作業；即先簡報、再參觀，讓我們對該單位的任務、特性以及他們所遭遇的問題有所瞭解，再舉行座談，最後請王將軍講話。每一個單位都是由該單位的首長親自接待陪同，所提出的簡報與問題亦都非常坦誠實在；而部隊學校與訓練中心，則多有樂隊與儀隊歡迎，可說十分禮遇。其中印象最深的是五月二十七日訪問駐在邊和的步兵第七師，師長黃文高中校（後來升為中將，歷任軍區司令及政戰總局長）在辦公室內，掛有一幅岳飛墨寶：「還我河山」，黃師長他說他對總統蔣公手著的「蘇俄在中國」已讀了三遍，實在是一部反共的寶典。黃師長在簡報後，又親自駕車前往附近山區去看由該師所主辦的「保衛鄉村青年訓練中心」。一進入山區，只聽到滿山的吶喊聲。下車後，但見山頭山腰都是打著赤膊穿著短褲的青年，手拿著木槍木棍，在作各種操練和演習，竟連一枝步槍也沒有，甚至整個訓練中心沒有一間房子，全部都在露天上課，寢室則是由學員們自己用竹子和野草所搭起來的草棚，每個草棚住一班人，每人除一張草蓆和竹枕外，看不到其他寢具，甚至連蚊帳也沒有，完全是一種原始生活。在濃密的叢林中，滿山都是營地和坑道，每期訓練一千五百人，那種艱苦勇毅生動活潑的情景，至今印象深刻，無法忘懷。後來我將這個訓練向心戰署長阮文珠提及，他說他們曾獲得越共的一份原始文件，說越共的一個訓練中心已經舉行了畢業典禮，有一個畢業學員去問該中心主任：「現在我們要畢業了，要去和敵人戰鬥了，為什麼不發武器？我們需要武器！」該中心主任說：「我們只負責訓練，不發武器，武器要到敵人的手裡去奪取，你訓練還未及格，還要再訓。」因此我想第七師的「保衛鄉村青年訓練」，可能是在和越共的訓練一比高下了。

二、為吳廷琰總統撰寫《人位主義》

由於越南地處熱帶，去時又正值夏天，每天坐車、坐船、坐飛機，都感覺很熱。尤其陳禔學長怕熱，每天汗流浹背，連西裝都濕透了。但對我們來說，工作的重點還是在夜晚，每天不論在何處，晚上一回到住處，就要根據當天參觀所得，研究建議案，並撰寫《人位主義》。因為吳廷琰主政後，積極倡導人位主義，他的基本理念是主張以「人」為本位的主義，來對抗以「物」為本位的共產主義，但並未寫成一套有系統的著作，只是少許片斷的演講詞。校長王將軍認為與共產黨作戰，理論至為重要，因為共產黨一向極為重視意識形態的鬥爭。為了協助越南共和國建立反共理論體系，在召見的第二天他打雷話給我，要我準備為吳廷琰寫《人位主義》。當我接到這一指示時，心裡真是十分惶恐，因為像我這樣一個孤陋淺薄的上尉，如何能為一個外國總統寫主義，這責任實在太大了，但反覆思想，又不便啟齒。當時我想，校長為什麼不在前一天召見時便交待此一任務，如果那時提出，我一定會怕不能達成任務而推辭，可是現在公文已報到國防部去了，而且幾乎全校都已知道，已無法退卻，只得硬著頭皮，針對越南歷史背景、政治情勢、社會需要，並參照我國的人本哲學與人本政治，試著擬出大綱，送呈校長核奪。

經校長修改後的大綱分七章，先談越南民族的成長與發展，肯定其優越與貢獻，接著談人位哲學、人位政治、人位經濟、人位教育、人位社會，最後談越南命運與世界前途。每天晚上便根據這個綱要撰寫，每寫完一章，即呈請核閱，校長更花費很多心血和時間加以修改，並很謙虛的說：「我修改的，如果你有意見，可以再改！」那時由於時間極為緊迫，只有兩個月，又缺乏參考資料，本來在離開臺北前也選購了一些書籍，看目錄是具有參考價值的，孰知到寫作時細看內容卻根本用不上；堤岸雖然也有幾家僑胞所開的書店，但賣的都是一些愛情偵探武俠小說，在那種孤立無援的情況下，才深深體會到什麼叫作「書到用時方恨少」了。就這樣每夜在那裡搜索枯腸，弄到兩三點才睡，可是躺在床上，腦海裡五花八門，不論數到多少隻羊，仍然無法入睡，而天亮之後又要準備新一天的工作，校長看我神色不對，怕無法長期支持下去，乃拿安眠藥給我吃，這也是我生平第一次吃安眠藥。從而才知道長期以來，校長王將軍由於工作忙、責任重、壓力大，早已在吃安眠藥了。

七月六日下午，也就是抵越的兩個月後，吳廷琰總統正式接見校長。當時由於越南政府頒佈法令，要求所有旅越華僑都要入越南籍，要按規定服兵役，引起僑胞普遍反對，中越關係一時弄得很不愉快，因此吳廷琰一見到校長，就問他對越南華僑問題有什麼意見。校長答說，華僑問題應由駐越大使袁子健先生處理，本人是軍人，且來越不久，對此問題缺乏研究，沒有什麼意見。不過校長也說，中越兩國乃兄弟之邦，又同是堅強的反共友邦，相信越南政府一定會善待華僑，妥為處理。吳廷琰聽後似甚為滿意，然後才轉入正題，詢問校長兩個月來參觀訪問的觀感與意見。校長除報告一般觀感外，即將在參觀訪問時所發現的七個問題，一一陳述，吳都點頭表示同意。他每陳述一個問題，即隨手將所研擬如何解決問題的方案、連同附件一共十九個文件，逐一遞給吳廷琰。最後，校長拿出厚厚一本封面寫著：「吳廷琰著：人位主義」給他。吳本熟諳漢文，讀過四書五經，且能作漢詩，只是不會講中國話而已。他十分驚訝的把《人位主義》拿在手上仔細翻閱，然後對校長說：

「所有這些文件和方案，我都要仔細研究，並付諸實施。不過，要實施這些方案，要先溝通官兵的思想和觀念，因此要請將軍巡迴各地演講。」

校長說：「兩個月的時間已屆滿，因職務異動，國內正等我回去辦移交，特向總統辭行。」

吳總統說：「你不能走！」

校長說：「我是軍人，必須聽我國國防部的命令。」

吳總統說：「我會給蔣總統打電報！」

原訂兩個小時的談話，竟談了三個半小時。當天晚上，我們照例仍到中南飯店去吃飯（第一次訪越時，在西貢不論住Hotel Caravelle或住Hotel Majesty，都到中南吃晚飯，因較旅館便宜很多）。當時校長因已達成任務，心情顯得十分愉快，他以很輕鬆的口吻對我說：

「陳祖耀，吳總統應該須給你一座勳章！」

聽到校長喜悅的聲音，感覺如釋重負。猶記在松山機場上飛機時，陳禔學長看我心思重重、滿面愁容，要我「Relax，Don't worry！」可是我一直無法放鬆，直到這時，心中一塊石頭才算落了下來。

這本《人位主義》初稿經吳廷琰總統審閱後，即交由他擔任總統府政治顧問的四弟吳廷琜，派人譯成越文，並邀集學者專家及有關人員組成專案小組，加以研究討論。吳廷琜係留法的哲學博士，他也花費時間及心力，親自參與研究。經稍加修正後，即印發各軍事學校與訓練單位作為教材，同時並發給全國公教人員研讀。這在當時的越南也算是一件大事。

吳廷琰總統真的很快即致電我政府，要求准許我們繼續停留三個月，國防部因校長已奉調總政戰部副主任，必須回來辦理移交，答覆同意一個月。吳廷琰首先即請校長對全國將校演講「政治作戰」，並由參謀總長黎文己上將正式來函邀請，時間定於七月二十六日上午八時，地點在總參謀部。是日上午七點五十分，王將軍率領我們到達總參謀部，先拜會黎總參謀長。八點正，由黎上將與參謀長范春炤少將陪同蒞臨大禮堂，在檢閱儀隊後，並由樂隊演奏中越兩國國歌，旋由范參謀長致詞介紹。八點十分，校長開始演講，首先說明共產黨的本質，及我國在大陸與共軍作戰血的經驗與教訓，接著闡述政治作戰的意義、戰法，及當前世界各國政治作戰現況，然後介紹政治作戰在我國軍中的作法，最後講到越南反共前途。十點十分，演講在熱烈掌聲中結束，休息十分鐘後進行討論，聽眾提出許多問題，校長均一一作答。直到十二點三十分，黎文己上將站起來趨前與校長握手，又是一陣熱烈的掌聲。黎總長說：

「今天非常感謝王將軍的光臨，他精闢的講演，使我們獲益良多。正如王將軍所說，我們今後要團結合作協力抗共，現在因時間已過，討論停止，各位如果還有問題，可以書面送請王將軍解答，我們非常感謝王將軍。」

聽眾又報以如雷的掌聲。黎總長並送校長榮譽狀一方及指揮棒一隻，校長亦以「中國之友」紀念牌、及「政工紀念徽」各一座贈送黎總長。然後黎總長、范參謀長等在全場的掌聲中，親送我們到大禮堂門口，始殷殷握別。晚上並有許多越南軍官前來寓所，向校長道賀，讚譽演講成功。

其後又有數場講演，亦都非常精采。由於每次參加講演或座談的都是越南三軍的重要幹部，如後來主宰越南政局的阮慶、陳善謙、阮文紹、阮高奇、杜茂等等，都對校長協助越南的真誠與解決問題的卓見，極為認同與支持，因而與校長建立深厚友誼。所以即使在吳廷琰被推翻以後，每一個時期與每一個掌握政權的人，都對校長極為信賴與尊敬，並都希望能獲得校長的協助與指教。

三、創辦政治作戰研究班

我們於民國四十九（一九六〇）年八月五日離越返國後，吳廷琰為加強反共措施，極需王將軍前往協助。因此再致函我政府，要求由王將軍率領一個七人工作團，長住西貢，協助其建立政治作戰制度及訓練政治作戰幹部。為了避免外界干擾，這個工作團化名為「奎山軍官團」，團長由王將軍兼任，副團長為阮成章少將，參謀長為劉戈崙上校，團員則為楊浩然中校、陳玉麟中校、陳禔上尉及筆者。我們均身著便服，於民國五十（一九六一）年元月二日飛抵西貢，次日起，每天都舉行早餐會報。王將軍規定每天要報告前一天工作情形與當日工作計畫。並要求全體軍官：

「一定要謙虛、誠懇、親切、周到，不僅工作要成功，作人更要成功。不能讓任何一個人說我們不好，不能因為很小的事情惹出麻煩。要以主動熱情的精神，誠懇謙虛的態度，來完成共同的使命！」

王將軍並在第一次會報中提出他親自擬定的「奎山軍官團工作預訂計畫」。該計畫分為兩部分，一是建立制度，一是訓練幹部。由於越南國情複雜，建立制度實非一蹴可幾，而要制度實施成功，尤需要有健全的幹部。因此王將軍指示我們積極準備創辦政治作戰研究班。

元月十五日下午二時三十分，全體軍官在王將軍率領下，前往總統府向吳總統作簡報。越方參加的人員計有總統府特別軍事顧問、防衛旅司令、國防部各廳署長以上重要主官。簡報前，王將軍向吳總統介紹奎山軍官團軍官，吳總統一一握手。接著，王將軍說明簡報項目與程序，先由參謀長劉戈崙報告「軍中保防工作」，然後由副團長阮成章少將報告「政治作戰研究班教育計畫」。簡報完畢後，王將軍再作補充報告，並提出具體建議，請吳總統准予成立臨時性的政治作戰研究委員會，由有關部門主管及必要人員參加，並請指定一位將級人員為召集人，慎重進行研究有關建立政治作戰制度的問題，定期向吳總統報告研究結果。吳總統聽後非常高興說：

「越南和中國好像兄弟，又好像親戚，關係特別密切。因為我們是一家人，所以你們來越以後，並未特別招待，希望能夠原諒。今天的簡報很好，教育計畫很完善，可以按計畫實施；保防工作很重要，希望將軍在這方面多予協助。關於成立政治作戰研究委員會的問題，現在即指定總參謀部的參謀長阮慶少將為負責人，要他在最短期間內即成立，請將軍多予協助。」

阮慶將軍奉命後十分熱心積極，很快即成立政治作戰研究委員會，並於元月二十日舉行第一次會議，就吳總統交議的「建立越南共和軍政治作戰制度方案」，作概略性的研討。這個方案實際上即是我們第一次訪越時向吳廷琰提出的，會中雖然與會人員均認為構想很好，越軍也確實有建立此一制度的需要，但因牽涉因素太多，以後雖又討論了幾次，卻始終未能正式付諸實施。

建立制度需要花很多時間溝通協調，訓練幹部則比較單純易行。因此王將軍在抵越之初，即分配每個人所擔任的課程，且每一門課程講授甚麼內容，都擬定好了，並規定每一小時的課程必須寫三千字的教材，他還要親自審定，所以每個人都在不分晝夜的趕寫教材。

王將軍自己擔任人位主義(三十小時)，副團長阮成章擔任政治作戰研究(三十小時)，參謀長劉戈崙擔任反共戰略研究（十小時）、政戰參謀業務（二十小時）及保防工作（四十小時），團員楊浩然擔任政訓工作（四十小時）及監察工作（二十小時）、陳玉麟擔任心理學（四十小時）及心戰工作（四十小時）、陳禔擔任民運工作（二十小時）、福利工作（二十小時）及演講技術（二十小時），筆者擔任哲學概論（四十小時）、理則學（四十小時）及共產主義批判（三十小時），合計四百四十小時。另有越南憲法、越南近代史、吳總統行誼、國家建設、北越實況、越盟陰謀策略研究等課程，則由越方擔任。筆者與楊浩然學長並奉命分別擔任教務工作與訓導工作，那時不僅每一個軍官均日以繼夜的趕寫教材，即負責翻譯的朋友亦是不分晝夜，他們都是我國中央軍校畢業的旅越僑胞，熱心協助，非常難得。

越南政府為了減少內部和外在阻力，決定先成立心戰訓練中心，在中心內辦理政治作戰研究班，班址選在西貢黎聖宗街十五號前法軍的營舍。為求辦班成功，在研究班開訓前，先辦兩天幹部講習。當時越軍充滿了求新求變的精神，除了心戰訓練中心臨時調來的幹部之外，政治作戰研究委員會的相關人員與心理作戰署的重要幹部，亦都來參加講習。接著又對翻譯人員實施兩星期訓練，並讓他們彼此觀摩討論，以增進其技能與信心。

政治作戰研究班於五月二十四日上午九點舉行開訓典禮，由總統府部部長兼國防部副部長阮廷淳主持，總參謀長黎文己、兼班主任阮慶、越南各高級將領、各國駐越武官及本團全體軍官，均應邀觀禮。本期招訓對象為陸軍團級以上與海、空軍、機關、學校、醫院、工廠同等政治作戰機構之正副主官，共計一百二十人，訓練期限為十六週。當天下午，由筆者與楊浩然中校分別報告教育與訓導工作，另由越南軍官報告行政與管理工作。第二天上午八點開始，王將軍即為他們講授人位主義，阮慶將軍並親自陪同王將軍到教室向學員們詳為介紹。

該班於十月十四日訓練期滿，舉行畢業典禮，吳總統親臨主持。越南政府自阮玉書副總統以下各文武官員、各國駐越使節，均應邀參加。吳總統親頒畢業證書，在致詞時，特別強調政治作戰在現代戰爭中的重要，期勉學員畢業後要努力完成反共保民的偉大使命。對本班教育的成功，更極為嘉許，對本團的精心策畫與全力協助，尤深感致謝。下午兩點，全體學員與教職員又前往總統府，接受吳總統點名訓話。再次訓勉畢業學員要認清自己的責任，努力拯救自己苦難的國家與同胞，語重心長，聽者無不動容。吳總統並與本團軍官一一握手，再三表示感謝說：

「你們對越南共和國作了極大的貢獻，這種貢獻不是任何金錢財物可以買得到的！」

由於政治作戰研究班的反應極為良好，越方又要我們辦理初級班，人數仍為一百二十人。因我們在越工作的時間只剩兩個月，所以教育期限縮短為八週，教育對象則為陸軍營連及海、空軍同等單位之政戰人員與各級重要幕僚。於是一面為研究班上課，一面為初級班編教材。該班十一月一日開訓，民國五十一年元月二日畢業，時間雖較短，但訓練成果一樣圓滿。

四、在西貢過農曆新年

民國五十（一九六一）年二月十四日，為農曆的除夕，越南因受中國文化的影響很深，許多風俗習慣幾乎都和我們一樣，尤其是過陰曆年，甚至比我們在臺灣還要隆重。越南人喜歡花，特別是梅花。過年時，家家戶戶都要買花，不僅是一朵一朵的花，而是一盆一盆的花，在室內室外都佈置花卉。所以到過年的前幾天，各地的鮮花都湧到西貢和全國各大小城市。在西貢，整個白藤碼頭、阮惠大道、和西貢市政府前面的廣場，均闢為花市，禁止車輛通行，男男女女，老老少少，大家都來買花，真是一片花海，一片人海，熱鬧非凡。

我們住在白藤街五號，這是當年法國總督的官邸，花木扶疏，景色宜人，可惜當時大家都日夜忙於工作，沒有心情和時間欣賞。我們平常很少外出，每天以一小時打羽毛球或乒乓球，保持身體健康。除夕之前，許多越南友人送來鮮花盆景，王將軍更以奎山兩字為首，親自撰寫春聯：

奎宿耀南邦光騰北國，

山川度新歲春滿人間。

再加上一些宮燈氣球，將白藤街五號佈置得煥然一新。

是日上午十點，王將軍引領我們全體軍官前往總統府，向吳廷琰總統辭歲及拜年，並從花市選購千年臘梅一株，作為賀禮。吳廷琰在接見時，顯得非常高興，他一一垂詢每個人的家庭狀況，並很感性的說：

「你們離鄉背井，不遠千里而來幫助我們，在這個我們東方人視為最重要的節日裡，也不能回去與家人團聚，使我很感動。而且我知道你們在這裡生活非常嚴謹，工作非常辛勞，常常夜間都還在工作，這種精神更令人欽佩。我很感謝你們的總統和政府，更感謝你們各位和你們的家人！」

新春期間，正值臘梅開放，那株臘梅擺在總統府二樓，滿府芬芳，吳廷琰兄弟早已欣賞過了。吳總統在講話之後，又與我們一起再欣賞那株臘梅，並合影留念。吳廷琰個子不高，體型微胖，看起來福泰健康，十分穩重。當時他已六十歲，一直未結婚，據說他年輕時曾一度想進修道院，因為他是一位虔誠的天主教徒。民國四十年代，當「梁山伯與祝英臺」電影在華人社會造成瘋狂時，西貢堤岸亦為之轟動，有人將影片拿到總統府去放給他看。他看完後說：「男女關係怎麼這樣麻煩？」便站起來走了，當時在西貢引為笑談。

吳廷琰的母親已九十多歲，一直住在故都順化，由其六弟廷瑾奉養。我們訪問順化時，越方曾安排前往拜望。吳廷琰因國事繁忙，只有母親生日與過農曆新年時才回去拜壽，及陪同母親一起過年。越方告訴我們，他在接待我們之後，便要到新山一機場去乘飛機了！

除夕的晚上，我們在團部吃年夜飯，當餐會進入高潮時，王將軍親自犒賞越方派來的憲兵、警察、安寧人員、駕駛、雜役及廚師等，有家眷的並發糖果和玩具。越軍的階級觀念很嚴，士官和士兵從未和將軍在一起吃過飯，現在不僅獲得將軍敬酒，且獲頒獎金，一時情緒激昂，感動不已。而當時本團每月的辦公費為美金二十元，僅是這次過年就超過了全年的費用，所以平常一切的費用，全由我們自己分攤。我們每個月的生活補助費為美金一百八十元，除去每月捐助辦公費五十元，分攤伙食費三十元，賸下的一百元，則作為交通與交際費用了。

五、駐越軍事顧問團

西元一九六三年十一月一日越南發生流血政變，吳廷琰總統為其部將楊文明等殺害，其所建立的第一共和亦被推翻，其後內部鬥爭激烈，國家元氣大傷，給予越共擴大叛亂的大好機會。第二軍區司令阮慶中將於次年三月二日再發動一次政變，未費一槍一彈，即取得政權，自任總理，總攬國家行政大權。同時任命陳善謙中將為國防部長兼三軍總司令，阮文紹少將為三軍參謀長，形成所謂鐵三角，而這三人都與王昇將軍具有深厚友誼。所以在阮慶取得政權的第三天，我政府即派王將軍前往西貢，表示堅決支持，並研商反共作戰問題。同年八月，越南政府為對抗越共擴大叛亂，決心建立全面有效的政治作戰制度。王將軍再一次應邀訪越，經與越南政府研討，並親向美國駐越軍援司令魏茂蘭上將簡報。魏茂蘭上將亦認為政治作戰對於越南勦共作戰確實具有極大幫助，因此決定同意越南政府儘速建立此一制度，並希望我國政府能儘速派遣一個顧問團長期駐留西貢，以協助越南政府。美國並願照第三國援助越南規定，提供我國顧問團行政支援，即顧問團所需營舍、車輛、駕駛、往返臺北西貢間的交通工具，以及自衛武器等，均由美方負責提供。(西元一九六八年越共發動春節攻勢後，顧問團的主副食品亦由美方供應。)

我政府為協助越南共和國反共，迅即同意成立中華民國駐越軍事顧問團。

「中華民國駐越軍事顧問團」以鄧定遠中將為團長，韓守湜少將為副團長，毛政上校為參謀長，團員為孫守唐、周樹模、諶敬文、李宗盛等上校，祝振華、趙中和、陳慶熇等中校，趙琦彬、駱明道、陳貴、范純道等少校及筆者，合計十五人，赴越工作時間暫訂為一年。

民國五十三（一九六四）年九月十四日起，全體軍官即在戰地政務局集中辦公，分配任務，接受講習，蒐集資料，積極辦理各項出國手續及製裝等工作。總政戰部主任高魁元上將、參謀總長彭孟緝上將、國防部副部長蔣經國先生，曾先後召見本團全體人員，語多勗勉，並合影留念。

十月五日上午十時，總統蔣公在北投復興崗中正堂長官休息室，召見顧問團全體軍官，蔣公在一一點名後，很慈祥剴切的指出：

「越南是我們反共的友邦，幫助越南反共，即是幫助自己反共。所以要盡心盡力，努力達成任務。這是我國第一次派出軍事顧問團，大家務要團結互助，自愛自重。尤其要服從命令，嚴守紀律，在任何情況下，都要以工作為第一，以完成任務為第一。」

蔣公在與全體軍官合影後，再度訓示：

「大家要特別注意禮節，處處要表現革命軍人的氣質、風度與精神，為國家爭取榮譽。」

兩天後，也就是十月七日下午三時三十分，全團軍官由團長鄧定遠中將率領，在許多高級長官、各媒體記者、以及親友們的熱烈歡送下，搭乘中華航空公司班機，自松山機場起飛。四時五十分抵達香港，夜宿富都大酒店。翌日下午四時三十分（香港時間）換乘法航班機，於下午五時四十分（西貢時間）飛抵西貢新山一機場。越南參謀總長代表黃文高少將、副參謀長吳裕准將、首都特區警備總司令范文洞准將、心戰署長陳玉萓上校、外交部秘書長、美軍援司令部參謀長史迪威少將、我國駐越大使袁子健、武官陳如根上校、我國駐越各單位首長、僑領、僑胞及各國新聞記者等共數百人，在機場歡迎，越方並以軍禮舉行隆重的歡迎儀式。鄧定遠團長在進入貴賓室後，面對媒體發表書面談話，說明本團來越的任務，並感謝各界的歡迎。

離開機場後，即逕赴張明講街八十一號（81 TRUONG MINH GIANG）團部。由於房間不夠，我們有九名團員前往堤岸阮豸街的如樂公寓住宿。翌日上午八時三十分開始，即展開到各單位拜會活動。

十月十日為我國國慶，全團人員於上午八時三十分前往越南共和軍總司令部拜會參謀長陳文明中將及人事與作戰副參謀長後，即至堤岸首都酒樓，出席華僑各界所舉辦的慶祝國慶酒會。由於我們都穿著白色軍禮服，受到僑胞們的熱烈歡迎。這是他們第一次在西貢看到祖國軍官人數如此眾多，軍容如此壯盛，莫不歡欣鼓舞。尤其年老的僑胞們更是熱淚盈眶，緊握著我們的雙手，久久不放，令人感動。晚上七點三十分，再到西貢大陸酒店參加大使館所舉辦的國慶酒會。除了僑領及我國駐越各單位外，各國駐越使節、越南文武官員及友人數百人均前來參加盛會，將整個會場擠得滿滿的。越南總理阮慶伉儷、美國駐越大使泰勒伉儷等，均前來祝賀。阮慶總理看到我們顧問團的軍官非常高興，和我們一一握手寒暄。

十月十三日上午十時，在袁子健大使、陳如根武官的陪同下，團長鄧定遠將軍率領本團全體軍官，前往三軍總司令部拜會總理阮慶將軍，阮總理一一握手表示熱烈歡迎。鄧團長首先對阮總理表示仰慕之意，並將總統蔣公的私函一封面交阮總理。阮慶總理說：

「貴團來到我國，我要代表越南政府表示誠摯的歡迎。我在西元一九六一年春擔任聯合參謀長時，曾前往貴國訪問，並很榮幸的獲得蔣總統的召見，他老人家對我的訓誨，至今猶念念在心，無時或忘。」

就在當天下午，鄧團長應邀再度前往拜見阮慶總理，轉達總統蔣公對他的關懷與囑咐。阮慶因決心「還政於民」，請潘克丑擔任國長，任命西貢都長陳文香為總理，負責組織政府。他自己則回到軍中，專任三軍總司令，領導三軍對越共作戰。他特別要鄧團長幫忙，代為撰擬一份「還政於民」的文告。鄧團長即將此一任務交給筆者，並說明十月二十日以前要送交阮慶。筆者奉命後，連夜撰擬，其主要內容在以「國家、責任、榮譽」為軍人三大信念，以「自由民主、公平幸福、獨立統一」為革命三大目標，以「國家至上、反共第一、團結為先」為反共三大號召，以建立軍人的中心思想、統一全民的奮鬥目標，現在為了作戰的需要，特還政於民，請民間有聲望的人士來負責政府的領導，我必須及早返回軍中，領導三軍對敵戰鬥，希望全國上下精誠團結，共同奮鬥，打倒越共，建設新越南。稿經鄧團長核可後，即以中、越文一併送交阮總理辦公室。

十月二十五日，越南高級將校四十五人在頭頓集會，選舉阮慶為三軍總司令。二十六日阮慶在形式上向潘克丑國長提出辭職，並發表「告全國軍民同胞書」。經與華文報紙所載對照，與我們所送去的原稿相同，並沒有甚麼改動，鄧團長閱後覺得相當欣慰。後來他返國述職時，曾向總統蔣公報告，蔣公則說此事超出了顧問團的工作範圍，並不適宜。仔細想想，也確實有問題。我們如因這類事情而捲入他們的權力鬥爭，就太不合算了。惟第一次見面，鄧團長就拒絕他的請託，也實在很難啟齒，這就是作顧問的難處了。

我們到達西貢後，越共即到處散佈謠言，謂本團到越南，乃在「訓練華裔青年為美越集團當砲灰」，企圖離間僑胞與祖國及本團的關係。據說每天早晨，僑胞們家家戶戶都收到一封由「嘉定南部解放陣線委員會」發出的信，呼籲「大家快起來打倒臺灣顧問」。同時梅友春總局長辦公室亦來通知，根據他們的情報，越共很注意本團的行動，希望我們要提高警覺。因此團部規定外出時必須有同伴，不得單獨行動，而且要說明去處，以防被綁架。車輛亦要嚴加管制，以免出危險。

西元一九六五年八月十五日，阮高奇少將以越南中央行政委員會主席（總理）的身分，率領外交、國防、財經等各部部長來臺訪問。他們對臺灣經濟的發展與國防的堅強，均印象深刻。尤其能榮獲總統蔣公召見慰勉，更感到是畢生的光榮。

阮高奇因是飛行軍官，以前曾多次來過臺灣，而他每次所看到的臺灣都有新的面貌。他說他曾思考，論土地面積，臺灣只佔越南共和國的六分之一，而且可耕面積不多。至於人口方面，與越南差不多，這樣一個地小人稠，又有颱風地震，且面對一個強大兇惡的敵人，國防經費的負擔必定十分沈重，但為什麼還有這樣輝煌的成就？他們在參觀時曾反覆思考，認為臺灣有的越南都有，唯一沒有的就是三民主義。

阮高奇以三十五歲的壯年，貴為越南共和國的最高行政首長，他當然希望能使自己的國家富強起來。因此他在返越之後，即約見本團鄧團長，談訪臺觀感及道謝，並特別請鄧團長幫忙研究在越南如何實行三民主義。鄧團長接受請託之後，即將此一任務交給孫守唐上校與筆者，我們經過仔細研究，決定以簡明的文字，條述的方式，說明「越南應如何實行三民主義」。寫了四萬多字，針對越南的國情與需要，提出一些具體可行的計畫與意見，由越方派駐本團的連絡組譯成越文並打字，將中、越文一併送交阮高奇。阮在接到以後，很快就採取行動。例如他發佈命令，要扶助少數民族，在中央行政委員會設立監察院，實施公地放領、耕者有其田、社會救濟、擴建工業生產、國民就業輔導、計程車放領等等，確實很有一番作為。只是當時的越南戰火連天，每天不分晝夜，都面臨越共瘋狂的攻擊，而內部的傾軋鬥爭，更是激烈。尤其是西元一九六六年三月十日，國家領導委員會通過，免除第一軍軍長兼第一戰術區司令阮正詩中將的職務，更爆發極為嚴重的危機。導致順化、峴港、芽莊、以至西貢等各大城市，形成一片混亂。阮高奇親率海軍陸戰隊由海、空兩路攻佔峴港，然後奪回順化，並將好戰的佛教首領釋智光押至西貢，險惡的情勢才得以逐漸平復。但這次持續達兩個多月的劇烈動亂，對越南反共戰爭的傷害，則是難以彌補的，而阮高奇政府從此亦無暇顧及要在越南實行三民主義了。

六、為越軍建立政戰制度

阮慶總司令經過一個多月的長考，終於西元一九六四年十一月十五日提請國長潘克丑核定，發佈梅友春中將出任政治作戰總局長，負責籌建軍中政治作戰制度。

梅中將奉命後，態度甚為積極，第三天即前來本團拜會，聽取簡報。他提出許多問題，共同研究討論。當經議定，由中越雙方遴員共同組成聯合作業小組，負責草擬政治作戰編裝及標準作業規定，並決定從當天下午即展開作業。

下午三時，中越雙方人員集中於心戰署俱樂部辦公，並舉行第一次協調會議。越方有梅友春的代表鄧德運（DG DUC NHUAN）少校、心戰署的處長武文心少校、社會文化署的大尉和、軍隊安寧署的大尉法等，後來三軍總司令部主管人事的副參謀長吳裕准將亦來參加。我方則為孫守唐上校、周樹模上校、祝振華中校與筆者，大家一面商談，一面作業，由觀念問題到實質問題，包括心戰、軍隊安寧、社會文化等署的整編以及設立政訓局等問題，無所不談。此項工作，雖日以繼夜的進行，有時且引起辯論。但彼此均認為是「一家人」，而且目標、任務相同，所以始終在坦誠愉快的氣氛中，對各項問題都能獲得具體的結論。

十一月二十二日，中越聯合作業小組完成越南政戰總局及各局的編制草案後，二十三日上午先向鄧團長提報，他僅對極小部分稍加修改。下午三時，再向梅友春總局長簡報，他亦完全同意。聯合作業小組便進一步對部隊（陸軍、海軍、空軍、首都特區、特戰部隊、陸戰隊、傘兵、地方軍、義軍）、機關、學校等，研擬政治作戰的編裝。因為十二月九日，越南政府要舉行員額預算會議，我們必須儘快完成，送請討論。因此雖然西貢每天都有佛教徒和學生示威遊行，有時甚至交通受阻，我們聯合作業小組仍日以繼夜的開會協商研究，力求妥適完善。

梅友春總局長認為在員額未爭取到以前，可以各署現有員額四七七三人，加上新近增加的安寧人員六〇三人，合計五三七六人，先將政戰總局（六三〇人）、反情報總隊（一七九四人）成立起來，然後將所餘員額分配到各直屬單位，把骨架建立起來後，再向美軍爭取員額。站在他的立場，確實有此必要。因政戰總局一日不成立，他便無著力之處。但各署卻有他們自己的立場與想法，心戰署長陳玉萱上校聽說新的編裝會影響到他的人事和經費，便揚言要將經費帳目送到本團來審核。等他弄清楚實情後，便將矛頭對準梅友春。其他安寧署和社會署也是一樣，他們認為隨著越共叛亂活動的加劇，佛教徒和學生的示威遊行不斷，今後的工作將更為繁重，人員和經費只能增加，絕不可減少。他們所說的也都是實情，在這種兩難的情形下，幸有吳裕副參謀長居間協調，且答允幫忙爭取員額，才獲得妥協和解決。

十二月十七日，越南三軍總司令阮慶上將批准了政治作戰總局的編裝，並核定自十二月一日起生效。越南政府經過將近五年的奮鬥及最近一個多月的積極籌備，政戰總局終於正式成立了。但任職才一個月零五天的總局長梅友春，卻在十二月二十日又被軍隊議會逮捕，再度送往大叻囚禁了。

原來自阮慶宣佈「還政於民」後，一些少壯軍人對政府仍不放心，對政權不肯放手。因此，陸、海、空軍、傘兵、陸戰隊、及特種作戰部隊一些掌握實權的將校共四十五人，組成所謂「軍隊議會」，於十二月二十日公開宣佈，自即日起解散「國家上議會」，理由是「國家上議會中，部分人士有違背國家利益之行為」。並將上議會的議長黎文秋、議員阮文力、總書記陳文文、以及領導示威遊行的學生領袖共五十餘人逮捕，送到中部高原的百里居一帶去參加軍隊的「行軍」（作戰），讓他們實地體驗在山地作戰的危險與艱苦。同時，又將陳文敦、梅友春、宗室訂、黎文金等「大叻四將領」以及曾任軍隊安寧署長與副總理的杜茂准將，一起逮捕，送到大叻囚禁。

美國對軍隊議會擅自解散國家上議會，表示非常不滿，認為這一行動，使政府失去體制上的法理依據。泰勒大使主動與軍隊議會舉行會談，強烈要求恢復國家上議會，否則便停止一切軍經援助。但軍隊議會的將校們卻說：

「我們寧願苦戰而死，亦不願受殖民主義者的控制。」

儘管越美雙方在強硬抗爭，佛教學生不斷示威遊行，我們聯合作業小組仍在積極研究，加緊對制度之建立與有關工作之推行。當時因政戰幹部缺乏，政戰總局本部的人員甚少，業務狀況又較生疏，而心戰署改為心戰局，軍隊安寧署改為安寧局，社會文化署改為社會（軍眷）局後，各局原有的一些政訓業務又需劃撥新成立的政訓局。而佛教、天主教、基督教三個宣慰署，亦須劃歸政戰總局。此種編併工作，因涉及單位增減、人員調整、經費預算、裝備器材等諸多問題，極為繁雜敏感。同時各單位之細部改組與業務劃分，亦亟需本團人員協助策劃進行。因此，彼此接觸頻繁，工作十分忙碌。此時本團人員，雖未正式到越方各單位辦公，實際上已分別執行各單位的顧問任務了。

越南政治作戰總局及所屬各局成立後，中越聯合作業小組自十二月二十二日起，又反覆研訂各級部隊的政治作戰編組，及心戰營、戰地政務連、文藝別團（藝工大隊）等單位之編制草案。十二月二十八日完成全部作業後，小組人員與美國駐越軍援司令部的心戰處長史密斯上校等人舉行會談，對各級政戰編制草案再進行總協調。總局直屬單位之組織草案，包括政治作戰學校、新聞出版中心、印刷中心、電影中心、廣播與電視總隊、政治作戰總隊、反情報總隊、軍事新聞通信總隊、福利總處、女青年工作大隊等。本案主要著眼在使業務策劃單位與工作執行單位分開，使能充分發揮工作效能，積極致力反共工作。經三方面協調獲得同意後，由越南政戰總局備文呈報三軍總司令部核批，中越聯合作業小組的任務，至此即告完成。

越南共和軍的政治作戰制度，在師級以上單位，採政戰副參謀長制；團級單位設政戰組長，由副主官兼任；營、連級則為政戰助理。各後勤單位、學校及訓練中心，其有設置參謀長者，政戰主管即為副參謀長；無參謀長者，則設政戰科長，由副部隊長兼任；海、空軍比照陸軍辦理。

中央單位在國防部總參謀部設立政治作戰總局，由政戰副參謀長兼任政戰總局長，（另有四位副參謀長主管人事、作戰、訓練、後勤）並設副總局長二人。在政戰總局內，設組織、計劃、監察、預算、體育、行政、新聞與民事交際、及戰俘分類感訓等八個處，由參謀長直接指揮。

在政戰總局之下，則設立政訓、心戰、安寧、社會（眷管）等四個局、及宣慰署（天主教、基督教、佛教三處）與政戰大學，負責策劃與執行各有關的政戰工作，以及政戰幹部之訓練。

美國駐越軍援司令部為配合越南共和軍政戰工作之推行，特將參三部門的心戰處予以擴編，改為政治作戰處，並對越南政戰總局與所屬各局派駐顧問，與我國顧問合力協助推展越南全軍之政戰工作。

七、辦理連隊政戰工作示範演習

越軍政戰總局成立之初，孫守唐上校奉派為首席顧問，筆者為顧問。由於一切都是從頭做起，工作相當繁雜，而總局長梅友春中將只幹了三十五天，便被撤換了，接任的淩光園少將又僅十五天，即被延攬進入內閣。所幸副總局長莊文園上校（華裔）和各處處長，都能堅守崗位，積極籌劃。西元一九六五年元月十八日，黃文高少將（後來晉升中將）就任後，情勢便告穩定下來！

二月十五日政訓局成立，筆者奉派該局擔任首席顧問，其後吳祖祿中校奉派前來擔任顧問。我們同心協力，幫助該局推展工作。政訓局長高燈詳中校，原為心戰局計劃處長，副局長鄧廷旦少校，原為軍事大學教官。我們第一次訪越時，即曾在一起研討過問題，已相當熟悉。

政訓局設有計劃、教育、政訓、行政等四處、及政戰幹部訓練中心（後改為政戰大學，直屬政戰總局），主要任務在對越軍官兵實施精神教育、政治教育、政訓活動、及政戰幹部訓練，以堅定思想與信仰，使其知道為何而戰，為誰而戰。為了使政戰工作能向基層推展，並獲得各界的重視與支持，儘速發揮力量，經與高燈詳局長協商，策定連隊政戰工作示範演習計劃。並組成中央工作隊，由副局長鄧廷旦少校率領，於西元一九六五年十月二十五日至十一月十日，在第四戰術區所轄的第二十一師第三十二團第二營，選定一個連擔任示範。本團則派王恕民中校與張榮華少校，隨隊前往指導協助。示範的項目，計有政治教育、政訓活動、保密防諜、軍紀維護、及愛民助民等。十一月九日正式示範演習，本團團長鄧定遠中將、政戰總局長黃文高少將、中、美顧問多人均前往參觀，甚獲佳評。第四戰術區司令鄧文光中將在參觀之後，亦深表讚揚。

嗣為擴大影響，讓更多的官兵瞭解基層連隊政戰工作的作法與效能，特於同年十一月二十二日至十二月三日，由政訓局局長高燈詳中校與筆者，對正在光中訓練中心接受整訓的第二十五師四十九團的第四營，進行規劃輔導，準備於該營整訓結束時，擴大舉行基層政戰工作示範演習。並派王恕民中校和鍾家麟少校自十一月二十二日起進住光中訓練中心，實地進行輔導，每一個項目都反覆實施演練。光中訓練中心的指揮長阮文偉少將亦非常重視，多方協助。這次示範演習的項目，計有慶生會、榮團會、戰地康樂、及辯論會等。本來在研擬演習項目時，未列辯論會，因士兵程度較低，不宜實施。但政訓局對此很有興趣，希望能予以演習。筆者身為顧問，必須謹守身分，不便堅持反對。只是特別提醒他們要注意題目的選定，以免產生不良後果。孰知他們在預習時，竟出了一個題目：

「究竟是共黨侵略越南？還是美國侵略越南？」

辯論的結果，成了一面倒，官兵舉了許多實例，都說是美國侵略越南，而且還主張要和北越聯合起來趕走美國人。高燈詳局長在得知後，立即通知改換題目：

「反共作戰究竟是精神重要？還是物質重要？」

經過這次教訓，他們以後就格外慎重了。在預習期間，筆者與高燈詳局長曾多次前往督導，但絕口不提辯論會的事，以免傷其自尊。

十二月三日下午三時，示範演習正式開始，越南國家領導委員會主席阮文紹中將、中央行政委員會主席阮高奇少將、國防部長阮友固中將、總參謀長高文園中將、美軍副司令莫頓中將、本團團長鄧定遠中將、以及中、越、美等高級將領，與各界人士共五百餘人，均參與此一盛會。四個場地分別在總局長黃文高少將、參謀長阮永儀上校、心戰局長武光上校、及政訓局長高燈詳中校簡報之後，即開始演習。阮文紹主席等對每一項活動都觀看很久，而且不斷的與阮高奇、阮友固等表示讚許。美軍顧問人員更感到新奇有趣，他們都認為此一工作對鞏固部隊團結，提高官兵士氣，具有極大的效用。在演習全部結束時，阮文紹等並與鄧團長握手，互為演習成功而道賀。

過了一段時間，高燈詳局長告訴筆者，參加這次基層政戰工作演習的第四營，在返回駐地時，沒有發生逃亡的事情，這是和以往所不同的，他們都為此感到很欣喜。同時他也告訴筆者有關辯論會的事，當時只是相對一笑而已。

西元一九六六年二月五日，政戰總局在故都順化舉行成立周年慶祝大會，並舉行基層政戰工作示範演習，目的在使第一戰術區的官兵，亦能了解基層政戰工作的作法。筆者與鍾家麟少校陪同政訓局長高燈詳中校，於二月一日中午飛抵順化，下午即到營區去找該中心的指揮長，誰知該中心尚未接到命令，而部隊正進行畢業演習，幾經與第一師師長宗室尊上校及西貢軍訓總局連繫，他們始答應交出部隊，然後又去勘察演習場地，決定在皇城內的孔廟舉行。孔廟當時為越南的孔學會館（越南人稱孔學為古學），雖然房屋比較老舊，但卻十分寬敞，應是相當適宜的演習場地。這次演習的項目，仍為慶生會、榮團會、辯論會、與戰地康樂，即是將光中訓練中心的演習計劃，再在順化實施一次。因為時間倉促，這樣可以節省許多預習的時間。

第二天下午，筆者和高局長再去孔廟看場地，他約我順便去參觀皇城。順化我以前曾來過兩次，在感覺上它就像是一個中國城。因為建築物的形式和我們大陸的建築一樣，而且很多地方都有中國字，如在孔廟的彝倫堂，就有許多中文對聯，字寫得蒼勁有力，且甚有意義。而在金鑾殿的正中央，也就是在龍椅的頭頂上，有一塊正方形的金匾，上面刻著四個巨大的中文篆字。筆者在觀看時，不經意的小聲唸了出來，孰知站在我旁邊的管理主任，立刻要翻譯問我，匾上刻的是甚麼？我告訴他是「日升月恆」，那位主任驚喜的幾乎要跳起來。他說很多年來，前來參觀的越南人民和外賓看到那塊漂亮的金匾，常會問那上面是甚麼？他們管理人員沒有一人能回答，現在問題解決了，他一再向我表示謝意。

二月五日下午三時，慶祝典禮開始，由第一戰術區司令阮正詩中將代表越南國防部主持，首由黃文高少將報告政戰總局一年來的工作成就與未來計劃，並感謝中華民國顧問團的熱誠協助。旋由阮正詩中將代表國防部以保國三等勳章一座，頒贈給本團團長鄧定遠中將。典禮完成後，即舉行基層政戰工作示範演習。雖然大雨滂沱，場地受到限制。但由於擔任演習的官兵精神奮發，節目緊湊生動，獲得觀眾一致讚賞。當天參加觀禮和參觀演習的，有越南中央及當地政府的重要官員，各級軍事幹部如陸軍第一師師長宗室尊等，還有順化地區的學生代表、民眾代表、及美國、韓國、菲律賓、澳大利亞、紐西蘭等國的軍官，我駐順化總領事許壽平及本團孫守唐上校、趙中和中校、陳慶熇中校等。

由於數度舉辦基層連隊政戰工作示範演習，已引起越南高級將領對基層政戰工作的重視，更鼓勵了各級部隊長對推行政戰工作的信心。此為本團協助越南將政戰工作推向基層的第一步，業已獲得相當的成效。

八、眼看美軍撤出越南

民國五十九（一九七〇）年八月，我在國防部總政戰部第六處擔任副處長，負責全軍的政治教育，從工作中深感自己學識不夠。同時眼看在外語學校的同班同學，有的當連絡官，英語越講越好。而我畢業時還僥倖是全班第一名，卻仍笨嘴笨舌，不敢開口。一方面固然是由於自己生性駑鈍，同時也因工作太忙，每天都像驢子推磨一般，矇著兩隻眼睛，繞著磨磐打轉，根本沒有時間讀書。因此亟思能有出國深造的機會，可以強迫自己讀書。承李謹惕學長幫忙提出申請，很快即獲得美國的入學許可。可是當我滿懷希望，向執行官王昇上將稟報，請准我出國讀書時，執行官卻說：

「徐司令要你去當參謀長，你不知道嗎？」

我說：「沒有人告訴我！」

執行官說：「他已和我說過，希望你去幫忙，現在還是工作重要！」

我滿心希望，被澆了一盆冷水。當天下午，駐越軍援團司令徐汝楫中將約我見面。原來，軍援團的副司令王式智少將已任期屆滿，即將回國，副司令一職已決定由參謀長孫守唐上校升任。徐司令希望我去接任參謀長，並說已向羅主任（友倫上將）報告。他們兩位長官的旨意，我當然只有遵從，出國深造的夢，就這樣幻滅了。派職令九月一日生效，因此我又要拋下妻小，第四度前往越南了！

我上次離越返國是在一九六七（民國五十六）年六月，在這三年多的時間裡，越南政戰總局除了總局長由陳文忠中將接替了黃文高少將外，兩位副總局長及各處、各局的主官變動不大。在工作方面，亦大多已依各單位的職掌與作業規定在運作。團內同仁亦大都認識，所以很快即進入狀況。由於參謀長依例須兼任政戰總局的首席顧問，所以我上午到政戰總局上班，下午則在團部處理公事。宿舍則已由公理街二九二號遷到阮明照街二七一號，所有在西貢的同仁都住在這裡，距公理街一七五號團部，車程大約十分鐘，相當方便。

參謀長的工作，對內在策劃管理，對外在連繫支援。惟不論管理和連繫，最重要的是協調，唯有協調圓滿，才能解決問題，達成任務。我常以總統蔣公所倡導的「五守」自勉，並以勉勵同仁，要大家守分、守時、守法、守信、守密，好好作一個受人尊敬的顧問，更要時時刻刻注意自身的安全，不該去的地方不要去。外出時最好能結伴同行，必要時要將地點告知最親近的人，以防萬一發生狀況，可以迅速馳援。因為越共到處騷擾破壞，綁架暗殺，實在不能不特別小心。

司令徐汝楫中將，我以前並不熟悉。他御下甚嚴，有時甚至會當眾予人難堪。但他公平正直，以身作則，只要一切遵守規定，他絕不會吹毛求疵，找人麻煩。副司令孫守唐上校則相識已久，六年前顧問團成立，我們又一起赴越，一同參加聯合作業小組，一同到政戰總局辦公，他是首席，我是顧問，整天都在一起。他忠厚實在，謙和誠懇，學識淵博，文筆流暢，團內許多文件之撰擬，團長鄧定遠中將都交給他和我兩人負責。由於彼此相濡以沫，聲應氣求，所以相處極為愉快。

三個多月後，徐司令因肺部生一腫瘤，接受美軍勸告，前往美國治療，司令一職由孫副司令代理。直至次（一九七一）年六月，新任司令姜獻祥中將抵越，他才放下重擔。姜司令係空軍飛行軍官，原為總政戰部副主任，係我的老長官。他開闊大度，無私無我，光風霽月，恩禮有加，且能充分授權，讓各級軍官能夠發揮才能，圓滿達成任務。他與越方及自由世界各援越軍司令，相處亦極為密切融洽，贏得一致的尊敬。不久，孫副司令奉調回國，由周顯少將接任副司令。周副司令學驗豐富，才能卓越，大家都樂於接受他的指導。

隨著越戰情勢的發展，大韓民國、菲律賓、澳大利亞、紐西蘭、與泰國等均相繼派兵援越，人數眾多，聲勢浩大。越南政府為策定戰略、溝通連繫，特成立「自由世界軍援委員會」，由各國駐越軍援司令擔任委員。我國雖未派遣部隊參加作戰，但由於顧問團之工作，受到越、美雙方及各國駐越軍之高度肯定，亦被邀請參加。因此，我青天白日滿地紅的國旗，與各參戰國家的國旗，一起飄揚在軍援委員會的前面。

西元一九六六年十月二十一日，越南國防部與我國國防部簽訂「中越軍事協議書」，將「中華民國駐越軍事顧問團」（R.O.C. Military Advisory Group, Vietnam），改稱為「中華民國駐越軍援團」（R.O.C. Military Assistance Group, Vietnam），惟英文簡稱都是R.O.C.

MAGV。同時又奉國防部命令，將團長、副團長的職稱，改稱為司令、副司令。

越共於西元一九六八年發動空前猛烈的春節攻勢，結果遭受全軍覆沒的慘敗。這本是美軍贏取越戰的大好時機，因為美軍自參加越戰以來，一直捕捉不到北越和越共的主力部隊。現在他們送上門來，一舉將其全部殲滅，何等值得慶幸欣喜！可是正當越南共和國的軍民額手稱慶，歡欣鼓舞時，美國國內卻莫名其妙的掀起了空前激烈的反戰運動，強烈要求美軍撤出越南。因為他們認為美國出兵五十餘萬人，打了這麼久，現在越共一個春節攻勢，竟攻進了二十多個最主要的城市，太令人失望了。因此他們不再相信美國會贏得越戰，他們對越戰的信心已完全動搖了！尤其重要的是共和黨的總統候選人尼克森竟乘機造勢，提出所謂「越戰越南化」，聲言他當選總統後，即不再支持越戰。

西元一九七二年元月，尼克森就任美國總統後，即急速自越南撤軍，在短短一年多的時間，便撤走了五十萬大軍，只剩下三萬餘人。隨著美軍的撤退，泰國、菲律賓、澳大利亞、紐西蘭、大韓民國等國的部隊亦相繼撤離。因此越南的十一個步兵師，要立即填補五十餘萬擁有現代最精良武器的美軍與盟軍所遺留下來的作戰任務，其負擔的沈重自是可以想見。此時北越的共黨頭目看準了越軍的處境，乃把握機會，放棄其十餘年來所實行的游擊戰，運用俄、毛所供應的各種新式武器，直接揮軍南下，一舉攻佔最北邊的廣治省城。接著並在中部高原，以三個步兵師，突入越南的崑嵩、達多、百里居一帶，展開瘋狂的攻擊，幸為越南第二戰術區所遏制。而打得最慘烈的，則是靠近西貢的安祿之戰。經過六十二天的激烈廝殺，方得以轉危為安。廣治省城亦得於七月七日自越共手中奪回，獲得了一次輝煌的勝利。

安祿的確保和廣治的光復，撼動了越南人民的心弦，激起了全國民眾的敬軍熱潮。尤其青年學生和婦女團體，更是成群結隊，到處奔走呼號。各界人士亦熱烈響應，慷慨解囊，踴躍輸將。一批一批代表，搭機前往戰場，慰問勞苦功高的將士、和九死一生的居民。越南政府各部門亦舉辦慶祝勝利大會，大力表揚戰鬥英雄。阮文紹總統並在總統府內，設宴款待戰鬥英雄，向他們敬酒，為他們授勳，給他們頒獎。

越南政戰總局特請本團幫忙，安排戰鬥英雄前來我國參觀訪問，我國防部同意他們分兩批來臺。本團在他們啟程前特設宴款待，返越時亦熱烈歡迎。這些戰鬥英雄親眼看到臺灣的安定、繁榮、進步，特別是我國軍的堅強壯大，士氣高昂，更是信心大增，讚不絕口。認為能到臺灣來訪問，比任何勳章獎賞都更有意義和價值。

當時我國國防部，認為我國師長以上的指揮官，均已有實戰經驗；旅、營長級，則大多沒有。如果將旅、營長送到越南戰場去吸收實戰經驗，豈不是很好。因此便給我們軍援團一道命令，要我們和越方交涉，讓我國的旅、營長分批前往越南戰地，實地體驗戰鬥與生活，並瞭解越軍和越共軍的戰法。

本團接到命令後，真是十分為難。雖然和越南各單位的關係均非常良好，但要派這麼多軍官到人家戰場去和他們一起生活，確實會增加許多負擔和困難。就連身經百戰的我國駐越大使胡璉將軍，亦都認為這是給越方為難。當時筆者忝為參謀長兼駐越南政戰總局首席顧問，職責所在，乃先與總參謀部作戰與後勤部門進行研商，他們認為這是不可思議的。因為越共神出鬼沒，戰場上隨時都會有狀況發生，我國軍官萬一在戰場上被俘、受傷、或陣亡怎麼辦？而且兩軍對峙，接受觀摩訪問，極易影響指揮官的決心與行動，實難以接受。本團司令姜獻祥將軍，亦親自向越南總參謀長高文園上將、和參謀長阮文孟中將提出，請他們幫忙。他們亦均認為茲事體大，不敢貿然嘗試。所幸王昇將軍應高棉總統龍諾之邀請，前往金邊訪問。於西元一九七二年七月二日抵達西貢，我在簡報越南現況後，即將此一無法解決的難題向他報告。王將軍聽後，即指示安排去見越南總理陳善謙。陳立即答應與阮文紹總統商量，當天下午總理府即回話，謂阮文紹總統對我軍官前往觀摩表示歡迎。於是我國旅、營長終於得以分批前往越南戰場，而我們軍援團亦因此能有為這些旅、營長服務的機會。

越南政府軍雖曾一度獲得輝煌勝利，但在美軍與自由世界各國的軍隊急速撤出越南後，面對國際共黨強大的侵略，久經戰亂的越南，深感獨木難支大廈，在勢單力孤的情形下，急切希望我國軍援團能繼續留在越南給予援助。我國政府基於共同反共的立場與利害，同意給予精神與技術方面的援助。但礙於巴黎「停火協議」之規定，軍援團不得不於西元一九七三年三月底以前撤回。因此特指示本團提出可行方案，經與越方幾次協商，最後我政府核定，決定以「駐越建設團」的名義，繼續前往援助。而我因兩年任期早已屆滿，奉令自西元一九七三年元月一日調任陸軍第八軍政戰部主任。離越前，承蒙越南國防部政戰總局、軍訓總局、招撫部、民族部、及美軍援越司令部，分別頒贈勳章；各有關單位，亦以餐會歡送。元月十二日晚間，我搭乘美軍飛機離開西貢，經菲律賓克拉克美軍基地，返回臺北，結束了這一段顧問生涯。

第十章　陸軍第八軍

一、盡力為戰士們服務

也許因我從越南戰地回來，所以參謀總長彭孟緝上將、總政戰部主任羅友倫上將、以及各級長官都召見垂詢越戰的情形，直到二月十六日接到派職令，我即前往陸軍第八軍報到。軍長袁子璿中將忠厚熱誠，慷慨豪邁，他為我介紹軍中的現況，並說明他治軍的要求：「忠誠樸實、守法負責、貫徹訓練要求、達成作戰任務」。他嚴格要求各級幹部要「嚴守崗位、掌握狀況、迅速處理、迅速反映」。第二天早上八點，即為我舉行佈達，讓我和官兵們見面。

當時軍部有三位副軍長：杜文芳少將、馬延彰少將、與項世英少將，旋馬、項兩位將軍榮調，由涂少章少將與王旭震少將接任。參謀長為趙濟世少將，幕僚單位有第一、二、三、四處，由韋穎若、馬雲昇、劉能寬、鍾炳榆等四位上校擔任處長，分別主管人事、情報、作戰、與後勤。另有預財組主管財務，組長為胡慰金上校。還有一個營務組，由第一處派員兼任組長，負責軍部的事務工作，均受參謀長指揮與督導。政戰部設有四個科，負責組織、政治教育、監察、與保防等工作。

陸軍第八軍是一個極具光輝歷史的部隊，當時軍部駐在臺北縣中和鄉的天山營區，對外稱為臺北軍或天山部隊，負責臺灣北部地區，包括臺北市、縣，及桃園、宜蘭等縣的防衛作戰任務。軍直屬部隊為軍部連、憲兵營、通信營、砲兵指揮部及工兵指揮群等，均部署於境內各要地。軍下轄三個戰力堅強的重裝師、兩個裝甲兵旅、及宜蘭指揮部。

臺北師駐臺北大直，與憲兵、警察共同負責衛戍中央政府。起先是三十三師，師長為李君志將軍，政戰部主任為曹鍾信上校；其後由三十四師接防，師長為柏隆鑣將軍，政戰部主任為蔡志讓上校；後來又由五十八師接替，師長為范世基將軍，政戰部主任為冉廣聚上校。

關渡師駐在關渡，原為八十四師，師長為王旭震將軍，政戰部主任為謝增琪上校；其後由六十九師接防，師長為甯鴻賓將軍，政戰部主任為趙傳芳上校。

林口師為國家總預備隊，駐在林口臺地，師長原為廖望琪將軍，後為孟憲庭將軍，政戰部主任則為王恕民上校，其後由曾瓊生上校繼任。

袁軍長在我報到後一個多月，即奉調第一軍團副司令（其後歷任軍團司令與警備副總司令等要職），其職務由許歷農少將接任。許將軍陸軍官校十六期，陸參大正一期及三軍大學正十二期畢業，學養深厚，才能卓越。他於四月二日蒞任後，即要我和他一起，不停的看部隊、看防務，所有各部隊、營區、各沿海港口、各山區要地，都親自視察，深入了解，並到鶯子嶺與觀音山等山頂，實地偵察地形地貌。鶯子嶺緊扼北宜公路咽喉，我們站在鶯子嶺上，可以俯瞰宜蘭平原、以及浩瀚的太平洋，形勢極為險要。觀音山則與七星山隔河相望，是臺北平原的兩隻堅強的臂膀。四月二十六日，我們由張贊宗上尉陪同，從淩雲禪寺旁邊上山，一直爬上山頂，整個臺北市及其周邊地區，盡收眼底。而關渡、淡水、八里、五股、蘆州等地，則全伏在腳下，顯得十分突出。

由於我的工作對象是官兵，所以當我對軍的兵力部署與防務態勢有了全盤了解後，即向軍長報告，請讓我能單獨隨時前往部隊，深入了解官兵的內心世界與真正需要。

部隊政戰工作的中心是思想、組織、安全、服務。而其最基本的任務，則在培養官兵的五大信念，即主義、領袖、國家、責任、榮譽。唯有人人具有堅強的信念，才能樂觀奮鬥，勇往直前，克服一切困難，達成戰鬥任務。

我很慶幸有兩位資深優秀的副主任王偉民上校與余景業上校，同時四位科長李安仁、劉葆忠、謝勵成、盧松庭(王相松)等上校,亦均幹練有為,認真負責。特別是李安仁與劉葆忠二兄,為了工作,常不眠不休,其工作熱忱,令人感動。在他們與全體政戰同仁的大力協助下,一切工作均能順利開展,獲致美滿的成果。其間並有政戰學校第十九期與二十期畢業的同學、以及預官第二十二期與二十三期的同學們,先後分發來部。他們年輕有為,活力充沛,對部隊政戰工作的推行,亦貢獻了許多力量。

為了與官兵打成一片,在積極處理日常工作之餘,我很認真的實施「駐點」,選擇適當的時間,帶著寢具,買些花生、糖果、香煙、水果等,前往高山、海濱、及各偏遠地區如下福、八里、大片頭、三芝、富貴角、金山、貢寮、三貂嶺、頭城、北方澳、南方澳、五城、擎天崗、與鶯子嶺等地,依路程遠近算好時間,趕到部隊和官兵一起吃晚飯,了解他們的伙食情形。七點開始座談,一小時後舉行同樂會,大家一起唱歌、講笑話、玩遊戲,都顯得十分開心,而最令我印象深刻的是鶯子嶺與擎天崗。

鶯子嶺前為美軍飛彈基地,我們有步兵和通信兵駐守。那天晚上我將他們集合在一起座談及同樂,然後在濃霧中到軍直屬部隊的通信臺住宿。第二天早晨,當我要離開時,發現車上有兩盆蘭花,我問是誰的?劉士官長說:

「我們這裡從來沒有將軍來和我們一同住宿,這是我從山上採來培養的,特別送給主任作紀念。」

我堅持不要，劉士官長顯得十分難過的樣子，我只好勉強接受。抹抹身上，實在沒有什麼東西，只有將鋼筆送給他作紀念。

擎天崗位於七星山頂，從陽明山仰德大道直上，到達山仔后附近向右轉，再循菁山路繼續上行，數分鐘即可到達。那天晚上和全連官兵舉行座談與同樂會後，臨就寢時，連長對我說：

「報告主任，昨夜我們這裡鬧鬼！」

我問他是怎麼回事，他說：

「站前山兩點到四點的衛兵，突然大喊大叫，抱著槍從山坡上滾下來。連部門口的衛兵叫醒值日官，派人將他扶回來，他說有鬼打他！」

我問連長：「人呢？」

連長說：「天亮後，已將他送到營部去了！」

當夜濃霧滿天，一片迷濛，半夜我起來小解，先和門口的衛兵談話，再以手電筒照射。由於廁所在後面的山頭上，約有五十多公尺。一條小徑，在濃霧中很不清楚。我特別咳嗽幾聲，希望對面的衛兵不要把我也當成了鬼。第二天早晨到營部，才知那個士兵在入伍前曾犯過刑案，心裡很不正常。加之荒山深夜，濃霧瀰漫，因之疑神疑鬼，正由營輔導長在為其作心理輔導。

為民服務亦是一項重要工作，如助民割稻、颱風與意外災害的搶救，無不即時派出兵力，儘快為民眾解除困難和痛苦，以增進軍民情感。每年暑期並在林口辦理「光華戰鬥營」，讓青年同學們能體驗戰鬥生活，培養愛國情懷，對於他們的生活與安全，更是全心全力，一再研討，力求完美無缺，深怕有任何影響安全的情事發生。因為每一個青年學生，都是他們父母的心肝寶貝，亦是國家未來的希望。

由於部隊長和各級主管都有任期制度，趙參謀長濟世兄在我到職三個多月後，即奉令榮調離開軍部。實在說，我和他真是一見如故。猶記在我報到的那天晚上，他到辦公室來看我，指著桌上那塊碎玻璃磚對我說：

「主任，很對不起，你桌上這塊碎玻璃，本來早就要換掉的，我特別要他們留下來給你看看！」

他說完，即由營務組長帶人進來換掉了。由那一塊玻璃磚，使我了解了許多事！

六月四日，羅本立上校來接參謀長。他一接任，即展現其管理長才，使整個營區煥然一新。對長官指示或計劃作為，亦均能深思熟慮，貫徹執行。歷經華興、天平、泰嶽等演習，他都運籌帷幄，調度適宜。且為人豪爽，頗有酒量，我因不會喝酒，每遇官兵或友人敬酒，只要他在場，一定會為我解圍，並說：

「凡是敬主任的酒，是巴拉松，我也乾掉！」

他那豪邁的氣概，立即解除了我的窘態，真是滿心感激。六十三年元旦，軍長許歷農晉升中將，本立兄和我晉升少將，大家都很高興。是年六月，陸軍總部舉行年終部隊擴大檢討會，結束時，主辦單位送來一張紙條，謂奉總司令指示，看誰可以立即調任師長，請寫上姓名，我即填寫本立兄。後來軍長許歷農中將告訴我，他亦是寫的本立兄。大概兩個月後，本立兄即奉調第九師師長，從此一帆風順，步步高升，歷任軍長、軍團司令、三軍大學校長、聯勤總司令，並榮任參謀總長官拜四星上將，真為他高興。當然他的成功，完全是由於他自身的特質才能，與長官的賞識器重，我們所填資料，只不過是一點點佐證而已。本立兄榮調後，參謀長一職，由石振球上校接任。石參謀長亦精明幹練，次年元月即晉升少將。

當時的幾位師長、副師長、參謀長、以及旅長等，都是一時之選，許多營長、連長亦都極為優秀。由於他們強烈的愛國熱誠，卓越的領導才能，使所有官兵都能團結一心，奮發有為，對國家前途都充滿信心和希望。師長柏隆鑣少將，不久即晉升中將，歷任軍長、軍團司令、憲兵司令、與陸軍副總司令。以他的學識才能，很多人都以為會更上層樓，孰知結果卻未能成為事實，殊令人遺憾。師長孟憲庭少將，亦是很快即晉升中將，歷任中正預校校長、軍長、政治作戰學校校長、與總統府第二局局長。師長李君志少將、甯鴻賓少將、范士基少將等均晉升中將，歷任軍長及各項重要職務。師參謀長陳廷寵上校，歷任少將師長、中將軍長、軍團司令，且晉升上將，榮任陸軍總司令，與總統府參軍長。師參謀長陶光遠上校，係三軍大學戰爭學院第一名畢業的高材生，歷任少將師長、中將軍長、澎防部司令官、軍團副司令、陸軍後勤司令、及聯勤副總司令。師主任王恕民上校，後來晉升少將，歷任軍主任、政治作戰學校副校長、及福建省政府祕書長。旅長丁之發上校，歷任少將師長、中將軍長、軍團司令、並晉升上將，榮膺聯勤總司令。旅長李楨林上校，亦是歷任少將師長、中將軍長、軍團司令、並晉升上將，榮任陸軍總司令、三軍大學校長、及行政院退除役官兵輔導委員會主任委員。旅長殷宗文上校，其後晉升少將師長、中將軍長、軍團司令、國家安全局上將局長、及總統府國家安全會議祕書長等要職。副軍長杜文芳將軍、涂少章將軍、王旭震將軍、軍部的處長馬雲昇上校、劉能寬上校、副師長林壽國將軍、張逸傑將軍、旅長常毓琦上校、謝元熙上校、相璧城上校、火焱上校、聶發鼎上校、指揮官趙域上校、歐陽彪上校、崔德望上校等，其後均晉升少、中將，歷任重要職務，我真為這些老朋友高興，也為我們國家擁有這些優秀的將領而慶幸。

二、于豪章總司令遭遇空難

部隊擁有大量的武器彈藥，而且人數眾多，又都是血氣方剛的青壯年。所以除了加強教育訓練外，最重要的是要注意安全。當時部隊厲行「三查」：「查官兵動態、查安全措施、查戰備狀況」。為了嚴整軍紀，禁止官兵涉足一些不正當場所，如酒吧、酒家、歌廳、舞廳、茶室、夜總會等，（那時尚沒有Karaoke）以免滋生事端。

我在第八軍兩年多的時間，由於官兵都能自重自愛，奮發有為，倒沒有發生什麼「重大案件」如「暴行脅迫、殺人、搶劫、強姦、抗命、自裁、貪污、盜賣軍械」等。在我的記憶中，只有關渡師駐蘇澳的一名下士攜械逃亡，不過第三天即被尋回，送交軍法審理。另外就是駐南昌營區的工兵群，發生了兩件意外事件：

一是民國六十二年七月二十一日，工兵五〇四營在營區附近燃燒逾時作廢的炸藥。由於堆的太密集，爆炸力太強，結果炸壞了附近育幼院和民宅的門窗。由於育幼院係臺灣省政府社會處為輔導問題青少年而設，門窗洞開，在管理上頓時發生問題。因此次日天未亮，我即前往南投中興新村向社會處主管官員表示歉意，並請省府出錢，我們部隊出力，儘快將所有門窗修復。至於民間所損壞的，則完全由我們工兵部隊迅速負責修復，並向他們道歉。

另一是工兵五二八營奉命修築臺北縣安坑至橫溪的戰道。民國六十三年八月二十七日因炸山石，一名戰士不幸被飛起的石塊擊中而殉職，另有兩名戰士受傷，傷者經送三軍總醫院治療後已完全康復。那位殉難的戰士，雖為他在出事的地點建立一座紀念碑，但卻永遠喚不回他年輕的生命，殊令人痛惜。

最令人震撼傷痛的，是同（民國六十三）年十二月所發生的那次空前的大空難。

十二月下旬，本軍的十七師與第十軍的六十八師，舉行師指揮所對抗演習，由第十軍負責統裁，二十七日演習進入高潮。一向重視部隊訓練的總司令于豪章上將、率同總部政戰部主任張雯澤中將及各相關署長，在第一軍團司令苟雲森中將的陪同下前往視導。在第十軍軍部午餐後，決定繼續前往師指揮所。為了節省車行時程，統裁部臨時調來兩架直昇機。孰知起飛不久，天候突變，狂風大作，兩架直昇機竟被強風捲起，相繼摔落地面。其中一架且在地面翻了兩次跟斗，機身全毀。機上乘員張雯澤中將、苟雲森中將、第十軍軍長馮應本少將（晉升中將命令已發佈，即將授階）、陸總情報署長、後勤署長、通信署副署長、總司令參謀主任、以及隨行的參謀與機員合計十三人，當場罹難。

總司令于豪章上將當時亦被摔得昏迷不省人事，所幸他的侍從參謀高華柱少校，雖身負重傷，仍強忍劇痛，拼命爬到路邊，攔了一輛計程車將于總司令送到中壢新國民醫院急救。行政院長蔣經國先生接獲報告後，立即趕到醫院探視。因鑒該醫院設備太簡陋，乃指示以最快速度，送到臺北三軍總醫院。經急救後逐漸甦醒，但三軍總醫院亦無法進一步為其施行手術。蔣院長又指示儘速搭乘美軍後送專機，由于夫人高瑜女士、情報署副署長林克承上校（其後晉升中將，歷任史政編譯局長、後勤參謀次長、駐美國防採購勤務團長等要職，忠勤幹練，有情有義，對國軍貢獻卓著）、三軍總醫院神經外科主任施純仁（以後曾任行政院衛生署長）、胸腔外科主任姜席錚及兩位護士，組成隨護醫療小組，前往美國華盛頓華特瑞陸軍總醫院（Water Reed Army Medical Center）治療，醫療小組抵美後不久即回國。由於總司令的每根肋骨都已斷成兩三節，尤其背脊骨在墜機瞬間衝力過劇，亦被壓扁，使得大腦的指令無法傳達，腹部以下所有的神經都已失去功能，致使下半身完全失去知覺。因此又轉入紐約的魯斯克復建中心（Rusk Rehabilitation Institute）進行復建，「雙腿套上銅架，扶著鐵槓，靠著兩臂的支持力，一寸一寸的練習走路。

但他仍咬緊牙關，全力以赴」（註）。經過將近一年的治療，始終無法站立起來，于總司令自忖繼續留在美國，恐亦不會有更好的治療。乃於六十五年元月九日離美回國，仍到三軍總醫院鍥而不捨的繼續接受復建治療。每週五天，每天兩小時，他都風雨無阻，做完醫生所指定的復建項目。正由於他這種堅強的毅力，使他雖然半身不遂，但仍能保持相當不錯的體能，同時也贏得醫護人員一致的敬佩。

猶記民國六十三年四月十二日上午，我到八煙去看部隊，正好遇見于總司令也在那兒巡視。我向他敬禮，他和我握手，一如往日一樣的親切自然。因為我先去中湖，所以到的較晚，沒有多久，他即要離開，我又隨他前往基隆的光復營區。他在巡視和離開時，神情一直十分愉快，我回到軍部即向軍長許歷農中將報告：「總司令今天看部隊，狀甚愉快」。孰知第二天卻接到總部的人事命令，謂六十九師某營某連未按課表操作，師長甯鴻賓少將著記過一次。當時使我真感到很不好意思。

于豪章總司令就是這樣一位雍雍大度，風度翩翩，望之儼然，即之也溫的長者。他一直非常注重訓練，一再要求各級部隊長要建立「軍隊本務除了作戰，就是訓練」的觀念。為求達到部隊訓練精實，他規定要「全員訓練、正常訓練、有效訓練」，而其最基本的要求，則是要照「訓練週課表」實施，非經權責單位核准，不得變更。不料那天他到八煙巡察時，竟發現該部隊犯了大忌，未按照課表操課。但他並不像其他的高官，當場即橫眉豎目，大發雷霆，以顯示其威風。他只是對事不對人，為了貫徹命令，落實訓練，不得不給予適當的處分，並通告全軍，警告各級部隊，務必要照著課表操作，否則亦將受到處分。這可以說是他做事認真，講求實效，不得不採取的一種方法。

于總司令墜機時，年方五十六歲，正是春秋鼎盛，聲譽正隆，功勳顯赫，如日中天之際。當時軍中內外，大家都認為他是接任參謀總長最理想的人選，如無此一不幸事故發生，我們的國軍，我們的國家，必定會另有一番氣象。然而結果卻讓他在輪椅上渡過二十餘年的痛苦歲月，並於八十八年四月十九日與世長辭。這實在是我們國軍和國家不可彌補的重大損失，亦是他和其家人最大的不幸。

註：林克承著：《陪侍于豪章將軍赴美就醫紀要》　傳記文學　八十八年七月號

第十一章　又回復興崗

一、追悼會後為我舉行佈達

民國六十四年四月二日接到命令，調回政治作戰學校擔任教育長。當我正向各級部隊辭行時，驚悉全民敬愛的總統蔣中正先生因心臟病突發，經治療罔效，於四月五日深夜十一時五十分崩殂。是時狂風暴雨交加，閃電巨雷大作，整個的天地似乎都在悲號。

噩耗一經發佈，成千上萬的人群懷著極為悲痛的心情，冒著陣陣風雨，踴向士林官邸，向總統蔣公遺像行禮致哀。有的泣不成聲，有的跪地痛哭，大家都為這位世界偉人民族救星的逝世而哀痛逾恆。而我就在這種極為哀痛的氣氛中，前往復興崗報到。校長陳守山中將忍著悲傷，親切接待，彼此心裡都感到十分悲痛。陳校長臺北市人，因愛國情殷，對日抗戰期間即潛往大陸，投考中央軍官學校第十六期，畢業後歷任排、連、營、團、師長、師管區司令、軍長等職，忠黨愛國，精明幹練，表現極為優異，深獲層峰的賞識與器重。其後曾任軍團司令，並晉升上將，榮任警備總司令，及國防部副部長，對國軍和國家具有卓越的貢獻。

七日清晨，全校師生肅立司令臺前，為總統蔣公舉行隆重的追悼大會。大家都以極為哀痛的心情，對偉大的國民革命軍之父，表達內心崇高的敬意與哀思。儀式完成後，陳校長即為我舉行佈達式，介紹我與全校師生見面。此情此景，使我永難忘懷。

總統蔣公的靈櫬於四月九日中午，自榮民總醫院奉移到臺北市國父紀念館。次日起開放五天，供民眾瞻仰遺容。我們全校師生分兩個梯次前往，第一梯次為學生部，由校長陳守山中將親自率領，凌晨三時即開始徒步行軍。當我們到達國父紀念館外時，早已排成兩條人龍。我們隨著人群繞過幾條街道，才默然有序的進入靈堂。眼看他老人家正安祥的躺在銅棺內，內心真有說不出的悲痛。所有進入靈堂的人群，淚水都不禁奪眶而出，並有人叩頭膜拜，哀淒的哭聲，彌漫著整個靈堂。

瞻仰遺容的時間，本來規定為上午七點到晚間九點，但由於排隊的民眾實在太多，不得不全天二十四小時開放。但國父紀念館外的人牆，一層又一層，許多中外人士排了許久，才知排錯了，整個臺北市已完全浸潤在淚水中。

四月十六日上午八時八分，總統蔣公靈櫬的棺蓋徐徐的放了下來，他老人家與他的家人以及千千萬萬敬愛他的同志同胞永別了。在總統嚴家淦先生及治喪大員以及兩百多位各國特使團的特使、外賓、與友人的護送下，靈櫬於上午九時三十分，由國父紀念館啟靈，緩緩駛往大溪的慈湖行館。靈車所經之處，數百萬民眾夾道跪地，哀泣痛哭，這是海內外的中華兒女最傷痛最難忘的時刻。

蔣公畢生志業，都在救國救民。他冒險犯難，不顧生死，追隨國父革命，推翻滿清，建立民國；其後由黃埔建軍而底定廣東，由領導北伐而統一中國，由領導抗戰而贏得勝利，使中華民國成為世界四強（中、美、英、蘇）之一。由建設復興基地而創造臺灣經濟奇蹟，由實施選舉而使中華民國成為自由民主的燈塔。他的每一勳績德業，都是為了國家為了人民。因此，人們常常感嘆婉惜，如果在抗戰勝利後，沒有可怕的戰亂，經過五十多年的和平建設，我們的國家實早已是世界上第一等的強國，我們的人民亦早已是世界上最受尊敬的人民了！

猶記抗戰勝利後，我在宜昌讀高中，那時政府正積極籌建長江三峽水壩，聘請美國的高壩專家薩凡奇博士住在宜昌，有一家照相館的門前，豎立著薩氏一張比人還高的肖像。葛洲壩上一大片一大片的員工宿舍，已建築得整整齊齊。計劃中的大壩，分兩期十年完成，東到上海，西達蘭州，北至大同，南迄南寧，都在它的供電範圍之內，而且預定西元一九五六年即可完成，試想我們的國家不知已進步到何種境地。然而隨著戰火的蔓延摧殘，一切都化為烏有，而且千千萬萬的善良同胞不是死於戰火，即是死於比戰火更殘酷的清算、鬥爭和鎮壓，真是鬼哭神號，骨嶽血淵。直到西元一九八七年中共實施「改革開放」以後，人心才漸趨穩定，經濟才漸有起色，但已足足遲了四十多年，撫昔追今，何等令人婉惜！

上海作家協會專業作家葉永烈先生，在其所著的《毛蔣爭霸錄》一書中（西元一九九三年十月出版），以四十多萬言，描述蔣公與毛澤東從第一次在廣州見面開始，一直寫到蔣公退守臺灣的種種風雲變化。葉氏在書中說：

「蔣介石一生，雖始終反共，但也做過三件好事，一是領導北伐，二是領導抗戰，三是退往臺灣之後，堅持「一個中國」，並著力於發展臺灣經濟。」（註一）

至於毛澤東，葉永烈寫道：

「毛澤東曾說，他的一生祇做過兩件大事，一是打敗了蔣介石，二是發動了『文化大革命』。」（註二）

毛澤東所自詡的這「兩件大事」，給我們國家和人民帶來多大的災難。葉永烈沒有解說，因為大家都曾親歷其境身受其害，已了解的太清楚了。

人心不死，歷史自有公論，總統蔣公的德業功勳是永垂不朽的。

二、學生第一 教師為先

調回學校服務，是一份榮譽，更是一份責任，我一直認為教育是一種神聖的工作。我們的國軍能不能堅強，國家能不能進步，民族能不能復興，就看我們的教育能不能教育出一批批的人材。光武所以能中興，因有馬援、馮異等名將之大力輔弼。千古以來受人謳歌的貞觀之治，亦因有王通所教育的一批優秀人材。國父領導國民革命，因人材濟濟，得以推翻滿清，建立民國。但因「只有革命黨的奮鬥，沒有革命軍的奮鬥」，以致遭遇陳炯明的叛變與軍閥割據。因此乃創立黃埔軍官學校，建立一支堅強的革命軍，方得以完成北伐，統一中國，浴血抗戰，獲致對日抗戰的最後勝利，這些都說明教育是一切的基礎。

為了解其他學校的教育實況，擷取其優點與長處，我回校之初，即率同有關人員前往國立臺灣大學、政治大學、師範大學、以及南部的陸軍官校、海軍官校、空軍官校、步兵學校、與海軍陸戰隊學校觀摩訪問。我深切的體認到要教育成功，最好先要有優秀的學生。國防部雖然每年為各基礎學校招生而辦理招生宣傳，但要吸收更多優秀青年進入政治作戰學校，最好能讓他們對復興崗的教育有深入的了解。因此我曾向校長陳守山將軍建議，舉辦「復興崗藝展」，立即獲得他的同意，但沒有多久，他即奉調國防部總政戰部執行官，新任校長為許歷農中將。許將軍是我的老長官，兩個月前，我還在他的麾下工作。他不僅對戰略戰術有極深的研究，對哲學文學方面的書籍亦涉獵甚廣；為人正直無私，廉潔自持，處事更是公正廉明，有守有為。他最常說的一句話是「該怎麼辦，就怎麼辦！」即對任何一件事，只要合乎法令規章，合乎事理人情，都可以放手去做。因此，我向他建議辦理「復興崗藝展」，將本校教育的部分成果，以詩歌、圖片、電影放映、美術、話劇、籃球比賽等方式，到全省各地巡迴展出，以供高中高職的同學們參觀，讓他們親眼看到復興崗教育的成果。同時舉辦座談會，請各校校長帶領學生代表前來參加，與本校各系學生代表一起座談，並歡迎他們到復興崗來參觀。許校長對我的意見完全同意，經過詳細規劃，精心準備，六十五年三月八日起在臺北市國軍文藝活動中心展出三天，獲得極為良好的迴響，總政戰部主任王昇將軍親臨觀賞後亦甚為滿意。

這次的展出，給予我們極大的信心與鼓勵。次年三月四日由我率領復興崗藝展工作團前往宜蘭、臺中、嘉義、臺南、高雄等縣市，共展出二十一天。由於各地青年救國團的大力協助，各校前來參觀的老師和同學絡繹不絕，當地的政府首長和各界民眾前來參觀的亦甚多。在座談會中，學生們提出許多問題，都先由本校各系學生代表回答，最後我作補充說明。每一地區雖只展出兩天，但展出前的準備與善後工作，卻是十分繁雜。惟因獲得觀眾的熱烈回應，負責展出的師生們亦很高興。那時政府正實施十大建設，我利用時間，與負責展出的師生們前往參觀，藉以增加他們對國家前途的信心。

民國六十七年第三屆復興崗藝展亦於三月初出發，仍由我領隊，前往屏東、高雄、雲林、南投、苗栗、新竹、桃園等縣市展出，回來後又到臺北縣和臺北市各展出三天。第四屆藝展則由政治學系主任張佐華教授率領，前往南部七縣市展出一個月。由於每次展出，都深得青年學生的喜愛，因此每年報考本校的人數大為增加，我們就可擇優錄取，「得英才而教之」了。

有了優秀的學生，更要有優良的教師。因此首先即著手恢復總教官室的功能。學校自成立伊始，即有總教官室的設置，但不知何故，當我回校時，總教官室卻被變成一個教官組，配屬在教育處。當時學校已有十三個學系（預定再增設五個學系），教官教授數百人，教育處長本身的工作已經十分忙碌，對教官教授的協調連繫服務照顧，當然是不可能周到。同時有關督導考核升遷調補，亦不可能周全。因此在獲得校長許將軍的同意後，即由政治學系的主任李澧教授升任總教官，將教官組恢復為總教官室，使其發揮應有的功能。李教授是國立政治大學法政系及本校研究班第一期畢業，學驗豐富，雍雍大度。他履任以後，即簽准設立教師服務中心，盡力為教師提供各種服務，禮聘望重士林的學者前來本校任教，並策訂師資培養計劃，對現任教師，每年利用適當時機，由學校安排，並提供旅費，前往各友邦訪問考察，以吸收新的知識與觀念。而對教師教學績效之督導與考核，亦釐訂作業程序，認真執行，同時對各系之建議事項，尤能把握時效，協調解決，甚獲好評。

第八屆全國大專院校運動會，預定六十六年五月十七日在復興崗舉行，有關場地的規劃整建、人員編組、裁判邀請、賽程排定等各項準備工作，早就希望體育系提出完整方案。可是一直到六十五年底，仍然沒有動靜。那位系主任可能因為貪杯，時常帶有醉意，看看時間已經十分緊迫，再不動手已經來不及了。校長許將軍和我商量，儘速找一位活力充沛有經驗有創意的系主任來負責規劃，可是找來找去，最後才找到空軍官校教育處體育組的組長趙喚民中校，乃將系主任報請國防部由教授改為上校編階，由趙中校代理，這才解決了問題。趙主任於六十六年元月初到任，即積極展開工作，使大專院校運動會得以順利進行。那次參加運動會的學校有一一四所，運動員二千四百餘人，雖然天候不佳，但仍有許多項目刷新了大會記錄。

加強電視教學，亦為當時一項重大工作。為了貫徹國防部的命令，同時為了節省經費，乃將影劇館改建為電視製作中心，下設節目、製作、總務三組，除配給新聞、影劇等學系之教學外，並負責製作校內外電視教學影帶。每週排定時間，由校長和我及有關系主任審看已錄製完成之電視教學錄影帶。而在此時，影劇系主任兼電視製作中心主任王慰誠教授，卻因操勞過度，哮喘病復發，住進榮民總醫院，而且病情十分沈重，呼吸都要靠機器幫助，甚至有幾天陷入昏迷狀態。我每天晚上都到榮總去看他，見他那樣痛苦，真不知如何是好。所幸吉人天相，他竟奇蹟似的活過來了，而且一天天康復的很快。後來他對我說，他已死過三天，活過來時，見我站在面前，還以為是在作夢，由於我握他的手，摸他的頭，他才感覺自己還真是仍然活在這個人間。

經過這次病後，他的身體更弱了，本應好好休養，但他仍十分關心工作。他曾一再表示要辭職，校長許歷農將軍和我也真希望能幫他解除行政職務，讓他安心休養，孰知不久他又住院了，而這一次病的更嚴重，不論醫生怎樣救治，都無法挽救他的生命，六十六年六月二十八日淩晨，他與世長辭了，實令人無限悲痛。

王慰誠主任逝世後，繼任人選十分重要，經與校長許將軍研究，決定請名劇作家張永祥學長回來主持，誰知我兩次當面邀請，他都毫無意願。後來我和內人到張府去找張大嫂任芝蘭女士幫忙，才獲得他的首肯。由此也證明了一個傳聞：「永祥是一位十分聽話的老公！」

學校由於班隊多，任務重，上級又經常交付一些臨時性的重大工作，如在學校舉行軍事會議、政戰會議及其他重要活動，大家都負擔甚重。所幸有一批極為優秀的領導幹部，如校本部行政處的處長朱壽鴻上校（郭人傑上校），教育處處長李文成上校（陳宗堯上校），訓導處處長王子翰上校（榮暄北上校、李建生上校），總教官李澧教授，主計室主任羅文新上校（李中平上校），以及學生指揮部指揮官陳浩聲上校（馬家珍上校、歐陽榮上校），學員指揮部指揮官黃載興上校，政治作戰研究班主任王德鈞少將（趙中和少將、魯瑞麟少將、徐夢熊上校），國防語文訓練中心主任陳鴻寶少將（高海翔少將、陳侃偉上校），政治研究所主任謝延庚博士（陳澤普博士、段家鋒碩士）等，均忠誠篤實，熱忱負責，實為一時之選。其中陳宗堯、王子翰、榮暄北、陳浩聲、黃載興、陳侃偉等上校，後來均晉升少將，榮任許多重要軍職；馬家珍和李建生更榮晉中將。馬中將曾任陸軍總部政戰部主任與總政戰部副主任；李中將則曾任警備總部政戰部主任與臺灣省幹部訓練團的教育長，對國軍和國家均有重大貢獻。

至於各學系主任如革命理論系主任趙際良上校（梁兆康教授），政治作戰學系主任蕭炳文上校（李建生上校、張志朝上校），軍事學系主任王嘉賓上校（王本中上校、劉士濂上校），敵情研究系主任金達凱教授（王宗漢教授），社會科學系主任曹伯恆教授（張卜麻教授），政治學系主任李澧教授（張佐華教授），新聞學系主任祝振華教授（戴華山教授），影劇學系主任王慰誠教授（張永祥上校），藝術學系主任梁又銘教授（陳慶熇上校、鄧雪峰教授），外文學系主任邢光祖教授（張振玉教授、潘兆根教授），法律學系主任城仲模教授（陳臬教授），體育學系主任趙喚民中校等，均學有專精，著作豐碩，多為著名的專家學者。其中城仲模博士後來曾任大法官、法務部長，現為司法院副院長，地位相當崇隆。

三、致力教育革新

時代在變，潮流在變，敵情亦在變。我們的教育除了使命和方針必須堅持外，在教育重點、方法、與設施等各方面，都必須針對實際狀況與需要，力求創新進步，趕上時代與潮流。

因此，在民國六十五年四月即成立教育革新研究小組，邀請有關人員，從基礎教育的大學部，進修教育的初級班、高級班，深造教育的研究班、研究所，以及特殊教育的遠朋研究班等，都分別進行研究。經過多次分組討論，再集中研究，最後獲得共識與結論，並向總政戰部主任王昇上將提出簡報，再依據王上將的指示，作成完整的教育方案，釐訂具體的教育計劃，予以貫徹實施。這裡僅就大學部學生班革新後的教育計劃，擇要加以說明：

在教育原則方面：要實施哲學教育，建立中心信仰，陶冶高尚品德；實施兵學教育，充實軍事素養，磨練戰鬥技能；實施科學教育，提高知識水準，奠定學術基礎；實施專業教育，加強技能研究，增進工作方法。

在教育目標方面：要使學生有擔當、有抱負、有遠見、有理想；肯吃苦、肯冒險、肯忍氣、肯負責；能想、能講、能寫、能查；並要會組織、會管理、會領導、會戰鬥，使其一切均能本諸內心的使命感與責任心，終生為國軍為國家而「獻身與領導」。

在教學編組方面：決實施小教授班制，一個教授班以二十五人為原則。至於教學方法，理論性的課程，以講解、問答、討論等教學法為主；技術性的課程，以講解、示範、實習、和事實教學法為主，以參觀、欣賞教學法為輔；專業性的課程，以想定、講解、討論、作業等教學法為主；語文課程以閱讀、講解、背誦、練習、作業、測驗等教學法為主。所有各類課程，都要儘量運用電視教學，配合課目講授，以提高教學效果。

學生部全期教學定為四年三個月，分四個階段。入伍教育十一週，男生送陸軍官校實施，女生由本校自辦。分系教育四個學年，八個學期，每學期十八週，每週授課三十九小時。暑期教育於每學年分系教育開始前，各實施十一至十二週的伍、班、排、連教練，最後一個學期結束後，在本校實施十二週的營教練。惟為減輕學生負擔，分系教育的總學分，不得超過一三六個學分。

同時成立輔導中心，建立輔導老師制度，對學生的性向、品德、智能與生活，積極加以輔導，對學業成績較差的學生，可運用早、晚自習時間，細心予以輔導，以增進教育效果。至於在生活管理方面，則由學生實施自治制度，各班期學生均混合編隊，以高年班輔導低年班，即由四年級輔導三年級，三年級輔導二年級，二年級輔導一年級，並以個別輔導為主，不得集體輔導。各級隊職幹部尤應切實監督管教，不得有任何不正當的情事發生。

前面提到《獻身與領導》，乃是英國工人日報的編輯海德（Douglas Hyde）所著的一本膾炙人口的Dedication and Leadership 的譯名。海德十八歲時加入英國共產黨，接受共產黨二十多年的訓練。他於西元一九四八年宣佈脫離共產黨，並將他在共產黨內所親歷的事實與經過，寫了幾本著作，在《獻身與領導》一書中，他寫道：

「在普世的共產主義陣營中，有各種不同種族的人，和他們談論他們個人的入黨背景時，可以發現共產主義對他們大多數人所有的吸引力，並非首先來自共產主義的學說、政策、或活動。……其決定性的影響，乃是來自那些充滿熱忱而獻身於共產主義的黨員們的榜樣。這種『熱忱獻身』的榜樣，安定了他們的信念，準備了他們的心靈，使他們決意要參加共產運動，接受它的學說。」（註二）

總政戰部主任王昇上將看過海德的這本書以後，認為共產主義本是一種不可能實現的「烏托邦」，但正如海德所作的見証，由於共產黨員們的熱心鼓吹，把它說得天花亂墜，使得千千萬萬的青年盲目的加入，結果使其個人和國家都遭受到極大的災禍。三民主義乃是世界上最完美的主義，不但有崇高的理想，而且有具體可行的步驟與方法。但過去在大陸竟然未能貫徹實行，追根究底，乃是由於各級領導幹部缺乏「熱忱獻身」與英勇「領導」。因此，他要我們學校成立專案研究。學校奉命後，即邀請各有關人員與專家學者，經過一段時期的認真研討，提出具體可行的辦法。經向王主任簡報後，納入教學課目實施。

在訓導方面，亦有許多革新與加強，特別是對於「誠實校風」之實施，決定先從幹部做起。因為「幹部決定一切」，唯有幹部人人誠實，蔚為良好風氣，才能進而影響學員生。因此，在民國六十五年頒佈「加強實踐誠實校風的實施辦法」，規定學校的人事、財務、採購、軍官團的考試與生活等，都要確確實實的做到誠實勿欺，如一旦發現弊端，則一律按情節輕重議處，使人人知所警惕，養成誠實的習性與風氣。

政治研究所在所長陳澤普博士的主持下，正積極籌備增加組別，並開辦博士班，努力為國家培植人才。然而陳所長卻因操勞過度，血壓增高，竟於民國六十七年十月二十一日清晨，因腦溢血送進榮民總醫院，經醫生急救無效，翌日不幸逝世。陳博士和我一起由武漢來臺灣，係本校研究班第二期畢業，並前往美國進修，獲得博士學位，惜天不假年，竟英年早逝，享年僅五十六歲，實令人痛惜。後經多方延攬，始獲得段家鋒學長的同意，回校領導研究所。段學長係本校研究班第一期畢業，國立政治大學法學碩士，美國哥倫比亞大學研究二年。他的學識豐富，人品高尚，有他來領導研究所，應是最理想的人選。

遠朋研究班原是由一些遭到共產災害並與我有邦誼的國家，要求派遣軍官前來復興崗受訓，而於西元一九七一年四月成立的。當時只是由總政戰部撥款支援，設備相當簡陋，直到行政院孫運璿院長前往中南美洲訪問，聽到許多遠朋班畢業學員的稱讚，他才知道復興崗有這麼一個班。回國後，在一個正式場合中說：「遠朋班的效果非常好。」國防部乃核准編制，撥款興建營舍。

遠朋研究班的教育期限為八至十二週，每天上課六小時，主要在講授政治作戰的理論與原則，批判共黨理論的荒謬與鬥爭手段的殘酷，以促進其澈底認識國際共黨的本質及其赤化世界的陰謀策略，從而提高警覺，研擬有效對策。並以當代民族、政治、經濟問題，結合三民主義的中心思想，以堅定其反共信念。

該班自開班以來，已有三十多個國家，派遣中上級軍官前來受訓，也有文職官員、警察首長、國會議員、與教育界人士，合計三千餘人。他們回國後有的晉升將軍，榮任總司令、參謀總長、國防部長；文職人員也有晉升次長、部長等職位的，對國際反共工作具有重大貢獻與影響。

我在復興崗服務四年多的期間，有來自亞洲、中東、非洲、與中南美洲共二十餘個國家的軍官與文職官員前來受訓。對於該班的教學，儘量採用課前研讀、課堂講授、討論、及電視教學等方式實施。學員入學之初，即以影片介紹我國國情及學校概況，並由學員介紹他們國家的情況與風俗習慣，儘量尊重他們的生活方式。特別是中東的國家多信奉回教，他們每天都有固定的禮拜時間，更是特予尊重。

每期都有參觀訪問，包括金門戰地、臺北的外交部、亞盟總會、退除役官兵輔導會、故宮博物院、中正紀念堂、及中南部的日月潭、大貝湖、墾丁公園與三軍官校等，每次差不多都是由我領隊。在和他們的接觸中，我發現他們不分男女，都非常優秀，特別是南非共和國的軍官所表現的氣質風度與團隊精神最為傑出。而我在民國七十六年三月應南非共和國國家安全會議之邀前往訪問時，他們還唱我國歌曲表示歡迎，特別顯得親切。

四、可怕的「薇拉」

臺灣的颱風和地震是出了名的，每年一到夏季，隨時都會有颱風過境，隨時都要做好防颱措施。

民國六十六年七月三十一日，強烈颱風薇拉襲擊臺灣北部，中午以後風力增強，雨勢更大，電線早已被吹斷，已無法收看電視。大家都在室內利用收音機收聽颱風消息。晚上六點多鐘，我們全家正點著蠟燭吃晚飯，驟然聽到水的響聲，轉頭一看，只見水已從窗戶的縫隙中噴了進來，接著便聽到傢俱傾倒的聲音。原來所有的門窗都在進水，一時電視機、電冰箱等都倒在水裡，沙發亦隨著水流飄浮。我趕緊將兩個女兒德南和德寧舉起，放到壁櫥的最上層，讓她們側著身體躺在裡面，我和支洪、宇兒則站在飯桌上，正在收聽的收音機亦被洪水沖走，惟一握在手中的只是一支手電筒。這時水已漫到桌面上，我們的腳已泡在水裡，如果再繼續上漲，我們就可能被淹沒或被沖走。我曾試圖打開天花板，必要時往上爬。但拳頭的力量不夠大，一股末日來臨的恐懼突然襲上心頭，我們三人緊緊的抱在一起。在黑暗和恐懼中，我虔誠的向上帝禱告，祈求祂賜憐憫，保祐我們脫離災難。支洪則拿著手電筒照著門窗，看看水勢是否仍在繼續上漲。她事後告訴我，那時她在許願，如果洪水能退去，我們全家能獲得平安，她就接受主耶穌為救主。果然在我禱告之後不久，水就逐漸退下去了，真是滿心的感激。

水來得很快，去得也很快，整個過程不過是幾十分鐘而已，但所有的衣物、傢俱，特別是書籍、資料、日記、照相簿等，全部被泡在水裡或沖走，只有平時束之高閣的一些東西，倒還安然無恙。尤其床舖浸水，寢具全濕，連睡覺的地方都沒有了。所有的衣服和書籍等被水浸泡以後，都留下很厚的一層泥漿，室內地面更是厚厚的堆積一層泥沙，清理極為費事費時。所幸我們一家大小都能平安，未受到任何傷害，實在感謝上帝的恩典。

第二天清晨，風雨漸小，我出外探看，才知原來是屋後的圍牆倒塌，積水一時無法渲洩，才登堂入室，穿屋而過。而我家位於整排房屋的北端，正當圍牆倒塌的缺口，所以水勢特別強大。

這裡介紹一下復興崗的位置與形勢：

復興崗坐北朝南，位於大屯山的南麓，前面是臺北平原，十分遼闊。兩側由大屯山延伸出來兩座山脈，好像兩隻向內彎曲的臂膀。中間則是一個小山頭，復興崗正好在山頭的下面。在小山頭的兩側，各有一條小溪，叫貴子坑溪與水磨坑溪，沿著復興崗兩側向南流。由於上游不斷地開發及建築房屋，溪床被泥沙淤積，遇到颱風豪雨，便造成溪水泛濫，流入復興崗校園。校園內又以東南角也就是學員指揮部的地勢最低，我的眷舍正好和學員指揮部只是一牆之隔，由於積水太深，竟將圍牆壓倒，以致造成無法彌補的損失。

這次薇拉颱風過境，不僅對我家造成重大災害，對學校所造成的災害更大。中正堂、電視製作中心、和教師服務中心等的屋頂，全部都被掀掉了。研究所和女生連後面的圍牆，各被吹倒十餘公尺。學員部、遠朋班、研究班、和志清圖書館都積水很深，滿地泥沙，電線和播音系統全都被吹壞，不能供電，也無法播音。所有門窗的玻璃都被吹得一塌糊塗，所有的屋頂都被吹得漏水。學員部和研究班的毛毯被單被洪水漂走了很多，校內很多樹木也被吹倒。位於嘎嘮別的印刷所更是泥沙滿屋，機器都泡在水裡，短時內無法生產。復興崗遭此浩劫，真是慘不忍睹。總政戰部主任王昇上將和參謀總長宋長志上將，都曾先後蒞校巡視災情，並表示深切慰問。

尤其重要的是三軍四校（陸、海、空軍軍官學校和政治作戰學校）的應屆畢業生，每年在畢業前都要到復興崗來接受為期兩週的反共復國教育。而當年的反共復國教育是八月七日開訓，在不到一週的時間內，要能恢復舊觀，準時開訓，實在是急如星火的事。所幸陸軍總部慨允大力支援，第八軍軍長柏隆鑣中將與政戰部主任羅漢文少將，親自率領一個工兵營前來幫助搶救整修。並由政戰部副主任王長冠上校駐校督導，不分晝夜的趕工。本校全體官生亦發揮克難建校的精神，群策群力，辛勤工作，短短的五天，竟然將所有毀壞的地方全部修復。特別是中正堂的屋頂亦已蓋好，而且粉刷一新，可以在裡面上課。當三軍官校應屆畢業學生於八月六日前來報到時，一切都已顯得很正常。蔣故總統經國先生蒞臨主持畢業典禮時，他所看到的乃是他所熟悉的復興崗，看不到一點曾遭受嚴重災害的景象。

我回學校時，學校已編有一本薄薄的校史，記述創校的經過與教育概況，只是有許多珍貴的資料並未納入。我想如果時日一久，可能就會散落遺失，再想蒐集就很不容易了。因此我特別邀請在校任教的李澧、張佐華、洪士範、戴華山、王宗漢、劉燕當、蔣金龍、陳慶熇、彭英、金哲夫、武文斌、陳新鉿、谷瑞照、張念鎮等學長，以校友的身分，說明我們今天在校服務，如果不好好編印校史，以後恐怕就不會再有人來編纂了，他們亦深有同感。因此大家都樂於抽出時間，獻出心力來共襄盛舉。我即將此事向校長許歷農中將報告，他亦覺得非常重要，於是即於民國六十五年五月成立校史編纂委員會，在校史館樓上集中辦公，由我擔任主任委員，政治學系主任張佐華教授擔任副主任委員，並由上述各位教授校友擔任編纂委員。先研究編纂的體例，繼而研究分工，並先完成各年的大事記，再蒐集資料，慎加剔選撰擬。自民國三十九年籌備建校開始，至民國六十六年十二月為止，共分四冊，區分為本校誕生、克難建校、組織與行政、教育發展、訓導工作、重大活動、榮譽事蹟、研究發展等八篇；每篇又分章節，撰寫了兩百餘萬言。初稿完成後，經總教官李澧、教授林大椿、政治學系主任張佐華等審閱後，再送請各原編纂委員加以增刪修正。他們十分辛勞，且完全是義務奉獻，沒有任何稿酬，因為根本沒有這項預算。當校史編纂委員會成立後，我即向總政戰部主任王昇上將報告，他認為很重要。全稿將近完成時，我又向他報告，請賜撥印刷費。當我於民國六十八年六月離開學校時，第一冊業已印刷出版，我對負責編纂的學長們的辛勞，內心一直非常感謝。

民國六十六年十二月二十日，許歷農中將任期屆滿，調任陸軍軍官學校校長。這一任命完全出乎我們的意料，我們一直以為像他這樣卓越的將才，一定會直接調任軍團司令，為國家負起更重大的責任，想不到上級還要他再當一任校長。不久調職命令發佈，我即召集各單位主官籌備熱烈歡送，因我擔任教育長一年多後，已於民國六十五年五月一日調為副校長，教育長一職由趙中和少將接任。趙少將係本校研究班第二期畢業，曾獲美國楊百翰大學博士學位。他任職不到一年，即於民國六十六年二月調任陸軍官校政戰部主任，遺缺由孫森少將繼任。孫少將為本校本科班第一期高材生，曾考取第一屆政士。他亦任職一年多，於民國六十八年二月一日奉調後勤司令部政戰部主任，其後並榮任警備總部政戰部主任。接替他的則是衛明卿少將，衛少將係本校研究班三期畢業，其後曾任軍團政戰部主任。他們三人都非常優秀，能和他們共事，實在感到很高興。

許校長一向對我很愛護，他曾在信中說：「你是我最親的親人！」「我這一生有你這樣一位朋友就夠了！」在他任期屆滿前，一直希望我能接替他的職務，而且據說還有幾位資深教授曾聯名寫信給上級，希望我能接任校長。羅育斌有一次開委員會，其中有一個提案，建議由我任校長，我看到後頗不以為然。因為如此作法，可能會造成一種印象，以為是我在運作，這是非常不好的，同時這也不可能成為事實。因為學校成立以來，除王昇將軍外，其他八位校長全是軍事將領，要我接校長，顯然違背上級的政策。所以當討論提案時，我即要求「免議」。許校長卻以主席的身分，要我「迴避」，讓大家表示意見。為了尊重主席，我只得暫時離席。事後部裡長官告訴我，軍事將領當校長，兩年任期一到，便即調離，許多教育政策和構想都無法生根，準備將副校長改為文職教授，由我改敘擔任，因我有教授經歷，並有教育部所發證書，後來看我病了，才打消此一念頭。

說到生病，真是一件令我刻骨銘心的事。

民國七十七年八月七日清晨，當我聽到起床號而翻身起床時，不知是否由於轉得太快，突然感到天旋地轉，立刻倒在床上，動彈不得，而且連頭都不能轉動一下，只能以一個角度和姿勢躺著，不能動、不能吃，非常痛苦可怕。

支洪的文友作家林雪女士獲知後，特請她的老師一同來為我針灸按摩。經過治療後，第二天稍有好轉，可以勉強起床，即前往三軍總醫院求診。專科醫生為我做全身檢查，並要我做各種平衡運動。他們原以為我是耳內半規管失調，但我都做得很好，醫生最後說我沒有病，也沒有藥吃。但我全身仍是輕飄飄的，好像隨時都可能倒下去似的。我問醫生還要不要住院，他說隨我自己決定。我想既然他說沒病，又沒有藥吃，還住院幹什麼，乃即回家。可是回家以後，仍是十分難過，朋友們都建議我看中醫，臺北市八德路一位很著名的王老醫師為我把脈後說：

「你沒有病，只是操勞過度，需要好好休息調養！」

說我「操勞過度」，可能好多人聽了會當作笑話。一個「副」校長，上有校長，下有教育長和各部門的主管，有什麼好操勞的，連我自己也說不出口。不過事實上我是病了，而且病得非常痛苦。西醫、中醫都說我「沒病」，這該如何是好？所幸校長朱致遠中將，是一位非常寬厚熱誠的長者，他囑我放下一切，安心靜養，暫時不要為學校的事情操心，等身體養好以後再協力奮鬥。朱校長是安徽阜陽人，先後畢業於陸軍官校十六期、陸參大正期、實踐學社聯戰班十二期及三軍大學戰爭學院將官班，歷任師長、軍長兼澎防部司令官、預訓部指揮官兼大專學生集訓班主任等職，個性爽朗正直，治軍卸下甚具親和力。

在我養病期間，支洪怕我暈倒，每天請假陪我，我們常到北投和天母公園坐坐。在這一段期間，可以說是我們結婚以來談話最多最貼心的日子。平時因為彼此都忙，幾乎連說話的機會都很少。現在摒棄一切干擾，可以悠閒的談談，也算十分難得。她曾一再勸我要為孩子們著想，千萬不要再過分操勞，她說：

「學校沒有你沒有關係，家中沒有你，我和孩子們怎麼辦？」

經她這樣一說，我覺得以往確實是太專注於公家的事，而對家庭照顧太少了。這三年多來，雖然每天都可以回家，但由於學校負責三個階層的教育，還有許多短期的專長訓練班隊，幾乎每週都有開訓和結業、主持或參加各種會議和活動，常常需要上課和講話、接待海內外團體的參觀訪問、審查各種教材、教案與電視教學錄影帶，又有各種研究發展專案等等。每天從早餐會報開始，時間都排得滿滿的，晚間還要主持晚會或研究會，公文都是抽空審閱。當我第一次帶領復興崗藝展工作團前往各地展出返校時，看到桌上堆滿了公文，我問這是怎麼一回事，秘書告訴我這些公文，校長要我看過以後，再送給他批示，既然承蒙校長如此看重，我就必須更為認真地處理每一件事情。同時我還是婦聯三村自治會的會長，村友鄰居的家務事，亦常來找我。晚上回家後亦不得休息，俗話說「清官難斷家務事」，不論是夫妻的爭執或兒女們的婚姻問題，都不是三言兩語就可以解決的，更增加了不少負擔。

而且事有湊巧，偏偏就在我生病的前幾天，接到國防部命令，要我到三軍大學戰爭學院將官班去受訓。這是非常難得的機會，我真希望身體能趕快好起來，而且我入學前的體檢也已順利通過。可是一直到報到的前兩天，我的身體仍很虛弱，且仍常有飄浮的感覺，幾經考慮，惟有忍痛放棄。當我向朱校長報告，請他轉報國防部另行物色人選時，他一再為我婉惜，這也許就是命運的安排吧！

我連續休養了一個半月，九月中旬恢復工作，由於孫教育長已奉命去受訓，朱校長怕我太勞累，有關參觀訪問及若干會議均由總教官與各處處長分別主持。我則負責各班期的教育革新、理論座談、精神講話與電視教學的推展等。同時對於貴子坑溪與水磨坑溪的整治，仍不斷督促由北投士林兩區所選出來的市議員羅斌，敦促臺北市政府編列預算，澈底進行整治，以根絕可怕的水患。羅斌議員係本校政治系第七期畢業的學生，服務非常熱心，在我離校的前夕，仍在不斷地努力。

民國六十八年六月一日，我奉調總政戰部工作，各單位均熱烈歡送，許多教授和軍官並聯合起來，在研究班的餐廳舉行歡送餐會。鄧雪峰、牟崇松、熊碧梧等名家並合繪一幅山水畫送給我，彌足珍貴。

五月三十一日晚上，大學部的同學們在中正堂舉行盛大的歡送晚會。他們以詩歌、合唱、話劇、舞蹈、和朗誦詩，表達他們無限的熱誠。在我和內子進入會場前，便聽到有學生說：「今晚我們要讓副校長流淚」。他們在朗誦詩中說：

敬愛的副校長，

您在復興崗成長，

您又成長了復興崗。……

說我成長了復興崗，實在愧不敢當。說我在復興崗成長，倒是千真萬確。我從當學生、當教官、兩次回校受訓，這次又回校服務，前後有十五年的時間，都是在復興崗度過，復興崗的一草一木，對我都有深厚的情感。學生們年輕狂熱的感性演出，使我萬分感動。正如內子支洪在學生們一再鼓掌，要她講話時所說：

「我從來沒有比今夜，更能感受到作為一個革命軍人的妻子的榮耀。」

附錄：

獻　詩

——歡送副校長榮調

今天晚上
依依的—離情
瀰漫著復興崗

＊　＊　＊

濃濃的—別緒
籠罩在我們每一個人的心頭上
今天晚上

我們以淺淺的詩句
尊崇我們學識淵博的副校長
　以深深的祝福
歡送我們平易近人的副校長

敬愛的副校長
想當年
競馬場的時光
您曾經搬石頭
使雜草讓路
您曾經挖魚塘
使湖水泱泱
克難建校貢獻了力量

* * * * * * * * * * * * * * *

又為「今日的聖人」
寫下了萬人爭誦的好文章

敬愛的副校長
想當年
您做教官的時光
您那溫文儒雅的風度
引人入勝的革命理論
使學生們如沐春風
尤其是對理則學
更有精研獨到的地方
敬愛的副校長
您在復興崗成長

您又成長了復興崗
您是復興崗的子弟
您又是復興崗的副校長
四年二個月前
您再度回到了母校的懷抱
回到了念念不忘的復興崗
一千五百多個日子不算短
我們的感受是不嫌長
您絞盡了腦汁
　費盡了力量
病了——也不安心休養
一切都奉獻給復興崗
端莊賢淑、多才多藝的師母
是您力量的泉源
是您精神的支柱

* * * * * * * * * * * * * * *

使我們無限的敬仰

敬愛的副校長
您輔佐陳校長、許校長和朱校長
默默的奉獻
使我們不斷的壯大、成長
政治會考
年年第一
樹立了好榜樣
大漢演習、自強演習、漢威演習
一次比一次棒
反共復國革命教育
越來越接近理想

復興崗藝展
您精心策畫
又兩次擔任團長
不辭辛勞
使復興崗的名字更加響亮

編纂校史
您又親自發起
一肩承當
您苦口婆心的教誨
將我們的心靈溫暖
把我們的眼睛照亮
使我們認清奮鬥前進的方向

* * * * * * * * * * * * * * *

敬愛的副校長
我們會牢記著您的話語
「滿懷信心和希望
親愛精誠，集中力量
光復大陸國土
實現革命理想。」

敬愛的副校長
本校創辦人蔣經國先生說得好：
「別離不是感情的分散
而是力量的擴張」

今天晚上
我們以濃濃的別緒
依依的離情
淺淺的詩句
深深的祝福
歡送我們敬愛的副校長
祝福您萬事如意，永遠健康！

* * * * *

註一：《毛蔣爭霸錄》葉永烈著　利文出版社出版　自序　頁三

註二：同註一　頁五八五

註三：《獻身與領導》海德著　單國璽譯　光啟出版社發行　頁四七

晉升少將時，行政院院長蔣經國先生蒞臨致賀

軍長許歷農晉升中將，參謀長羅本立和我同時晉升少將

在復興崗主持懇親會閱兵

調離復興崗前，與校長朱致遠中將（右五），教育長衛明卿少將（右四），暨一級單位主官合影

晉升中將時，參謀總長宋長志上將、副部長鄭為元上將、副參謀總長馬安瀾上將，陸軍總司令郝柏村上將等蒞臨致賀

參謀總長宋長志上將，總政戰部主任王昇上將，前往巡視政治大考

副參謀總長烏鉞上將巡視展覽場地

總政戰部主任王昇上將每年春節後到空軍各基地主持座談會，右二為馮滬祥教授，左三為空軍總部政戰部主任陳燊齡中將，其後榮任空軍總司令及參謀總長，晉升一級上將

陪同南非共和國國家安全會議秘書長范・帝漢特中將拜會行政院新聞局宋楚瑜局長

巡視英勇的海上工作大隊，該部已多次獲選「莒光連隊」

調離一〇一單位時，與部分工作同仁合影

十月慶典期間，代表國防部陪同歸國僑團，前往空軍岡山基地參觀，由空軍總司令郭汝霖上將主持閱兵典禮

率同「漁事工作會報」各單位代表，前往台、澎、金、馬各漁港訪問，並巡視漁業廣播電台運作情形

.總政戰部主任許歷農上將代表政府頒發雲麾四等勳章

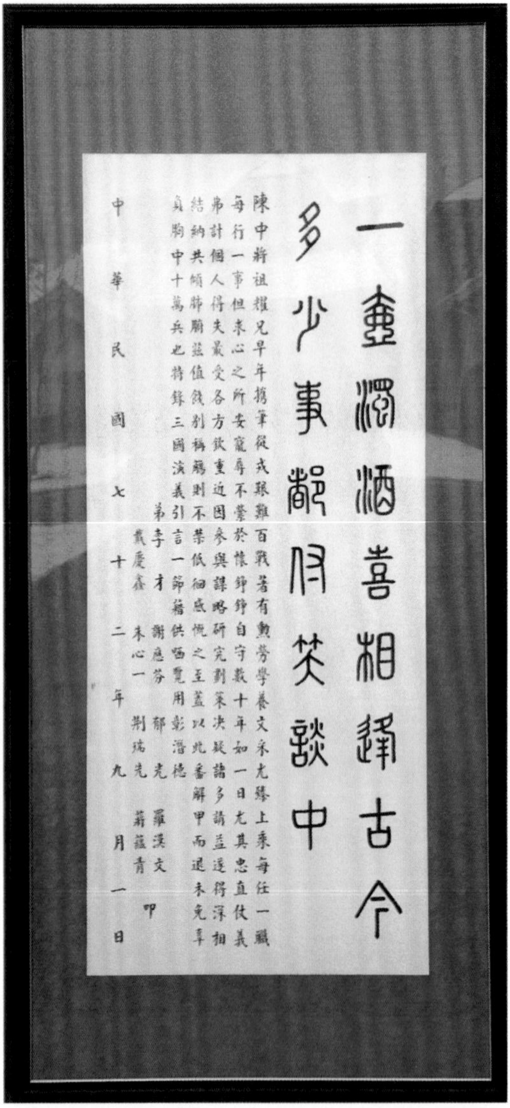

總政戰部政計會謀略研究小組的朋友們在我退役時贈送的條幅(附：原條幅將「一壺濁酒」寫成了「一杯濁酒」，特請名書法家郭智女史重寫，惟蔣蘊青、戴慶鑫、郁光、羅漢文、朱心一等兄已大去，時深懷念)

在北投僑園舉行訂婚，王昇將軍親臨福證，中為外婆王太夫人

民國五十一年四月二十二日在臺北三軍軍官俱樂部舉行結婚典禮，與岳家闔府及男女儐相合影

我奉派赴越工作，外婆、岳父暨少洪弟、又洪弟到松山機場送行

岳家闔家歡

支洪生日合照

1 0 4

臺北市復興北路三八六號

三民書局股份有限公司收

廣告回信

台灣北區郵政管理局登記證

北台字第10380號

（免貼郵資）

姓名：　　性別：□男　□女

出生年月日：西元　年　月　日

地址：

電話：（宅）　（公）

E-mail：

全家攝於多倫多

難得全家一起旅遊

脫軍服前合照留念

德宇・美琴結婚照

德南・克光結婚照

德寧・嘉明結婚照

大弟少洪在美學成返國，岳家闔府熱烈歡迎

好友越南僑領王爵榮博士(後任監察委員)、劉家昌先生、甄珍女士伉儷，劉美燕女士與其千金、柯俊雄先生及我們一家

生日合影

闔家照

全家照

弄孫

遊加拿大首都渥太華

德宇、美琴與他們的兒子永慶、永興

德南、克光與他們的兒子光中

德寧、嘉明與他們的兒子語謙

第十二章　介壽館內

一、秘書生涯

民國五十一年元月五日，我們奎山軍官團自越南返國，由於在越南工作了一年多，為了與越南政府保持連繫，合作反共，同時感謝我國駐越大使館及一些旅越友人的支持與協助，兼團長王昇將軍要我以他的名義，寫一些信稿，於元月十二日中午，送請他核可後繕發。

那時的國防部還未設置軍官餐廳，中午下班後，有家的回家吃午飯，無家的乘交通車回和平東路等地的國防部宿舍用餐。王將軍看過信稿後，囑我一起吃飯，在餐桌上他問我：

「你當教官多久了？」

我說：「六年多了！」

王將軍說：「這麼久了，來為我當秘書好了！」

王夫人熊慧英教授立即接口說：

「你別糟塌他了！他在幹校和政大教課，都很受歡迎！」

王將軍說：「不過跟我當秘書很苦就是！」

他們兩位的對話就這樣停住了，而且停在一個關鍵性的字眼「很苦」上，使我不能不表示意見了！

本來當時我對傳統邏輯已稍有心得，正準備花幾年時間，好好研究數理邏輯。如果我對數理邏輯也能進入堂奧，那麼在邏輯方面，便會稍有一點成就。而且我出身農村，常覺笨頭笨腦，不善舞文弄墨，這也是我當年不願去為孫立人將軍當秘書的原因。我從小只想當一名小學教員，能為鄉梓服務就心滿意足了。現在王將軍要我給他當秘書，這是他對我的看重和愛護。他說「很苦」，我相信決不是在激將我，但對我來說，卻似在心頭扎了一針。因我從小在苦難中長大，什麼苦都吃過。在復興崗受訓時，學校因剛創辦，正實行「克難建校」，我們第一期學生每天都有幾個小時的「勞動服務」，還被譽為「不怕苦」。而王將軍正是我們的訓導處長和教育長，後來又榮升校長。他是我的長官，更是我的老師，我如何能因「很苦」而辜負他的好意呢？因此我便毫無遲疑的說：

「只怕我作不好！」

王將軍說：「你回學校等命令好了！」

想不到這一餐飯，竟吃出了一個新的工作，且從此換了新的跑道。

當我接到調職的命令後，即於四月十四日前往介壽館報到，我的內心即是去「試一試」！

介壽館是日據時代所建的總督府，它是一幢長方形的建築，南北長，東西窄，從空中鳥瞰，整個建築呈「日」字形。向東的部分用作總統府的辦公室，其餘均為國防部各單位所使用。介壽館共有六個門，東邊為一號門、東大門（總統府大門）、二號門；西邊為三號門、西大門、四號門。

總政治部（民國五十三年起改為總政治作戰部）設在介壽館五樓，即是在頂樓；主任、執行官和三位副主任的辦公室都在西邊。當時沒有電梯，沒有空調，而且屋頂又是鐵皮。一到夏天，烈日當空，真像烤箱一般，大家都熱的喘不過氣來。尤其下午四點以後，太陽偏西，陽光直接登堂入室。而每天早晨七點半以前，必須趕到辦公室，晚上常常九點以後才能離開。因為每天有接不完的電話，有絡繹不絕的來賓，一個小小的辦公室，擺了四張辦公桌。我和兩位副主任的參謀葉靜江兄、劉益敏兄（後為王汝雋兄、張翼龍兄）以及游琴子兄（後為王耀華上尉），已擠得滿滿的，連士官長都沒有落腳的地方。來了客人，根本沒有地方可坐，為了禮貌，只得站著和客人說話。而每天的公文很多，有些還是特急件，必須馬上處理，尤其快到下班的時候，更是大量湧來，這時必須仔細翻閱，深入了解其內容，並要檢查是否已簽會各相關單位，以免造成疏失。

另一重大負擔則是信件的處理，每天真不知怎麼會有那麼多的信函。有些只是問候，有些是真有事情，必須協調有關單位解決；有些則是一些固定的工作匯報，還附上許多資料。這些信件，不要說執行官沒有時間詳閱，就是我們當秘書的讀完後，似乎也沒有什麼意義，我想他們無非是要長官能常常記得他的名字而已。因為執行官實在太忙，為了節省時間，乃設計一張極為簡單的表格，寫明來信人的姓名、職務、通信地址、來信要點與覆稿，並將原函附在下面，這樣執行官便可一目了然，如需翻閱原函亦很方便。除極少數的信執行官親筆作覆外，絕大多數都是將核定的信稿送到文書中心繕發。但是，想不到在函件處理上也出過一次紕漏。有一位在陸軍工作的軍官，幾次來信都要求調職。為了安慰他的情緒，在覆信中告訴他：「當與陸總政治部協調」。孰知，這位軍官竟拿著覆信自行去「協調」了。陸總的承辦人打電話來問該怎麼辦，我只得請他按權責處理。有了這一次經驗，以後用字遣詞就更為小心了。

說到執行官王昇將軍的忙，至今我仍記憶猶新。他一天到晚，都是在開會、講演、批閱公文、接聽電話、接待來賓、找相關人員研究問題，並且常常深入基層看部隊，到各外島了解官兵與防務的實況。後來中午乾脆在汽車大隊搭伙，由士官長傅恩玉用飯盒拿到辦公室來吃。他還說伙食很好，要我們也一起搭伙。週末和禮拜天，一樣到辦公室。有時在同一時間，有好幾家請他證婚，只得先在辦公室吃一碗麵，再去趕場。還是主任高魁元上將看他實在太勞累，恐怕影響健康，派人為他辦好高爾夫球證，並送他球桿，要他無論如何要抽空去打球，以維持健康，他才偶然在禮拜天上午去揮揮桿，去接觸一下大自然。

在當秘書期間，還有一件難忘的事情。

王執行官化公在任政工幹部學校校長時，即已接受國立政治大學聘為兼任教授，講授兩個學分的「國父思想」。有一天中午快下班時，經國先生有事找他，要他下午去見面，而他那天下午正好政大有課，因此臨時叫我去代課。我雖然四年前在政大上過課，但我上的是理則學，國父思想雖然我也學過，且在鳳山第四軍訓班與陸軍官校復校後，也講過三民主義，但現在臨時要我去代課，心理上毫無準備。且王化公的講演或授課，是全國有名的，大家公認他口才好，內容好，講的動人。甚至有一次革命實踐研究院因王將軍訪美而未能去上課，承辦人竟說：「我們這一期白辦了！」

由於時間緊迫，我只得趕緊跑到火車站，搭公路局的班車，回北投家裡換衣服，因我總不能穿著軍服到人家大學去上課。然後再到新北投搭班車到臺北火車站前，等候政大接教授的專車。那時臺北和北投之間尚無公車行駛，十分不便。而我也只得在車上將王將軍的講授綱要仔細研讀，默默思想該如何發揮。有了這一次經驗，我即將王將軍的講授綱要全部抄下來，利用禮拜天好好按著進度找參考資料，以免再臨時慌了手腳。

大概工作了一年多後，執行官有一天對我說：

「我看你一個人忙不過來，找個人來幫忙吧！」

我即遵照指示，研擬了一份名單，化公最後圈選了才華出眾、文筆優美的李明（尼洛）學長，由他負責信件處理與專案研究。這時游琴子兄已應王永樹將軍的要求前往幫忙，他的職務由王耀華上尉接替，負責時間安排與一些事務性的工作，我則負責公文處理與臨時交辦事項。

民國五十三年九月，我國駐越軍事顧問團正積極籌組，執行官對我說：

「鄧團長（定遠中將）要你到顧問團去幫忙，找個人來接替你的工作！」

我和李明學長研提了一份名單，結果圈定了政工幹校研究班第三期畢業的韋魯翹學長。韋學長行事為人非常忠厚和善，毛筆字尤其寫的漂亮，交給他真是最理想的人選。

直到民國五十六年四月，我從越南回來休假，化公問我什麼時候可以回來，我說：

「兩年任期已滿，應該隨時可以回來！」

化公說：「那你馬上回來，還是到我辦公室來！」

原來韋魯翹學長因工作壓力大，他又求好心切，致使原有的胃病加重，體力漸感不支，曾幾度請求調職。我回越南以後不久即接到調職命令，回國後於六月十六日前往總政戰部報到。那天正是黃埔軍校的校慶，所以選在這一天，因其諧音為「留一留」，說明我又作了回鍋秘書了。

曾經長年擔任經國先生秘書的宋時選先生曾對我說：

「當秘書沒有自己的時間，沒有自己的思想，沒有自己的自由。」

我對宋先生的經驗之談，深有同感；對宋先生的指教，尤甚感謝。

二、終身大事

民國四十九年隨王昇將軍第一次訪越回國後，由於越南政府要求我國派遣一個七人軍官團，前往協助其訓練政戰幹部，建立政戰制度，國防部又派我前往。在籌備期間，有天晚上，去看時任政工幹部學校行政處長的李宗瑞上校，因他在任陸軍官校政治部第一科科長時，我是他科裡的科員。閒談中，他對我說：

「你不要只顧工作，也該結婚了。現在有沒有合適的對象呀？」

我說：「像我這樣窮愁潦倒，有誰願意嫁給我！」

他說：「這不是理由，現在有誰不窮？你看我們不也都是在過窮日子！但歲月不饒人啊！」

我知道自己已老大不小了，但實在太窮，前幾年且還有病，貧病交加，那有心情結婚。惟現在經他這麼一說，倒是提醒了我一件事，便很坦誠的告訴他：

「我心中倒是有個人，她是王一川老師的女兒，只是不知她是不是已經有了男朋友？」

李處長「啊」了一聲，接著說：

「我和他們很熟，我去打聽一下！」

事情說來很有意思，當我在復興崗當學生時，王一川老師是訓導處生活指導科長，我曾見過幾次。後來我調回學校當教官，王老師亦由學生部大隊訓導主任調為政治學系教官，主講國際關係研究等課程，見面的機會更多。王師母郭智女史的書法非常有名，復興崗上所有的標語，如「培養驚天動地的革命氣魄，發揮埋頭苦幹的實踐精神」、「絕對性信仰主義」、「無條件服從領袖」、「不保留自我犧牲」、「極嚴格執行命令」等等，全都是她寫的。每一個字差不多有兩三平方公尺，那時還沒有放大的設備，完全是實地寫成的。而每一個字都寫得蒼勁有力，氣勢雄偉，真令人敬佩，因此我很想求她一幅墨寶。大概是在十二月中旬，有一天我心血來潮，拿了一本拙著「理則學」，前往王府拜訪。那時的臺灣，還沒有預約拜會時間的習慣，一般家庭也沒有電話，我就這樣冒冒失失的闖了去，運氣還真不錯。那天王老師、王師母及太師母（外婆）都在家，正寒暄間，他們的大小姐端茶出來，端莊秀麗，禮貌周到，使我印象極為深刻，久久不能忘懷。但因自己條件太差，且與王老師很熟，不敢唐突。故當李處長問起「有沒有對象」時，我便立刻想到心目中的那位紅粉佳人！

過了幾天，李處長告訴我：

「王小姐追求的人很多，也有一些親友在介紹。但還沒有固定的男朋友，他們對你的印象很不錯，你可以積極行動！」

得到這一訊息，給我很大的鼓勵，我便找機會再去王府。因我們赴越的時間已訂於十二月三十一日啟程，各項準備工作正積極進行，時間十分緊迫。我切望在離臺之前，能和王小姐見面。可是那天我去時，只有王老師和太師母在家，王老師說聖誕節準備開個舞會，問我要不要去參加。我雖是個土包子，從未跳過舞，但這難得的機會，如何能放過！於是便請同寢室的衛明卿兄教我。他說沒有問題，三步四步很容易。於是，我們就在晚上找個沒有人的地方，開始練習了。

舞會在復興崗幼稚園的教室舉行，人不多，原來王小姐的舞跳得非常好，據告是跟一位朱媽媽學的。我們邊跳邊聊，只是特別小心謹慎，深恐踩到她的玉足。也許因我跳的太蹩腳，沒跳幾支就坐下來聊天了。

赴越之前，我又去王府，仍僅王老師和太師母在家。我對王老師說，到西貢後會給王小姐寫信。王老師問我：

「你知道她的名字是那兩個字嗎?」

我說：「紫紅!紫色紅色的紫紅呀!」

王老師笑著說：「不對!告訴你，我的乳名叫洪福，內人的乳名叫洪嬰。我們兩人都是洪，因此給她取名叫支洪，分支的支，洪水的洪。我的大兒子叫少洪，二兒子叫又洪，二女兒叫北洪，是在東北生的；小兒子叫新洪，是在新竹縣新埔鎮新埔里生的；最小的女兒叫亦洪。」

幸喜王老師提醒我，否則我的信寫成「紫紅」，那可就成了笑話了！

民國五十年元月二日我們抵達西貢後，不論工作如何繁忙，每週都給支洪寫信，而等她的信、讀她的信，便成了我最大的盼望與喜樂。當時同團的陳禔和陳玉麟二兄，亦正在談戀愛，我們有時也交換一些意見。經過一年的魚雁往返，彼此有了相當的了解。後來獲悉王昇將軍自越返國後，曾與副校長梁孝煌將軍一起到王府為我美言，他們對我的愛護，衷心感激。

在越任務圓滿達成，民國五十一年元月六日回國，我和支洪便開始約會。由於感情日增，經獲得王老師和師母的應允，於農曆年前在北投僑園訂婚。再經過一段時間的交往，我們即於四月二十二日在臺北市三軍軍官俱樂部舉行結婚典禮，恭請王昇將軍福證，李宗瑞先生、陳若淵先生擔任介紹人，阮成章將軍則為我的主婚人，許多尊長親友都來道賀，心存感謝。

婚後外婆與我們同住，原來支洪從小就是外婆一手帶大的，她老人家對支洪的愛真是無微不至，無以復加。翌年元月，宇兒誕生。那天正是農曆正月初一的清晨，四周鞭炮聲熱鬧非凡。再兩年南兒誕生，那時我又奉派越南工作，接到王昇將軍的電報，方知她們母女平安，特取名德南，以為紀念。又三年，寧兒誕生。他們三人的到來，給我們帶來極大的歡樂與希望。可是就在寧兒誕生不久，外婆便離我們而仙逝，支洪傷心欲絕，我亦悲痛不已，因為她老人家對我們實在太好了。她的恩德慈惠，我們永遠銘記在心，不知何以為報！

支洪因產後生病，加之傷心過度，不得不辭職休養。其後乃決心改換跑道，到學校教書。同時利用課餘，撰寫廣播劇、電視劇、散文及小說等，她所寫的「嬌妻」、「晚霞」、「太太俱樂部」等劇，曾獲中廣公司頒獎，並一再重播，極獲聽眾喜愛。

轉眼間，宇兒中國文化大學行政管理學系畢業後，與國立臺灣大學中文系畢業的王美琴小姐，於民國七十七（一九八八）年六月結婚，然後一起前往美國奧克拉荷馬大學（oklahoma University）深造。宇兒獲企管碩士學位，美琴獲語文碩士學位。他們現有兩個男孩永慶、永興，已讀小學。南兒致理商專文書科畢業後，前往美國中央密蘇里大學（Central Missouri State University）大眾傳播系三年級插班就讀，畢業後繼續深造，獲電視碩士學位。民國八十二（一九九三）年三月，與同校同學于克光君結婚。于為中國文化大學企管學系畢業，在美國中央密蘇里大學獲企管碩士學位。他們現有一個男孩名光中，兩歲多。南兒現又懷了三胞胎，經照超音波顯示為兩男一女，預產期為明（二〇〇二）年二月中旬，大家都在為她恆切禱告，祈求一切平安順利。寧兒國立臺灣大學外文系畢業，到美國紐約壬色列理工大學（Rensslaer Polytechnic Institute）深造，獲企管碩士學位，與同校同學何嘉明君於民國八十三（一九九四）年六月結婚。何為國立中央大學土木工程系畢業，在壬色列理工大學獲航太碩士學位，他們亦已有一個男孩名語謙，三歲多，上幼稚園。這四個小孫兒都健康活潑，非常討人喜愛。而宇兒等六人，現均有勉可糊口的工作，食衣無虞，且均安分守己，知所上進，良足安慰。惟他們都無心讀博士，多少令我有一些遺憾。

三、經國先生發脾氣

民國五十三年七月九日下午，華心權中將來看執行官王昇將軍，他一進門，就很小聲的問我：

「今天早上執行官開會回來，有沒有發脾氣？」

我說：「沒有！」

華將軍說：「今天早上，經國先生發了很大一頓脾氣！」

那天早上是在臺北市衡陽路「百貨公司」樓上（現已拆除改建），舉行戰地政務委員會的例行會議，由經國先生主持，很多高級將領參加，目的在策訂戰地政務的有關計劃方案，以備反攻大陸時實施。因那時針對大陸內部的劇烈鬥爭與民眾痛苦，總統蔣公正積極準備反攻大陸。

經國先生為什麼會發脾氣呢？原來是為了張學良所寫的《西安事變自省錄》。張學良製造了「西安事變」，加速了日本軍閥的侵華戰爭，使命在旦夕的中國共產黨得以起死回生，所以周恩來曾公開稱譽張學良是「千古功臣」。

總統蔣公來到臺灣，眼看大陸紅流滾滾，人民痛苦不堪，痛定思痛，認為所以會造成這種悲慘的局面，西安事變實為一大關鍵。因此特召見張學良，要他「把當時在西安的事情寫出來看看」，同時也看他「這幾十年來有什麼想法」。張學良受命後，即在高雄西子灣花了半個月的時間，寫成他的《西安事變自省錄》，時間大概是民國四十五年十一月二十日至十二月五日（註一）。張學良寫好後親自送呈蔣公，並當面請求，在他有生之年，不要公開發表。因為自省錄中牽涉到一些現仍存活的人，以免造成糾紛，蔣公亦曾應允。

可是這一文件，有一天被經國先生無意中發現。見其內容，對中共的統戰技倆與實際作為，有十分真實的描述。而當時經國先生正奉總統蔣公之命，在石牌辦理訓練班（軍中暗稱「地下大學」），受訓者皆為高級將領及重要幹部，認為此一文件，對將來反共作戰極有參考價值。因此乃擷其要點，易名為《西安事變懺悔錄》，印發學員研讀，因為經國先生根本不知道總統蔣公對張學良有過「不公開發表」的承諾。

學員們讀完《懺悔錄》後，都認為此一文件係張學良以親身經歷，將中共的陰謀與作為據實寫出，對各級幹部具有教育作用，因此建議由總政治部印發軍中各級幹部研讀。總政治部乃擬將該文件附在《痛定思痛》書內，對軍中發行。（註二）

事有湊巧，總政治部第二處第二科科長韋仲公上校，在擔任首席參謀時，就曾擬訂「希望月刊發行辦法」，準備以科內幾位愛好文藝且擅長寫作的參謀軍官，組成一個月刊社，每月發行一種內容學術化、趣味化、多元化的「希望」雜誌，以民間的姿勢，展開反共宣傳，但為當時的科長劉震翕上校反對而作罷。

不久劉科長到政治作戰學校政治作戰研究班受訓，畢業後調陸軍指揮參謀大學教官，其科長一職由韋仲公上校升任。他即再將創辦《希望》月刊的構想，向處長王廣植少將報告，當即獲得王處長的首肯，並同意擔任月刊的發行人。韋仲公則自任社長，科內參謀朱嘯秋上校擔任總編輯，田源、朱西甯、章克範、徐干城等這些後來成為名作家的軍官，均被聘為編輯，陣容極為堅強。正當《希望》送到印刷所排版時，「總編輯朱嘯秋在排字房，發現張學良的大文正在排印中，係以甲種發行，印製小冊子，且未列機密等級。認為這是公開文件，不需請示，即予採用，以充實新刊物內容，標題為《西安事變懺悔錄》，著者為張學良。」（註三）

《希望》創刊號出版後，除了分呈有關長官外，即在市面發售。二處處長王廣植少將因工作繁忙，送給他的《希望》還來不及看，正好他的一位在民族晚報當記者的老友黃仰山來看他。因他不在，一見辦公桌上放有一本《希望》，且有張學良的大文，便如獲至寶，立即順手帶走，並趕在當天的民族晚報上刊出一部分。事為張學良獲知，乃即前往官邸向總統蔣公抱怨。出門時，適巧碰到經國先生，他責怪經國先生不夠朋友，同時總統蔣公也責問經國先生：「為什麼要拿出去！」（註四）經國先生因為根本不知道總統蔣公與張學良之間曾有默契，已經滿肚子委屈，現在報紙、雜誌竟競相刊登，使他不好做人，所以忍不住大發脾氣！

狀況發生後，當然最重要的是要將雜誌和報紙全數收回銷毀，不令其擴大。但在書報攤買報買雜誌的人，根本不曾留下姓名地址，如何能收得回來。民族晚報雖只登了一部分，註明明日待續，但就只這一部分，已經造成了極大的影響！

捅出這樣大一個紕漏，不能不追究責任。而在那份《懺悔錄》上並未標明機密等級（絕對機密、極機密、機密、密），不能以「妨害軍機治罪條例」懲辦，只得予以行政處分。結果處長王廣植少將以「擅自發佈未經上級核准文件」為由，記大過兩次，調國防部諮議官，仍支領原薪。科長韋仲公上校亦以同樣理由，被記大過兩次，調為部屬軍官，亦支領原薪。其他參與其事的參謀軍官，均受到象徵性的處分。《希望》月刊則剛一創刊，便告夭折了！

這一讓總統蔣公不悅、張學良抱怨、經國先生發脾氣的事件，就這樣落幕了。後來據說還是由與經國先生及張學良均有交情的王新衡先生出面，將其中因誤會所造成的傷害，以及處理的經過，向張學良委婉說明，詳為解釋，才獲得張學良的諒解。只是當年那兩位精明幹練、意氣風發的處長和科長，卻因此而失去報國的崗位，不得不另謀發展了！

四、主管教育

民國五十七年十一月一日，我奉調總政治作戰部第六處副處長，當時的處長王良翰少將，學識淵博，正直無私，是一位值得尊敬的長者，七年前我在政戰學校當教官時，有一段時間，他是教育處長，因此早已相當熟悉。

第六處主管教育、訓育和體育，由三位副處長領導三個參謀群，負責策劃推行。

我永遠記得經國先生曾講過的一個故事，他說在金門大膽島戰役勝利之後不久，他與一位派在總政戰部當顧問的美軍軍官到金門視察，並一同到醫院去看受傷的戰士，他對那位美軍軍官說，這些受傷的戰士中，有我們的戰士，但更多的是中共的戰士，請他分辨出來。因為傷兵在醫院裡已穿上醫院的服裝，那位美軍顧問一遍又一遍非常認真的去辨認，看到的都是一樣的膚色，一樣的中國人，最後他搖搖頭說實在分辨不出來。經國先生乃告訴他說：

「誰是敵人？誰是朋友？不在外表，而是在他腦子裡面的思想。」

正如總統蔣公所說：

「反共復國戰爭，本質上乃是以武力戰為中心的思想總體戰。以思想為本質，以武力為中心，以總體為形態的革命戰爭。」

所以思想教育乃為一切政戰工作的起點，也是一切政戰工作的總合。可是思想這東西，卻是一個抽象的概念，看不見，也摸不著，然而它的力量卻是無比強大，比原子彈和氫彈都更為厲害，因為原子彈和氫彈的攻擊和摧毀，受到時間和空間的限制，思想則根本不受時間和空間的限制，所以它的力量是無限的廣大久遠。

國軍思想教育所一貫堅持的目標，是「主義、領袖、國家、責任、榮譽」，即是在培養篤信三民主義、服從國家元首、忠愛國家、並富有責任心與榮譽感的國軍官兵，以造成戰無不勝、攻無不克的國民革命軍。

為了達成上述目標，我們決定從兩方面努力。

在「立」的方面：

建立三民主義真理必勝的信念。
培養官兵奮戰到底的革命意志。
深植仇共恨共勝共滅共的決心。
激勵全軍全民自立自強的精神。

在「破」的方面：

戳穿共產主義的荒謬。
粉碎中共的統戰陰謀。
破除臺獨的荒謬言論。
消除狹隘的地域觀念。

同時針對不同的教育對象，採取一些有效的具體作為：

一、新兵教育：由國防部統一規劃，以「國民的基本義務」、「軍人代表國家」、「軍服代表榮譽」、「發揚黃埔精神」、「為何而戰」、「為誰而戰」等為主題，製作錄影帶，以錄放映機實施電視教學，並輔以精神教育、溯祖教育等，以加強教育效果。特別是溯祖教育，讓新兵報告自己的家世，如果他弄不清自己的來源，可以回去詢問父母乃至祖父母，也可以到祠堂或祖塋的墓碑上去查考，務必弄清自己出生的根源，不要數典忘祖。

二、預官教育：預備軍官為國軍部隊的基層幹部，由於素質較高，其教學方法特重啟發，如主義課程、敵情課程、時事課程等，均以比較研究的方法，使其能於比較分析中，產生正確的判斷與認識。

三、學員生教育：基礎教育的軍官學校學生，為國民革命繼起的新血，永恆的骨幹，除了品德（精神）教育、黨性（組織）教育外，更特別重視其思想（政治）教育，利用各種課程及方法，使所有的學生都能對三民主義有深刻的認識，從而確立其革命的人生觀，並進而能明確比較三民主義與共產主義的是非對錯，確信三民主義必能戰勝共產主義的道理，以堅定反共必勝復國必成的信念。

四、官兵教育：為貫徹思想教育要求，擴大思想教育效果，民國五十九年定為「思想教育年」，硬性規定每週四為「莒光日」，自國防部以下所有各機關、部隊、學校、工廠、醫院等，都由各級主官親自領導，以精神講話、課堂講授、分組討論、輔教活動等方式，實施思想教育，輔教活動包括政治問答、時事報告、故事講述、人物評介、演講比賽、電影放映、照片展覽、軍歌教唱、小型康樂等，以多采多姿的方式，務必達到實質的效果。莒光日這一天，除有時間性的重要公差勤務，與臨時疾病和住院傷患外，對於一般公差勤務及公休、事假、會客等，均須絕對避免，務求做到全員訓練。（民國六十三年起，並進而實施「莒光週」教育）。

執行官王昇上將因鑒於國軍部隊場地分散，有的在高山，有的在海濱，有的一個連，有的一個排，有的甚至是一個班、一個伍，為了澈底解決莒光日的師資問題，乃決心籌建電視臺，經過千辛萬苦，終於突破層層難關，最後獲得教育部閻振興部長的同意，運用教育電視臺的頻道，擴大為中華電視臺，於民國六十年十月三十一日正式開播，一方面可支持教育部的空中教學（後來由高中、高職、商專、行專的空中教學，提升到空中大學），同時也澈底解決了莒光日電視教學的師資問題。

為了補助年度計畫教育的不足，還針對階段性的需要，實施專案教育，如自立自強巡迴講習，聘請一些專家學者到軍中各部隊講演，並討論一些重要課題；三民主義巡迴教育，每年從政戰預官中挑選五十名特別優秀的同志，經短期講習後，前往各營連對官兵作專題講演。還有「知匪」座談：運用反共義士，及女青年工作大隊的隊員，到軍中講演、座談，使官兵從「知匪」、「仇匪」，進而達到「勝匪」、「滅匪」的目的。

在教材方面，除了編印思想教育的基本教材外，並發給士官兵人手一冊《革命軍》，不斷革新其內容，希望能引起士官兵的閱讀興趣。五十九年四月起，又創辦《奮鬥》月刊，每期發給軍官人手一冊，其主要內容為重要訓詞、文告，及文宣主題專文、軍紀、軍法、保防、愛民專文、以及語文進修、反共文選、幽默小品、漫畫、科學新知、醫藥保健常識等，文字力求通俗流暢，版面力求活潑生動，希望能成為軍官最喜愛的讀物。

此外，尚免費供應《青年戰士報》（後改為《青年日報》）、《勝利之光》、《國魂》、《新文藝》等報刊，以及各種影片、掛圖、錄音帶、錄影帶等，總是竭盡一切力量和方法，希望能以新穎活潑的方式，提高官兵學習興趣，增進教育效果。

教育工作真是千頭萬緒，無邊無際，特別是在面臨敵人的攻擊，社會風氣的影響下，要能立竿見影，作出成績，確實很不容易，所幸有一群極為優秀的同仁王道烓、李志華、戴風、張略等上校，徐劍萍、丁憲灝、湯可敏、朱蓉、胡雲貴等中校，吳彩光少校，及李玉蓮女士等，他們的學識、才能、品德、與認真負責的工作精神，都令人欽佩，由於大家通力合作，力求創新，使工作能順利進行，且獲得良好成果，至今猶令我感佩懷念。

五、一〇一單位

我在政治作戰學校擔任教育長和副校長四年多後，於民國六十八年六月一日，奉調總政治作戰部政治作戰計畫委員會副主任委員，兼一〇一單位的副主任，實際負責一〇一單位的工作，這是我第三次進入介壽館工作。

一〇一單位是一個很獨特的機構，它以一個很小的任務編組，負責協調督導並推行國防部本部各司、各局，參謀本部各聯參次長室、各局，以及國防部的直屬單位，包括中山科學研究院、三軍大學、政治作戰學校、中正理工學院、國防醫學院、三軍總醫院、國防管理學院、情報局、情報學校、特種軍事情報室、電訊發展室等各單位的組織與政戰工作。

尤為特殊的，它還是王師凱屬下的一個黨部，提到王師凱，使我想起一件往事，當年在越南時，碰到一些曾在臺灣當過顧問的美國軍官，他們說：

「你們臺灣有兩位王將軍很有名，一位是王昇將軍，我曾見過，還有一位王師凱將軍則未見到！」

我告訴他們：「王師凱將軍只負責研究策劃工作，我們也很少見到！」

其實王師凱不是將軍，而是中國國民黨的軍中黨部，以前叫黃復興，後來改為王師凱。

在王師凱之下，有國防部與各軍種黨部，均各有其化名，國防部本部與參謀本部的幕僚單位與直屬單位，為王師凱所屬的第一黨部，化名為嚴策，由前述各單位的主官擔任委員組成委員會，主任委員由副參謀總長執行官擔任，我報到時，主任委員是曾任陸軍總司令的馬安瀾上將，書記則為總政治作戰部的副主任劉戈崙中將兼任，我在黨部是助理書記，這樣一來，我便擁有三個銜頭，即兩「副」一「助」，率領兩位組長陳英武上校、傅中震上校，及組員張德純、徐錫牧、汪根法、林德政（其後晉升少將，歷任馬祖防衛司令部政戰部主任、陸軍軍官學校政戰部主任，及警備總部政戰部副主任，表現極為優異。）、陳泰一（後來晉任少將，歷任澎湖防衛司令部政戰部主任等職，由於績效特優，被國民黨中央黨部徵調為屏東縣黨部主任委員，負責輔選工作。）、謝立光等上校，李學才、劉華堂、趙義等中校，孫家珍、行俊卿等士官長，叢肇良先生、梅立雙、許英桂女士等十餘位工作同仁，負責推行組織（黨務）與政戰（政治教育、政訓活動）工作。至於監察與保防則分由總政戰部第三處與介壽館保防指導組兼理。有關經費（黨費）的收支，則由主計局派員負責，這樣看起來真是一個十分特殊的單位，但在工作的推行上倒還十分順利。

舉例來說，有一次我到一個單位去看政治大考的情形，該單位的主官、副主官都陪我到考場，但卻看到應考人員交頭接耳，竊竊私語，秩序相當不好，而該主官、副主官均為將軍，竟視若無睹，我感到很難受，隨即離開考場。我一直認為既然是考試，就要力求公平公正，否則還不如改為論文寫作或心得報告，大家都可以翻書找資料。記得以前在國立政治大學上課時，第一次期考，我就要求同學們要先在人格品德上為自己打一百分，只要規規矩矩的作答，即或成績差一點，也可以通融，但如發現作弊，那就只有零分，並將送交學校處理，考試完後，當我步出教室時，好幾位男女同學都圍上來說：

「老師！你是最公正最值得敬佩的老師！」

我問他們這話是什麼意思，他們告訴我許多得獎學金的同學，都是考試作弊得來的，心裡感到很不平！

為了考試公正，獎懲嚴明，乃在助理書記會報提出新的考試辦法，除各單位的正副主官負責監考外，所有的軍官、士官兵，都造名冊，編號碼，然後在考試前一天公開抽籤，因為人數太多，不可能全部集中考試，如抽到「一」號，則各單位名冊上所有的一號、十一號、二十一號等等，都參加考試，抽到「三」、「五」或其他號碼，亦都是一樣，考試時，總長、副總長、總政戰部主任都蒞臨試場巡視，試卷密封，集中評閱，絕對做到公正公平，並且給以重獎，實施之後，頗獲好評。

對於各項工作的推行，務求集思廣益，達成實質的效果，如每年辦理參謀旅行，一方面要讓參加的人，身心獲得調劑舒暢，同時對國家建設與地區特色，亦能有充分的認識與了解，尤其對於安全，更是力求周全，要求達到零缺點。

由於單位多，人員多，幾乎每週都有生病住院的，所以每週至少要到三軍總醫院與榮民總醫院去探望病患，因為人在病痛時，最需要關懷安慰。不論階級高低，都送同樣的慰問物品，因為都是革命同志。

一〇一單位的工作看似單純，實在也很需要用心，記得當我第一次去看主任委員馬安瀾上將時，他說：

「你的前任到職時，我就交待他作四件事，可是等他離開時，一件也未作！」

我一聽事情嚴重，立即拿出筆記本記錄下來，然後一件一件去處理，不到兩個禮拜即已全部解決，並以書面向他提出報告，他很滿意。以後每次在委員會舉行的前一天，我去向他報告會議的內容時，他都離開座位，要我一起坐下來談話，親切熱誠，宛如親友。兩年後，馬上將調總統府參軍長，空軍總司令烏鉞上將來接他的職務，烏上將是我在空軍第十大隊一〇三中隊服務時的大隊長，甚得官兵敬愛，對我也一直很關心，能再在他的麾下工作，深感慶幸，他們兩位實在都是值得尊敬的長官！

六、兩岸漁事糾紛

民國七十一年十一月一日，我調總政戰部政治作戰計劃委員會主任委員，結束了在一〇一單位三年五個月的工作。副參謀總長葉昌桐上將、陳堅高上將及各聯參單位的次長與各局局長在馥園歡宴，總統府參軍長馬安瀾上將並兩次到辦公室來道賀，他們對我的愛護與熱誠，心存感謝。

有人說政計會是一個藏龍臥虎的地方，也有人說它是一個韜光養晦的單位。因為許多對國軍有貢獻的將領，或因機構裁併，或因人事調整，都暫時調為政計會委員。當然也有寄缺的，如青年日報的社長因編階調為上校，就來佔少將委員缺。所以，政計會有如洞庭湖調劑長江的水流一樣，它就成為政戰人事的調劑庫了。

政計會當然也有其固定的業務，它有兩個組，政治作戰組由空軍少將徐銀高擔任組長，負責政治作戰之策劃督導、準則編撰、總政戰部各單位年度預算之編列、高勤作業、及漁事工作會報等；設計考核組由海軍少將周義生擔任組長，負責各種專案工作如謀略戰等之研究策劃、及對總政戰部本部各幕僚單位與直屬單位之定期與不定期考核。這兩個組共有參謀李大為、張江淼、尚武仁、楊積慶、田樹勳、白忠政、賴進春等上校、蓋牧群、金萬鐘、張迺禮、張國威、樊儉先等中校及預官王維正等共十餘人，均十分優秀。田樹勳上校與白忠政上校等，其後都因功晉升中將，對國軍著有重大貢獻。

提到漁事工作，似乎和國軍政戰扯不上關係。事實上總政戰部在民國六十年代以前，也未和漁事工作發生關係。但後來隨著臺灣海峽情勢的改變，兩岸漁民時常在海上發生糾紛，沒有任何單位出來管理。為了維護漁民權益，保障國家安全，總政戰部只有負起責任來了。

臺灣海峽自民國四十七年中共發動「八二三」砲戰以後，兩岸即再沒有發生重大軍事衝突，雙方的戰機、軍艦，都以不超過海峽中線自相約束。民國六十七年元月，中共發表「告臺灣同胞書」，對我展開「和平統戰」攻勢，海峽情勢更有了顯著的改變，兩岸的漁民在海峽也有了接觸和交易。他們開始時只是以物易物，以漁貨換收音機，以手錶換黃金，後來卻變成了以假手錶換真黃金。在爾虞我詐的情形下，海上發生了許多糾紛，甚至有搶劫、打人、殺人等粗暴的行為。

民國六十九年九月，在東碇島附近海面，一艘澎湖的漁船被大陸漁民搶劫，損失很大，澎湖的漁民為了報復，乃暗藏一些棍棒刀槍，在澎湖與金門之間的海域，與大陸漁民交往。先以幾隻手錶向大陸漁民兜售，那些手錶不但品質好，價錢也非常便宜，而且還讓大陸漁民帶幾隻回去作為「樣品」，雙方約定時間，再在海上會面，進行大量交易。大陸漁民眼見機會難得，返後即將此一訊息大肆傳播，使得附近幾個漁村的漁民，都將多年來埋藏的黃金拿出來，以求換得價廉物美的手錶，準備好好賺上一筆。

兩艘漁船按約定的時間在海上見面，大陸漁民從船上提著黃金到澎湖漁船上來換手錶，澎湖的漁民就從船上拿出預藏的刀槍棍棒進行搶奪。大陸漁民因毫無心理準備，於是連反抗的機會都沒有。

大陸漁民遭此搶劫，越想越氣，憤恨難消，便邀集二十多名漁民，駕著一艘大型漁船，直向澎湖漁船碼頭駛來，聲言要討回公道，一定要將被劫的黃金全數要回去。澎防部詢明詳情後，即將狀況電告總政戰部，主任王昇上將乃指示第四處處長王子英少將復電澎防部，可允許告狀的大陸漁民進入港內，從優接待，並立即派胡志直少將等前往澎湖負責處理。

「澎防部得到國防部的指示後，先准他們登岸，當晚問明情況。翌日即根據漁船出海的紀錄，將出事那天的出海漁民，由大陸漁民指認。結果認出做案的漁民，很快就查出為首的嫌犯。這些人本都是澎湖與高雄的善良漁民，其所以滋生出這樣的歹念，是由於該船在早期曾被大陸漁民搶劫而萌報仇的心理。所幸大部份的贓物黃金都起出來，只有一部份已被變賣。於是由澎防部先行墊款，購買了十足的黃金補足全數，還給大陸漁民。

澎防部雖能迅速破案，但事實上是臺灣漁民搶劫了大陸漁民，中共仍可藉此為宣傳。當時適逢雙十國慶，『劉少康辦公室』乃協調軍方，在國慶日當天的早上，以軍機將他們接至臺北，在民眾席上參加國慶大典，使他們看到了臺灣的富足與強盛，並難得的看到了蔣經國總統。接待人員招待他們在餐廳食用豐盛的午餐後，帶他們逛百貨公司，告訴他們喜歡什麼就買什麼，作為慰問他們的禮物。另外每人送一隻梅花手錶，在皆大歡喜的情形下，搭專機飛澎湖，再遣返大陸。」（註五）

由此一事實，可知海峽兩岸漁民糾紛的嚴重。為防止類似的情事再度發生，主任王昇將軍乃簽奉核准，由中國國民黨中央黨部大陸工作會、內政部、經濟部、臺灣省政府、國防部情報參謀次長室、作戰參謀次長室、總政戰部二處、四處、警備總部等單位，組成「中央漁事工作會報」；他自己兼任主任，由政計會主委兼任副主任，並在警備總部與高雄市成立漁事處，負責輔導漁民，為漁民服務，並處理海峽的漁事糾紛。又在高雄建立一座漁業廣播電臺，在澎湖建立發射臺，由白睿敞上校擔任臺長，每天二十四小時為漁民報告海上氣象，國內外新聞與漁業知識，使漁民同胞在海上作業時，可以隨時了解海象與各地所發生的重大事件，以確保漁民同胞的安全。

民國七十二年五月，我以漁事工作會報副主任的身份，邀集參加漁事會報各單位的負責人，組成工作團，遍訪臺灣全島、澎湖各島、小琉球、金門、馬祖、東引、東莒、西莒等地的漁港、與各地漁會負責人及漁民代表舉行座談會，並到船上實地了解漁民同胞的生活與實際困難，對其所提出的問題，都設法為之解決。在我的記憶中，高雄市與屏東縣的東港漁民人數最多，漁會的規模最大，工作也最有績效。而最苦的則是東引與東、西莒等地，他們的生活實在需要更多的照顧。

從漁事工作的處理，可以看出王昇上將勇於負責的精神與認真處事的態度，只要是對國軍、對國家、對人民、對反共有益的事，不論如何艱鉅，他都不辭勞苦，負起責任。

七、王昇將軍被「外放」

王昇將軍民國四十九年八月，由政工幹部學校校長調任國防部總政治部副主任，次年元月晉升中將，七月接替王永樹將軍擔任執行官。民國五十九年六月，總統蔣公見他對國家具有重大貢獻，特令晉升陸軍上將。他在擔任執行官一職長達十六年後，於民國六十四年四月，升任總政治作戰部主任。

民國六十九年元月，在面對中共的強大統戰攻勢下，總統蔣經國先生為了維護國家的安全與人民的福祉，特召見王昇，對他說：

「目前反統戰的工作非常重要，從現在起由你負責！」

王昇將軍追隨經國先生五十年，對於經國先生所交付的任務，他都奉命嚴謹，但這一次他感覺責任實在太大了。因此他請經國先生重新考慮人選，他願從旁協助。但經國先生卻十分堅持，王昇將軍在無可奈何的情況下，只得硬著頭皮接下此一重擔，但他卻提出一個要求：

「希望一切工作經由蔣秘書長（國民黨中央黨部秘書長蔣彥士）向主席報告與請示！」

經國先生說：「你們去商量好了！」（註六）

在當時沒有編制、沒有預算、沒有任何工作條件的情況下，得到蔣彥士秘書長的同意，在秘書長辦公室之下，設立一個小型辦公室，從有關單位借調九位同志來工作，這便是曾經暄騰一時的「劉少康辦公室」。

說來慚愧，我因平常工作繁忙，對於「劉少康辦公室」的狀況根本不了解。只曉得好友李明學長和李廉先生在「劉少康辦公室」工作，至於他們作些什麼，如何作法，甚至辦公室在那裡，我都不清楚。直到有一天，李在方兄邀我到來來飯店吃日本料理，他對我說行政院各部會對「劉少康辦公室」頗有微詞，尤其對李廉不滿，說他態度倨傲，盛氣淩人，叫人受不了，認為「劉少康辦公室」已成了「太上中常會」，他要我將實情轉報王將軍。我說李廉是幹校兼任教授，可能因長期對學生講課，養成了一種習性，將對學生講話的態度和語氣，用來對政府官員，叫人聽了不受用，最好還是請他直接向王將軍報告較好。

李在方兄與民進黨前主席許信良、理則學會總幹事高敬達等，同係政治大學畢業，王將軍曾教過他們國父思想，我也曾上過他們的理則學，所以在方兄一直很客氣的稱我「老師」，王將軍對他亦非常器重，後來他到韓國深造，獲得博士學位。民國六十六年七月，我任政治作戰學校副校長時，與總政戰部執行官廖祖述中將、心戰總隊長王業凱上校，應邀前往大韓民國訪問。那時他正在漢城，承他協助甚多。他曾私下對我說，當時的韓國大統領朴正熙治國無方，不得民心，不久將會被迫下臺。我聽後簡直不敢相信，所以在「訪韓報告」中未曾提及。孰知沒隔多久，朴正熙便被他的中央情報部長殺害了，而我們正是應該部長的邀請前往訪問的。在方兄對韓國政情了解之深，實在令人欽佩。

可惜像他這樣一位人材，我們政府竟未好好借重，直到陳水扁執政，他才被聘為總統府的國策顧問。

這事以後沒有多久，臺北各媒體，特別是幾家雜誌，便一窩蜂的攻擊「劉少康辦公室」，說它是「國民黨的太上中常會」。並將箭頭指向王昇將軍，說「王昇擁有一股潛在勢力」，說王昇已經是「一人之下，萬人之上」，說「王昇是軍事強人」，說「王昇是接班人」，說「王昇即將升王」，種種捕風捉影無中生有的謠言都浮現了出來。

民國七十二年三月，王昇將軍應美國政府的邀請，呈奉蔣總統經國先生核准，由國防部連絡室主任馬宗堯少將陪同，前往美國訪問。這是在美國與中共建交後，第一次正式邀請我國一位現役上將去訪問。行程係由老友美國前駐華大使館的參事丁大衛安排，並全程陪同。接見王將軍的人，包括美國國務院助理國務卿、中央情報局長、國家安全會議秘書、國防部代表、國會議員索拉茲、李奇、愛德華甘迺迪、學者專家史卡拉品諾、班納達、以及紐約外交研究所主任羅德等等。在接待方面極為禮遇，他和每一個人見面時，都以極誠懇的態度，將在國內所準備的資料，針對要見的人，事前寫成重點，作為談話的依據，言行極為小心謹慎。然而想不到訪問歸來，卻引起更多的議論，甚至說他這次訪美，是為「接班」找外援。而美國方面對他的言行動態，亦顯得特別關心。據一位在琉球工作的朋友告知，所有關於王將軍的資料，都要直接電告國務院，以作為其研判的依據與參考。

五月四日，也就是王將軍訪美歸來一個多月後，經國先生面告王將軍：

「劉少康辦公室解散！」

王將軍當時感到如釋重負，立即答應：

「很好！」（註七）

五月九日，總統發佈命令，特任陸軍二級上將王昇為國防部聯合作戰訓練部（簡稱聯訓部）主任，這對王將軍來說，實在太好了。因為他任總政戰部主任已經超過八年，在任滿三年時，他即提醒經國先生，請注意任期制度。雖然經國先生未予理會，但他每年都很認真的辦理假移交。現在能調聯訓部，對他來說，可以換一下環境，接觸一些新的事物。所以他仍一本既往的工作精神，積極開展工作。其間即曾指示筆者於七月二十二日下午二點三十分，前往聯訓部對所有將領與工作人員，報告「國軍政治作戰」，歷時一小時三十分鐘。那份講稿後來經總政戰部主任許歷農上將指示，印發全軍參閱。

可是不到半年的時間，即九月二十日，中央社消息，政府已內定王昇上將為我國駐巴拉圭共和國特命全權大使，於是全國震驚，輿論嘩然，都說「王昇垮了！」有些媒體甚至形容這是「政壇人事的一次大地震」。

本來高級將領出任大使，我國和美國都已早有先例。如在越戰期間，美國聯合參謀首長會議主席泰勒上將被派為駐越南的大使。我國派任大使的就更多了，如駐日本的彭孟緝、駐韓國的王東原、梁序昭；駐越南的胡璉、駐泰國的馬紀壯、駐約旦的王叔銘、陳嘉尚；駐土耳其的黎玉璽、駐薩爾瓦多的羅友倫、駐巴拉馬的黃仁霖等。他們有的當過參謀總長，有的當過軍種總司令，有的當過省主席，目的無非在加強與駐在國的軍事合作，貫徹反共復國的政策。只是大家萬萬想不到像王昇這樣與蔣經國數十年來所建立的深厚關係，在蔣經國的健康情形日漸式弱極需得力幫手的時候，為甚麼竟會突然將他外放？

有的說，這是中共的統戰成功。因為據可靠消息說，中共為了對付王昇，曾特別成立了一個「擒王小組」，由中共中央政治局的委員習仲勳負責主持。習仲勳曾任中共中央宣傳部部長、「國務院副總理兼秘書長」、中共政治局委員、中央書記處書記及「全國人大」常務委員會副委員長等職，是一個鬥爭經驗極為豐富的老手。當中共得知我方由王昇主持「劉少康辦公室」，負責對中共實施反統戰後，中共即以習仲勳來對付王昇。

也有人說，我們政府有「五老五小」，他們聯合起來，向蔣經國總統表示對「劉少康辦公室」不滿，並對王昇有一些微詞。惟到底有沒有所謂「五老五小」。這「五老五小」究竟是些甚麼人？似乎誰也不知道。倒是《新新聞周刊》的社長司馬文武（江春男）在一篇文章中提到：

「王昇權勢最高時，海內外稱他為軍事強人。如果他不下臺，後來的郝柏村一定當不上軍事強人，更登不上行政院長寶座了。」（註八）

王昇將軍曾自我檢討說：

「半世紀追隨經國先生，無論他交付任何工作，我都全力以赴，無論工作大小，我都認為是一種責任，從未想到過自己有甚麼權力，有甚麼地位。五十年來，自己感覺到從沒有得意的時候，也從沒有失意的時候，對於個人的進退得失，不僅缺乏警覺，簡直可以說是麻木不仁。」（註九）

王昇將軍以「麻木不仁」自反自責，足以說明他純真愚忠的性格。這種性格或是由於樸質誠懇的天性所造成，亦或是由於中國文化中的忠厚信實所薰陶。他只知道對經國先生竭智盡忠，尤其當經國先生的病情日趨嚴重，他就越是奮力工作不願再去煩擾他。

《資治通鑑》載：唐朝的名臣魏徵，發現有人在太宗皇帝面前講他壞話，有一天，當太宗召見時，他便奏明他的心意：

「臣幸得奉事陛下，願使臣為良臣，勿為忠臣。」上曰：「忠、良有以異乎？」對曰：「稷、契、皋陶，君臣協心，俱享尊榮，所謂良臣。龍逄、比干，面折廷爭，身誅國亡，所謂忠臣。」上悅，賜絹五百匹。（註十）

同樣的故事，在《貞觀政要》中亦有如下的記載：

徵再拜而言曰：「臣以身許國，直道而行，必不敢有所欺負。但願陛下使臣為良臣，勿使臣為忠臣。」太宗曰：「忠良有異乎？」徵曰「良臣使身獲美名，君受顯號，子孫傳世，福祿無疆。忠臣身受誅夷，君陷大惡，家國並喪，獨有其名，以此而言，相去遠矣。」太宗曰：「君但莫違此，我必不忘社稷之計。」乃賜絹二百匹。（註十一）

我想人人都希望作「良臣」，不希望作「忠臣」，但「忠臣」可能亦係由許多因素所造成。

王昇將軍曾說經國先生晚年因糖尿病引起足部神經劇痛，有一次，經國先生對他說：

「昨夜痛的通宵都未睡著！」

王昇將軍說當時他的心裡真感到如刀割一般，他五十年來一直敬愛追隨的老師、長官、總統，是如何在忍受肉體與心靈的痛苦，而仍盡心竭力為國家和人民在作最後的犧牲奉獻。因此，他當即下定決心，今後要更好好的把工作作好，只要是已奉核准的工作，就主動積極不顧一切困難去作，不要再時常去請示，去面報，去增加他的煩惱和痛苦。也許就是這一念之間，給予某些人以進讒的機會。因為他自己打破了五十年來追隨經國先生所一直秉持的行為模式，也可能因而引起經國先生對他的誤會，特別是當外界正造謠生事誣衊中傷他的時候。

最令王昇將軍痛心的，是經國先生逝世時，國內不准他回來奔喪，不讓他見經國先生最後一面，正如他所親撰的輓聯：

五十年患難追隨恩深瀛海

八千里山河待復痛隔雲天

所以當巴拉圭總統史托斯納爾率領文武百官前來大使館弔唁時，他竟忍不住失聲痛哭，使得史托斯納爾總統與所有官員都為之動容。

民國七十七年七月三日凌晨五點，王昇大使偕同夫人熊慧英教授乘華航班機返國，這是他在經國先生逝世後第一次回國，因為接到通知要他回來參加黨的第十三次全國代表大會。那天是星期天，又是凌晨，去接機的人不多。他一下飛機，就說要去慈湖，在慈湖謁陵之後，即轉往頭寮。他佇立在經國先生靈前，很久很久，我站在他的旁邊，看到他黯然神傷，滿臉哀戚，熱淚一顆顆流下來。上車以後，他很輕聲的說：「到七海」，雖然未事先通報，但蔣方良夫人仍然和他們晤談了一個多小時，然後才回到家裡。

王昇將軍因受經國先生的知遇教誨與提攜，不論經國先生給他甚麼職務，他都是全力以赴。即到巴拉圭當大使，亦是不辭勞苦，竭力協助巴拉圭政府在窮鄉僻壤建立一百多個農牧示範村，改善農村經濟，並建立肥料廠及合作社，又為華僑創立學校等等，從無一句怨言。他曾比喻說：

「一個戰士經常在火線上，不受傷，不喪命，是很少有的。」

當他回國後聽到蔣彥士秘書長告訴他，經國先生在逝世前曾告訴他說：「王昇仍應為黨國做事！」他聽後十分感動。這說明經國先生仍是信任他的，他生平所遭受的最多一次毀謗與最大一次誤會，終於能獲得經國先生的諒解，不致冤沈大海。

經國先生說：「王昇仍應為黨國做事」，但國內權威人士卻不讓他回來。使他在巴拉圭當了八年大使，直到民國八十年十月，才獲准回國，並立即辦理退休了！

大陸作家白樺在其名著《苦戀》（曾被拍成電影，在臺灣各地放映過）一書中的一首詩說：

既然是同志戰友同胞，
又何必為我設下圈套？

既然你要為我戴上鐐銬，
又何必面帶微笑？
既然你要從我背後插刀，
又何必將我擁抱？
你們在我的嘴上貼滿了封條，
我卻在自己的腦袋中畫滿了問號！
唉！既然是同志戰友同胞，
為甚麼不能像星星那樣互相照耀？

白樺寫的當然是中共內部鬥爭的慘烈情況，我們中國國民黨應該不會像這樣！一向對王昇將軍持批判態度的《新新聞周刊》，其發行人司馬文武（江春男）對王昇曾有如下的評述：

「其實，王昇本人自始至終，都是一位好學謙虛，沒有官架，生活儉樸，關心別人，以廉潔著名的長者。他曾說『我若是革命大道上一粒細沙，也要它是潔白無瑕的。』他只知道責任重大，拼命工作，而不瞭解自己有何權力，也不瞭解為何那麼多人誤解他，痛恨他。」（註十二）

註一：之宇著：《關於張學良的西安事變回憶錄》　北美世界日報　西元一九九九年一月二十一日
　　上下古今版

註二：王廣植著：《希望月刊》創刊即遭查禁的真相　傳記文學　第七十六卷第四期　頁七二

註三：同註二

註四：同註二

註五：尼洛著：《王昇險夷原不滯胸中》　頁四〇三　世界文物出版社出版

註六：同註五　頁三六三

註七：同註五　頁四〇五

註八：《新新聞周刊》第二七六期　頁三五

註九：同註五　頁四〇九

註十：《資治通鑑》（十）　卷一九二　頁六〇四〇　曾文出版社印行

註十一：唐吳兢撰：《貞觀政要》　卷二　頁四〇　臺灣中華書局發行

註十二：同註八

華視創台二十週年，總統李登輝先生，與總統府秘書長蔣彥士(右一)、中央黨部秘書長許水德(右三)、總統府副秘書長戴瑞明(右四)等蒞臨觀賞演出。第二排右三為總統府秘書室主任蘇志誠，曾喧騰一時的「兩岸秘使」，他即是李總統的代表

南非共和國總統波塔在開普敦接見我們訪問團

陪侍何一級上將敬公

總統府資政陳立夫先生（左）華視董事長易勁秋先生(中)

行政院前院長孫運璿先生（左二）華視董事長易勁秋先生（左）華視新聞部經理趙怡博士（右）

前副總統謝東閔先生(左二)蒞臨華視，董事長易勁秋先生親切接待，右一為行政室經理楊道傑兄，右二為監察室主任郭篤周兄

李登輝先生當選副總統後，由夫人曾文惠女士與總統府副秘書長張祖詒(左五)陪同，蒞臨華視餐敘，並至棚內巡視

李總統登輝先生

台灣省主席連戰博士伉儷設宴款待

行政院前院長李錫公；左一為何澤浩學長

國父孫中山先生的哲孫、孫治平先生伉儷光臨華視參觀

蔣緯國將軍、李豔秋主播(右二)、方光申編審(右三)、葛士林組長(右四)與王鈞製作人(左一)

華盛頓「華視新聞中心」成立時，我國駐美代表錢復博士伉儷蒞臨致賀，中為李慶安小姐，時為華視駐華府特派員

與好友李瞻所長(左三)、鄭貞銘主任(左二)、祝基瀅主任(左四)、王洪鈞教授(左五)等新聞學術界的專家學者合影，右一、二為華視新聞部副理吳江、經理金永祥

華視一級單位主管

右起為新聞局長胡志強博士，李慶安小姐，法務部長馬英九博士

在空軍清泉崗基地勞軍，右一為鄧麗君小姐，右三為胡瓜先生

名演員趙雅芝小姐(右三)歐陽龍先生(左一)及名製作人朱朱女士(左二)等

與「包青天」主要演員合影，右一為節目部經理張永祥兄，左二為製作人趙大深兄

與名作家王藍先生為「藍與黑」演出成功切蛋糕慶祝。左四為前節目部經理陳邦夔兄

雙十節前，率團到琉球宣慰僑胞，中為王理事長

率團前往金門勞軍

率團到成功嶺勞軍

率團前往馬祖勞軍與司令官丁之發中將攝於高登島，丁中將其後榮任軍團司令與聯勤總司令，晉升上將

與周聯華牧師

主持電視演講會

在東沙群島勞軍

在澎湖列島勞軍，左為軍友社總幹事王恕民將軍

左起為李發強學長、何澤浩學長、陳潔學長、劉先公(先雲先生)、賀志懷先生、李錫公(煥先生)、羅光瑞院長及王軼猛先生

華視宴請政治作戰學校歷任校長

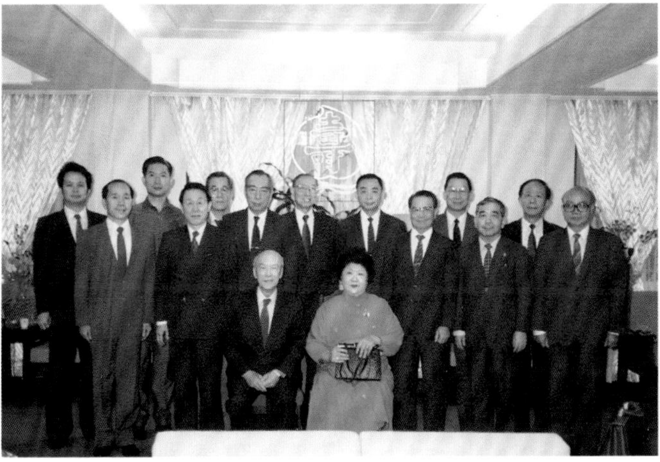

壽宴前與王老師化公、師母合影

駐越軍事顧問團的戰友們，前排右四為司令姜獻祥中將，右五為王爵榮博士、右六為副司令周顥將軍

湖北農學院的學長們與其寶眷前來華視參觀

當陽縣旅臺鄉友們在國軍英雄館舉行新春聯歡會、倍感溫馨，承鄉長們抬愛，成立之初即推我任會長

在介壽館一起工作的老朋友及嫂夫人們

武漢區大專院校同學來台四十週年，舉行聯歡餐會

老朋友，好鄰居

與王漢增、陶光遠、詹啟春、柏隆鑂，及桑克球等好友，在溫哥華相遇並同遊

到中山陵謁陵，左為吳鍾祺先生、右為高德雲先生

與華視新聞部經理周曉輝及財務室組長許念台同遊上海黃浦灘

與表弟翟小建伉儷遊長城

在杭州

在蘇州

在北京天安門

在武昌黃鶴樓

在當陽長阪坡

在台北國父紀念館前廣場

在黃鶴樓，中為戚永安先生，左為侄外甥婿張春雷局長與侄外甥女龐代瑛主任伉儷

在華盛頓白宮前

遊武漢東湖

背後為舉世聞名的紐約世界貿易中心雙子星大樓，我曾在107層的餐廳用餐，2001年9月11日被恐佈份子劫持兩架民航機相繼撞燬，死六千餘人，世界為之震驚

與葛士林組長，趙善意編輯參觀美國西點軍校

應邀參加美國第四十屆電視艾美獎頒獎典禮

與李謹愓兄同遊舊金山

紐約自由女神

參觀日本NEC公司

在美國拉斯維加斯參加NAB年會

在羅馬

在梵蒂岡

在巴塞隆納

三臺在巴賽隆納採訪奧運新聞的朋友們舉行工作會報

在巴黎羅浮宮

在巴黎凡爾塞宮花園，左起為林福才總經理、成天明博士、新聞部林麗玲副理及主播李豔秋小姐（右一）

在阿姆斯特丹

在摩納哥皇宮前

在莫斯科紅場與紅軍合影

布拉格的秋天

參觀倫敦的BBC電視臺

多倫多的尼加拉瀑布

在廣島參加第十二屆亞運會

在紐約出席「向中華民國電視致敬」活動時，接受當地記者訪問。左為新聞局長胡志強博士伉儷

與美國最受歡迎的ABC電視臺新聞主播MR. Peter Jennings晤敘，後來華視曾立即轉播他所主播的新聞

在拉斯維加斯

第十三章　中華電視公司

一、為「讓位」提前退役

曾有朋友問我為什麼要去華視，其實並不是我自己要去的，乃是上級的安排。七十二年八月一日，總政戰部執行官廖祖述中將到我辦公室，他一進門便對我說：

「要請你讓位！」

我問：「讓給誰？」

他說：「曹興華！因郝先生（新任參謀總長郝柏村上將）不喜歡他，要他離開陸總！」

（曹興華兄時任陸總政戰部主任）。

我說：「興華兄多才多藝，經驗豐富，為什麼會這樣？現在郝先生已當了總長，陸總隔的比較遠；調來這裡，經常要在一起開會，不是更不好嗎？」

廖執行官說：「這是上級的意思。」

我心裡已很明白，但仍忍不住問了一句：

「那我到那裡去？」

廖執行官說：「去華視當主任秘書！」

我說：「華視的主任秘書不是王良翰先生嗎？他是我的老長官，我怎麼能去搶他的位子呢？這不好！」

廖執行官說：「他已延退一年了！過了陰曆年就退休了！在他未退之前，你委屈一下，先當專員室主任！」

當天晚上，總政戰部主任許歷農上將偕同夫人陳慶華大姐親蒞寒舍，他非常親切的對我說：

「我已向郝先生報告，希望你無論如何要留下來幫我的忙！劉副主任已到限齡退役的時間，你先接他的職務，至於爾後能不能接執行官，我現在不敢保證！」

我一聽要我留下來接那位劉副主任的職務，就更加強了我離開總政戰部的決心，於是我很誠懇的婉謝了許主任的盛意。實在我內心對他的學識修養與領導才能，極為敬佩。在陸軍將領中，他實在是一位不可多得的將領。我曾三次在他的麾下工作，心裡一直感到很愉快。

八月二十八日下午，參謀總長郝柏村上將在他的會客室召見，這是對退役將領的一項例行公事。那天同時召見的還有人事參謀次長范良然中將，他也是退役。郝上將對我說：

「聽說你的理則學寫的很好，送我一本！」

從這句話證明許主任確實是曾向郝上將提到我的，因為我和郝上將這是第二次見面。第一次是我七十年元旦晉升中將時，他以陸軍總司令的身份，在南昌街陸軍聯誼廳設宴款待，主辦單位將我安排在他那一桌。他一入座，即問同桌的賀雨辰學長（同時晉升中將），我在那裡。所以如果不是許主任向他提起，他不可能曉得我寫過理則學！

九月一日正式脫下軍服，離開服務了三十五年多的中華民國國軍，正如警備總部前副總司令阮成章中將所說：

「這套兩尺半，穿在身上倒不覺得怎麼樣，當要脫下它時，還真有些難捨！」

我還未到華視報到前，總經理吳寶華先生即邀我和他兩人到銀行俱樂部午餐。他將華視的現狀與他的經營理念告訴我，使我倍感親切。吳先生係中央幹部學校研究部第一期畢業，他曾參加十萬青年十萬軍的從軍運動，擔任青年軍二〇六師的團督導員，復員後出任嘉興青年中學校長。來臺後歷任海軍官校政治部主任、海軍總部政治部副主任、政治作戰學校副校長、及總政戰部副主任等職，為國軍政戰的先進。我雖未曾追隨過他，但對他的行事為人相當了解，也十分敬佩。

華視最早成立的目的，主要是在推行軍中政治教育，加強社會宣傳。但因當時政府規定不再開放電視頻道，所以一籌莫展。總政戰部執行官王昇將軍花了許多心血，好不容易才獲得國防部長蔣經國先生的首肯，並徵得教育部長閻振興先生的應允，以教育電視臺所擁有的頻道，籌建新的電視臺，並由國、教兩部會函，報請行政院核准。於五十九年八月成立籌備指導委員會，由王昇將軍兼任主任委員，教育部社教司長劉先雲先生擔任籌備處主任，積極展開建臺工作。經日夜趕工，終於民國六十年十月一日開始試播，同年十月三十一日正式開播，成為臺灣第三家無線電視臺，由劉先雲先生榮任總經理。

劉先公在抗戰初期（民國二十七年）即任陸軍九十四軍政治部上校主任，旋調升長江上游江防總司令部政治部同少將主任。二十九年陳誠上將兼湖北省主席，調劉先雲任湖北省戰時省會所在地的恩施縣縣長，嗣又調任三民主義青年團湖北支團部幹事兼書記（幹事長由省主席兼任），負責推展全省的團務工作。三十七年膺選為立法委員，不久又任湖北省政府委員兼秘書長。來臺後歷任臺灣省政府委員兼教育廳長、臺北市教育局長、教育部社教司長、常務次長、考選部政務次長、考試院秘書長等重要職務，對抗戰、對反共，特別是對臺灣實施九年國民義務教育，貢獻至為宏偉。我初中畢業時，與任藝華學長一同到湖北支團部「打工」，得以認識劉先公，來臺後復多次承蒙教誨，衷心感激。

七十二年九月十二日我前往華視報到，當時公司在董事長易勁秋先生、總經理吳寶華先生、副總經理林登飛先生、主任秘書王良翰先生之下，設有五個部、四個室、三十三個組及一個出版社，另有華國、華功、華廣等三個企業機構。不久，又成立了演藝人員訓練中心。行政室經理郭篤周（繼任者為賀德恆、魏祚民、聞功九、楊道傑、佘憲生）兄、企劃室經理徐次衡兄（李中固兄、鄭淑敏女士）、財務室經理何道錫（李中平）兄、節目部經理陳邦夔（張永祥）兄、新聞部經理金永祥（黃新生、趙怡、周曉輝）兄、教學部主任周奉和（張霄亭、陳石貝）兄、工程部經理胡嘯虎（劉法餘）兄、業務部經理李中固（任子衛、陳剛信）兄等，原本都很熟悉，能加入他們的工作行列，也很愉快。

專員室的工作，在負責人員、器材、設施、裝備、財務、環境，特別是節目播出的安全。當時有副主任王一道兄、安全師程斗剛、嚴文禧、黃澄波等同仁及十餘位警衛隊的隊長與隊員。他們都是退役的憲兵校、尉級軍官，經驗豐富，認真負責，表現極為優異。

七十三年三月一日，主任秘書王良翰先生退休，公司發佈命令由我接替，我的職務則先後由郭篤周兄與李永成兄接任。四個月後，也就是七月十二日，副總經理林登飛先生榮調中央電影公司的總經理，華視董事會一致推選我接任副總經理，主任秘書一職則由徐次衡兄與魏祚民兄先後接任。祚民兄謙沖和祥，精明幹練，對各單位的協調督導十分完善，大家在工作上都相處非常融洽愉快。

後來曾有權威人士數度告訴我，準備接任新職，並云業已確定，但我並未置信，結果果然不出我所料。我雖生性魯鈍，但對事情的可能發展，尚能有一些判斷。我一向只是將本職工作盡心盡力的作好，從未尋求過任何新的職務，這是可以心安理得引以為慰的。

在我長期工作中，林德政、胡祥瑞、汪根法、王紹誠、金萬鐘、黃明濤、李泰臨、周孝文等先後為我擔任秘書，他們都盡心竭力，任勞忍怨，給我很多幫助。其後由於他們在各種工作崗位上表現優異，林德政獲升少將，歷任馬防部與陸軍官校政戰部主任、及警備總部政戰部副主任；李泰臨歷任華視企劃室經理、新聞部經理、及節目部經理；王紹誠曾任政治作戰學校體育系教官與系主任。黃明濤歷任華視資料組與影片組組長及國際衛視公司副總經理；金萬鐘退役後，前往越南從事經貿工作，成效豐碩。而周孝文在我退休後，仍被數位繼任副總經理留作秘書，不忮不求，奮力工作，獲得一致好評，實在難能可貴。汪根法與胡祥瑞卻不幸英年早逝，令我時深懷念。

二、一切都為了螢幕

企業的責任在為社會創造有用的產品，提升人民的生活品質，促進社會的繁榮進步。電視也是一種企業，不過它的產品不是擺在貨架上，也不是堆在倉庫裡，而是展現在螢光幕上。所以電視公司的員工，不分晝夜辛勤工作的唯一目標，都是為了螢幕上的聲光畫面，新聞、體育、戲劇、綜藝、教育、文化以及各種特別節目，都由新聞、節目、教學等部，在其不同的領域，竭盡所能製作最好的節目，呈現給觀眾觀賞，至於其他各部室，則都全力配合盡力支援。

前面曾提到華視是為空中教學而成立的，除了國軍莒光日電視教學外，曾先後製播空中高中、高職、國中輔導教學節目。後來隨著社會的需要，製播空中商專、行專及大學選修科目。民國七十五年八月空中大學正式成立，設人文、社會科學及商學等三個學系；學生則有自修生、選修生與全修生。全修生修滿一二八個學分畢業，除了不能戴學士帽外，和普通公私立大專院校畢業生享有同等的待遇。空中教學各階層畢業的學生，已超過三十餘萬人。每次參加他們的畢業典禮，面對「白髮紅顏、老少咸集、士農工商、百業同窗」的場面，心裡真是歡愉。教學部為了弘揚中華文化，除教務、製作兩組外，尚有文化組，先後製作了「每日一字」、「每日一辭」、「中國書法」、「中國繪畫」、「錦繡河山」、「源遠流長」、「玉的故事」、「陶瓷故鄉」、「生活論語」、「孟子精神」等許多節目，播出後甚受海內外同胞及社會大眾的歡迎與好評。

華視新聞每天播報五次，即晨間的早安今天、午間的客家語新聞與閩南語新聞、午間新聞、晚間新聞及夜間新聞。為了重視中南部的新聞，在臺中、高雄設立新聞中心，採訪中南部所發生的事情。為使國內觀眾能直接收看外國新聞，曾立即轉播美國ABC新聞，並在夜間新聞時段直接與英國的維氏新聞社VIS NEWS作衛星連線播出。同時又與美國哥倫比亞廣播公司CBS、合眾國際電視新聞UPITN、世界電視新聞WTN、美國有線電視網CNN及日本NHK等國際著名的新聞機構簽約，將其新聞以衛星傳送或連線播出。華視並不斷增購最新器材，考選優秀人才，以提升新聞品質。為彌補各節新聞報導的不足，又製播許多常態性的節目與各種特別節目，如「華視新聞雜誌」、「華視新聞廣場」、「新聞追擊」、「新聞探索」、「國際瞭望」、「面對觀眾」等等，以各種不同的形態，竭誠為觀眾服務。其中「華視新聞雜誌」歷史最久，由於製作精良、內容豐富、畫面生動，深受觀眾歡迎，幾乎每年都獲得廣播電視金鐘獎，其中包括最佳新聞節目、最佳新聞節目主持人、最佳採訪、最佳攝影、最佳剪輯等。其它各節目，亦曾多次獲得廣播電視金鐘獎。同時為加強體育新聞的報導及體育節目的製播，特成立體育組，不惜重金，轉播國際與國內的重大體育活動。每週一至週五下午並播出一個小時的「體育世界」，週日上午則播出「運動天地」，為喜愛體育的觀眾提供最佳的服務。

華視夙有「綜藝王國」的美譽，一直創新求變，不斷推出各種大型綜藝節目，如「綜藝一〇〇」、「鑽石舞臺」、「雙星報喜」、「百戰百勝」、「歡樂週末派」等等，展現出百花怒放、五彩繽紛的歡躍面貌，贏得觀眾的賞識，每年都獲得許多廣播電視金鐘獎。

至於戲劇節目，更是多采多姿、動人心弦。尤其八點檔連續劇為電視臺的主力節目，華視更是全力以赴，迭創佳績。如由楊道傑先生製作的「河山春曉」，鄧育昆先生製作的「煙雨江南」、「江南遊龍」、「花月正春風」，宗華先生製作的「一代佳人」、「紅粉佳人」、「楊貴妃」、「西施」、「八千里路雲和月」、「一門英烈穆桂英」，古軍、唐威先生製作的「藍與黑」（王藍原著），朱朱女士製作的「京華煙雲」（林語堂原著），林伯川、劉燦榮先生製作的「京城四少」，陳烈先生製作的「風蕭蕭」，林伯川先生製作的「追妻三人行」，陳坤厚先生製作的「紅塵有愛」，王小棣小姐製作的「壯士行」、「音容劫」，平鑫濤先生製作的「幾度夕陽紅」、「煙雨濛濛」、「庭院深深」、「在水一方」、「海鷗飛處」、「六個夢」，與趙大深先生製作的「大兵日記」、「包青天」等等，都曾造成轟動，創收視高峰。其中「河山春曉」係為紀念黃埔建軍六十週年，劇中對黃埔健兒犧牲奮鬥之精神與敢愛敢恨之情操，刻劃入微，扣人心弦，不僅獲得觀眾熱烈反應，且獲得中央黨部、國防部、教育部、新聞局、新聞學會等單位頒發團體及個人獎章、獎狀。國防部並舉辦餐會，嘉勉所有參與此劇之工作人員與演藝人員的辛勞。

電視可以說是一門很現實的行業，不論是新聞、戲劇或綜藝，乃至其他節目，只要是收視第一，廣告便會蜂擁而至。如收視平平，即使業務人員去求，亦難得求來。因為廠商上廣告，為的是要有人收看，並進而購買他的產品，如果沒有人收看，他的鈔票便是白白的浪費了，所以廠商是很現實的。觀眾更是很現實，任何一個節目，如果他不滿意，便會立即轉臺，去找他「所喜歡的人，所關心的事」去了。所以有些戲劇，未播幾集即提前下檔，而有些戲劇或綜藝，卻一再製作續集。有些演員會一砲而紅，身價暴漲，而有些演員卻演了一檔戲後，便銷聲匿跡，不見蹤影了。電視臺或製作人為了爭取臺譽和業績，乃不惜工本，相互挖角，有時弄得很不愉快，這也可以說是電視界極力競爭的一種自然生態。

民國七十九年春，平鑫濤先生受華視委託製作「六個夢」。在此之前，他已為華視製作了五檔戲，每檔的收視率均高居第一。他因求好心切，加之各項費用上漲，因此他要求將每集的製作費提高到一一〇萬元。這在當時確實是相當高的價碼，公司負責人認為不能接受，幾經折衝，雙方都不讓步，致使「六個夢」只作了三個（婉君、啞妻、三朵花），剩下來的三個便轉往中視去作了。這對中視來說，真是喜出望外。因為他們一直遊說平鑫濤先生轉臺，現在成功的獲得了一支常勝軍，自然是欣喜無比。但對我們華視來說，不但失去了一張王牌，而且立即成了我們的強敵。其實一一〇萬元一集的製作費，雖比其他的連續劇要高出一些，但因收視率高，廣告不但可以滿檔，還可以搭配許多其他的節目，絕對比一般的節目要好得太多。而且好的節目，大陸和東南亞地區，乃至美國、加拿大，都會購買播映權，可以一賣再賣，財源滾滾。尤其平鑫濤先生製作節目，可以說都是在和他自己競賽，他要一檔勝過一檔。不但由他的夫人瓊瑤女士親自編劇，或指導林久愉小姐編劇，每一個演員都經過精挑細選，一定要找到最適合劇情需要的角色。至於導播導演更是一定要富有經驗的高手，且對製作流程的管制亦極嚴格，決不輕易更改，不達到一定集數的存檔決不上檔，即或公司要他出來救急，他亦決不答應。這在其他的某些製作人則是求之不得的，因為戲一上檔，他就可及早支領製作費。所以將節目交給平鑫濤先生製作，是絕對放心的。然而像他這樣一個優秀可靠的製作群，竟為了一集多十餘萬元製作費，便輕易放棄了，實在令人惋惜！中視副總經理王世正兄曾數度對我說：

「平鑫濤到中視後對我表示：在華視這麼多年，只有陳祖耀一個朋友。」

其實就我所知，華視有很多工作同仁，都對平先生很好，尤其節目部經理張永祥兄，更是他的老朋友。瓊瑤女士的小說都拍成電影，好多部即是永祥兄改編的，所以他們的交情深厚，我則是在華視認識。平先生伉儷對華視的貢獻，我常心存感激，而對他們賢伉儷的才華與敬業精神，更是十分欽佩。

電視臺的工作，可以說分分秒秒都在競爭中。一方面要和時間競爭，因為電視臺賣的就是時間，而時間卻稍縱即逝。當然最主要的是和友臺的節目競爭，那一臺的節目收視跑第一，那一臺的廣告就獨佔鰲頭。因此腦海裡時時所想的便是該製作出甚麼樣的好節目，才能引起觀眾的興趣，滿足觀眾的需求。民國八十年間，由於黑金泛濫，社會缺乏正義，因此想到製作「包青天」。但節目部同仁卻認為此時來作如此嚴肅的古裝劇，恐怕不合時宜，不過他們並未明白表示反對意見。在我一再催促下，他們乃委由趙大深先生製作「劉伯溫傳奇」，放在晚間九點卅分播出。想不到收視還不錯，因此才進而製作「包青天」。第一個單元「鍘美案」一上檔，收視率即突破三十，搶佔第一。接著第二個單元「真假狀元」、第三個單元「狸貓換太子」，收視率更遙遙領先兩友臺。可是這三個單元加起來不過才十九集，據節目部同仁事後告訴我，那不過是準備對我有所交代而已。現在因受觀眾的喜愛，不得不緊急動員，加緊趕製，以致弄得人仰馬翻，飾演「包青天」的金超群先生連續三個月都未上過床，實在睏得不能支持時，便趁錄製的空檔時間靠在沙發椅上打個盹，他的夫人陳琪女士則每天燉雞湯給他補充營養，就這樣不分晝夜的拼命趕錄。由於收視率高，大家士氣高昂，雖然十分疲勞也不放在心上。

最重要的是劇本，沒有好的劇本，不可能出現好的戲劇。而要有好的劇本，必須要有好的編劇，所以編劇實在是戲劇的靈魂。因此節目部和製作人趙大深先生便極力尋求編劇，結果找到蔡文傑、鄧育昆、陳文貴、左亞榮、賴慧中、姚慶康、溫麗芳、李小寧、周平、梁立寅、陳曼玲、韋辛、李昌民、宋文仲、李宜等小姐先生（依戲劇播出時序）。其中陳文貴的「寸草心」、「真假包公」，韋辛的「紫金鏈」，鄧育昆的「天下第一莊」，周平的「屠龍記」，陳曼玲的「鴛鴦、蝴蝶、夢」，賴慧中的「孔雀膽」等，收視率竟高達四十以上。為了慰勉他們的辛勞，感謝他們對華視的貢獻，特在他們認為比較適當的時間，我分批設宴款待，並請節目部的經理張永祥兄、副理廖季方兄及製作人趙大深兄一起參加。張經理和廖副理在討論故事和劇情時都全程參與，張經理並親自修改劇本，真是費盡心力。

「包青天」連續劇自民國八十二年二月二十三日（星期二）上檔，至八十三年元月十八日（星期二）下檔，歷時十一個月，共播出四十一個單元，二百三十六集，動員編劇十五人、導演十四人、外景武術指導七人、美術指導六人，演員則超過二百餘人次，收視率一直高居不下，將兩友臺的八點檔壓得喘不過氣來。無論他們怎樣創新製作，強勢宣傳，但一上即垮，始終無法翻身，收視率且掉到個位數，他們當然迫切希望「包青天」能儘速下檔。

在題材面臨困難的時候，我建議改變方式，製作「包公出巡」，可前往大陸、香港或東南亞等地拍攝，更可一新耳目。不巧那時正要舉行選舉，有關單位希望「包青天」挾其浩大的聲勢前去幫忙站臺，發揮吸票的作用。但對金超群來說，日夜要趕著拍戲，已經十分疲累，特別是他曾參加上一屆的立法委員選舉，因未獲得黨的提名而告落選，且因而欠了一大筆的債，現在要他去為別人站臺助選，心裡當然很不是滋味。因此據說他開出了相當高的價碼，讓有關單位為之不爽。華視負責人因對上級不好交待，心裡也不愉快，同時製作群內由於時間已久，人多事繁，可能亦有一些意見，因此便將此一越播越盛、歷久不衰的「包青天」猝然下檔了。

然而未隔多久，便有一家電視公司邀請飾演「包青天」的金超群，以及飾演展昭、公孫策、王朝、馬漢、張龍、趙虎等人，合力演出「包公出巡」。又過了一段時間，金超群自任製作人，仍以他們原班人馬製作「包公奇案」，內容亦都非常精彩，普遍獲得觀眾的喜愛，當然也都賺了不少鈔票。

金超群在接受民生報記者訪問時說：「當年華視要案子和要人的，只有一個陳祖耀。」其實他這話並不完全正確，我承認「要案子的」是我，但「要人的」則是節目部的經理張永祥兄和我商量後決定的。當時有人認為金演反派太久，形象有問題。我和永祥兄則認為形象是由劇情決定，決不會有問題。此外，則是在酬勞上的照顧，金超群接戲時，他的酬勞幾乎只有飾演展昭的何家勁的三分之一，而「包青天」一劇，乃是以金超群為主角，他不但拍得十分辛苦，而且演得極為成功。因此我覺得他的酬勞至少要和何家勁一樣多，甚或再多一些也不為過。所以我曾催促為他增加，因我覺得任何事情總要做得公平合理，才能不愧於心。

三、華盛頓「華視新聞中心」成立

美國雖於民國六十七（一九七八）年十二月背信忘義，宣佈與我國斷絕外交關係，但實質上與我國在經濟、文化等各方面的關係，仍十分密切。由於美國是當今世界的強國，她的一舉一動都為世界各國所關注。華視為加強報導中美間的重大新聞及美國地區華僑同胞的動態，決定在華盛頓成立「華視新聞中心」，並派獲有美國馬里蘭大學傳播碩士學位的李慶安小姐為特派員，負責此一工作。經李小姐與其夫婿余紹迪博士的積極籌備，並決定租用美國新聞總署華盛頓新聞中心的辦公室，及電視新聞傳送設備。「華視新聞中心」訂於一九八五（民國七十四）年七月十五日成立，公司為了表示對此事的重視，特派我前往主持成立酒會。

我和支洪於七月十二日離開臺北，經過洛杉磯，得與張永祥兄之夫人任芝蘭大嫂、曾文偉兄伉儷、方心豫兄伉儷等相見。並承他們熱情款待，陪同參觀環球影城 Universal City 與杭亭頓公園 Hunting Garden 等名勝，夜宿永祥兄府邸。十四日抵達華盛頓，受到李慶安小姐伉儷、駐美協調會新聞組長姚雙先生伉儷、洪士範兄伉儷、與柴涵兄伉儷等的熱情歡迎。晚餐後並由李慶安小姐等陪同遊覽市區，想不到入夜以後，華府街上很少看到白人，許多應召女郎招搖過市。余博士並囑我鎖住車門，似乎又是另一種氣氛和景象。

十五日上午，我們前往美國國家廣播電視公司華盛頓分公司（NBC TV Stations Division）參觀，由於時間有限，我們只看了新聞與體育部門。新聞部採訪組有二十四位記者，分為十二個採訪小組；另有撰稿人、製作人、主播與九位剪輯，每一位主播均有單獨的辦公室，一切設備均相當新穎。

午餐後，我們即到國家新聞大廈（National Press Building）去看「華視新聞中心」的辦公室，並將從臺北帶去的招牌掛起來。然後去看酒會的場地，並詳細檢查以防有疏漏的地方。由於李小姐請了許多熱心的朋友幫忙，會場佈置得很典雅大方，各界送來各式各樣的花籃，更將會場點綴得花團錦簇，十分搶眼。五點不到，賓客們即絡繹來臨，我國駐美代表錢復博士伉儷、副代表程建人博士伉儷、陳香梅女士、果芸將軍等政府官員、中外友人、僑領、僑胞以及各國駐華府記者約兩百人，都前來祝賀，並有許多媒體前來採訪。李小姐準備的茶點也很豐盛，客人們留戀到七點多鐘始逐漸離去，大家都讚許這是一次很成功的酒會。

第二天上午九時，前往拜會駐美代表錢復博士。錢代表非常親切熱誠，好似老朋友久別重逢一樣。當時美國總統雷根正因病住院，引起各方關注，錢代表對雷根的病情與發展作了一番分析。他說雷根每年都有健康檢查，竟然會發現一個大腫瘤，大家對海軍醫院的診療，都覺得有些不可思議。然後我們到代表處各單位拜會，看到李將軍筱堯兄，特別感到親切，因為他曾是駐越南的武官，我們在西貢時常常見面。又去向姚雙組長辭行，感謝他對我們的熱誠接待。接著即趕往National Airport搭乘東方航空公司的班機前往紐約。由華盛頓飛紐約，每小時都有班機。我們先到行政院新聞局駐紐約辦事處拜會陳宗堯處長，下午去參觀CBS哥倫比亞廣播電視網。

回程時經過舊金山，獲得李謹惕學長伉儷及其闔府的熱烈歡迎。他並請來文貫一、沈興華、林朱培、楊連章等學長作陪。又陪同遊覽中國城、金門大橋、舊金山公園，復由漁人碼頭乘船遊覽整個灣區，飽覽了舊金山的美景。

七月二十一日經日本東京，華視特派員張道生兄伉儷與傅級三、林恕等學長都特別撥冗前來接待，並前往TBS電視公司參觀。當晚六點多鐘由東京成田機場搭機返國，結束了第一次的訪美之行。

四、國際廣播電視界的盛事

電視工作有競爭，也有合作，不論國內國際都有互動關係。就我親身參與的體認，下列三項乃為各國電視臺所關注的大事：

一、美國 NAB 年會

美國廣播電視協會（National Association of Broadcaster 簡稱NAB）每年四月間召開年會，同時舉辦廣播電視裝備器材展覽，世界各國的著名廠商都將他們新近研發出來的產品運來參加展出，因此世界各國的廣播電視公司無不派員前往觀摩採購。每年參加展出的廠商都在三千五百家以上，在展示期間，有立即成交的，有先訂後送的，但絕大多數都是先索取資料，經詳細研究後再作決定。每年前往參觀展覽的人數都在五萬人以上，且有逐年增加的趨勢。

我第一次前往參加這個盛會，是在西元一九八六年四月，地點在德克薩斯州達拉斯市（Dallas, Texas）的會議中心（Convention Center）。我和工程部副控組的趙玉楷組長（後升任副理、經理，極為優秀），出發前即針對公司的需要，確定觀摩與準備採購的重點，如節目後製中心的裝備與設施、電腦繪圖機、廣告播映設備、ENG剪接設備、特殊效果設備、雙聲道電視設備、電視直播衛星設備，節目製作及播映的最新裝備等等。

四月十三日上午九點，我們由時在德州留學的王漢國中校（獲得博士學位後回國服務，後來晉升少將，歷任總政戰部第二處處長與政治作戰學校教育長、副校長）、洪隆訓中校（獲得博士學位，歷任政治作戰學校教授、系主任）陪同，前往會議中心報到，只見各種大型裝備和器材如轉播車、天線等，都已矗立在廣場上。第二天上午九點正式開幕，車如流水，人潮洶湧，我和玉楷一早即進入會場，依會場排列的順序，一排排的觀看。先作概略性的了解，然後再選擇我們所需要的產品，作較詳細深入的觀察。並與廠商研談，了解各種器材的性能與價格，所有廠商都竭盡所能，大力推銷其產品，各種廣告資料，更是不惜工本，印刷得極為精美。由於場地太大，又無休息的地方，只有在攤位前聽解說時，偶而才能獲得坐位。中午我們到三樓用餐後，再繼續觀看，直到下午六點結束，連續三天，決不放棄這一大好機會。當我們將需要購買的器材與裝備加以瞭解並將資料蒐集完整後，始滿意地離開會場。

一般來說，大多都是採購第二代產品。因為第一代剛出來，雖然是最新，但性能可能尚未穩定，經過使用後，廠商會改進，所以第二代產品比較完美可靠。電視器材都相當昂貴，動輒幾十萬、幾百萬、甚至上千萬，在採購時不得不特別慎重。所以搞電視，最重要的是人才與錢財。有人才沒有錢財，根本沒有著力點；但僅有錢財沒有人才，再好的器材裝備，亦不過是一堆破銅爛鐵，作不出好的節目來，無法與人競爭。

我參加過四次NAB，最後一次是西元一九九三年四月，地點已改在著名的賭城拉斯維加斯（Las Vegas）。這次參觀的重點為高傳真電視HDTV、微波衛星車SNG、微波採訪車ENG VAN、訊號中心、新聞棚自動化、自動方向調整、自動化設備、類比微波（數位微波）、基地臺直昇機等。由於這次參觀的重點很多，責任重大，所以除了工程部的經理劉法餘、組長趙玉楷、劉欽仁、彭俊雄外，還有企劃室的電腦組長楊湘媛、財務室的審核組長傅惠君、新聞部採訪組的副組長賈冠慶、節目部導播組的音效洪傳鼎、行政室器材組的吳國宏及監察室的胡延生等同仁共十一人，各就職責，前往參觀了解。

NAB十九日上午九時開幕，展示場仍分戶內與戶外。戶外為專業車輛展示場；戶內分南館、北館，佔地很廣，並按產品種類分區展示。高傳真電視展示館，就設在我們所住的Hilton Hotel內。由於展出地區廣、產品多，我們乃依照大會展示場的排列及各種討論會的日程，並就本公司裝備需求的優先次序，決定第一天參觀整個會場，一排一排的看，瞭解全盤的狀況。第二天重點參觀自動化器材、新聞製播器材，並參加有關錄製系統會外特別研討會。第三天按各人所負任務需要再作重點追蹤參觀，並蒐集各項技術資料。日本的 SONY 公司在第二天上午，特邀我們到 Bullys Hotel 的三樓，參加他們為客戶所作的簡報，他們由六位部長分別以幻燈片介紹最新的產品及未來發展的趨勢。他們在簡報中曾一再對 Panasonic 和 Ampex 表示敵意，商場如戰場，信不誣也。

從展示場內看到 Ampex 和 Panasonic 的自動播映系統、成音系統、微波車與 SNG 等，深感科技人員的腦筋真是動得很快，許多東西真有意想不到的新奇。整個趨勢是儘量精緻化、短小化，原來的許多器材現在都已變小了。而且已將多種功能結合在一起，可以減少許多人力，只是價錢卻也相對地提高了。電視真是一種最花錢，而又最需智慧的行業。

二、美國電視艾美獎

一九八八（民國七十七）年八月，美國電視艾美獎（Emmy）舉行第四十屆頒獎典禮，特邀請我國電視工作人員前往參加。因此新聞局廣播電視處長曠湘霞、臺視、中視、華視各派三人前往。華視由我和節目部副理吳道文、企劃室研究發展組長江建森為代表。

由於獎項太多，他們分兩次頒發。八月二十七日晚，先頒發工程技術獎與兒童節目獎，地點在巴沙地納中心的展覽廳（Pasadena Center Exhibition Hall），以餐會的方式進行，一面用餐，一面頒獎。儀式進行雖十分單調，但場面卻相當溫馨。第二天下午五點，在巴沙地納市的大禮堂（Pasadena Civil Auditorium），正式舉行各種節目與演藝人員的頒獎典禮。我們四點三十分乘禮車到達時，會場外面已是萬頭鑽動，觀眾多手執標語，高聲吶喊，向他們喜愛的明星發出歡呼。會場入口處更是擁擠不堪，因為有些來賓也站在那裡等著看明星。

典禮五點正式開始，持續進行了兩個多小時，沒有任何現場表演，舞臺佈置也很簡單，完全像在攝影棚內錄影一樣，且是一景到底，毫無變化。一個十六人的樂隊坐在舞臺中央，吹吹打打，振耳欲聾。所有新聞記者都被安排在另一間大廳看閉路電視，不但不能攝影，且連會場都不能進入。這種情況如果是在臺灣，不知要被批評成甚麼樣子。

美國人搞電視，似乎只注重螢幕上的畫面，對現場的觀眾並不很重視。他們用了三部攝影機、九部 EFP，攝影人員滿場跑，因為沒有表演，他們可以任意走動，攝取最理想的鏡頭，這在臺北恐怕也是無法辦到的。頒獎人和領獎人，都穿著晚禮服，舉手投足，發表談話，都表現出風度。不像我們的若干領獎人，竟穿牛仔褲或工作服上臺領獎，且在領獎後即從後臺溜走，一點也不尊重自己的職業與榮譽。最可愛的是他們的觀眾，包括我們這些外賓在內，大家都穿上從禮服店租來的晚禮服，規規矩矩的坐在那裡，要鼓掌時，燈光顯示器一亮，大家都馬上鼓掌，而且還夾帶歡呼，不到終場，沒有人離席。本來主辦單位恐怕有空位出現在畫面上不好看，還特別請來三十位學生準備補位，結果卻未派上用場。似乎這些觀眾都是專誠來贊助此一活動的，並不在乎有沒有表演節目可看，他們有這麼忠實的觀眾，實在太可愛了！

頒獎之後是餐會，共有一百八十二桌，每桌十二人，相當熱鬧。我們離開會場時，雖已夜間十一點多鐘，但一出門，仍看到有許多群眾聚集，歡呼聲不斷，美國人竟是這樣熱愛他們所喜愛的明星，而明星們亦因受到如此尊重與鼓勵，也就很自然的珍惜他們自己的形象和事業了。

八月二十九日下午兩點，我們一行十餘人前往負責轉播本屆艾美獎的福斯（Fox）電視製作公司。該公司擁有有線電視網第十一頻道電視臺，他們以一個地方臺的力量竟敢承擔這麼大的一項頒獎活動，據該公司的副總裁 Mr. Michael Binkow 說，他們去年即已獲得轉播權，但因缺乏經驗，節目作得冗長乏味，收視很差，所以虧了本。今年特將前置時間提前四個月開始策劃籌備，並選派一批年輕有活力的人員，對各媒體記者大作公關，使記者幫忙宣傳福斯公司的準備情形，藉以提高觀眾對福斯的信心。並將頒獎時間大膽濃縮為兩小時，整個活動則延長為兩天，即將工程人員與兒童節目的頒獎提前一天舉行，而將其頒獎實況加以剪輯，放在正式頒獎典禮中播出。對於收視率更是非常重視，如低於百分之十，則一律不收廣告費，這對廣告客戶是一項極大的吸引力。廣告為每半小時八分鐘，每三十秒定價三萬美元，結果由於收視率超過了百分之十，所以他們今年大大地賺了一筆。

三、法國坎城電視展

一九八九（民國七十八）年四月，法國坎城（Canne）舉行國際電視展。因為前一年，國內三家電視臺在行政院新聞局的主導下，前往參加此項展覽，發現歐美與東南亞一些國家，對我國的電視節目，特別是傳統戲劇與地方民俗劇，都頗感興趣。於是決定今年要擴大參與，除華視、中視、臺視三家無線電視臺外，還有公視、中影與三一等公司組成聯合陣線，前往參展，希望能從展示中推廣產品，為我國電視節目開拓國際市場。

這是我第一次前往歐洲參加展出，四月二十一日，我們由巴黎乘法航班機飛往尼斯（Nice），再轉往坎城參加此一電視展覽。

今年參加展出的有一百五十餘家電視臺，大家都將最好的節目運到這裡來展出，惟場地和觀眾都較美國的NAB遜色很多。其中仍以美國的三大電視網ABC、CBS、NBC、英國的BBC與日本的NHK所佔地盤最廣，門面最大，佈置也最氣魄。北京的中央電視臺也在樓下設有一個攤位，但比我們華視的都還小許多。他們的工作人員曾特別邀請我們到他們的攤位去參觀，並說明他們在製作節目時，連珍珠首飾全部用的都是真品。我們這次前往展出的有工程部經理劉法餘、新聞部副理林麗玲、主播李豔秋、節目部編審楊士琳、美術師唐慶民（後升組長）、企劃室企劃師李念祖等，大家為這次展出負責策劃、佈置、並擔任現場接待等工作，十分辛勞。不過能有此機會觀摩世界各國的電視產品，也是一大收穫。

五、經國先生逝世

民國七十七年元月十三日，我在北投復興崗參加「自強會議」（國軍軍事會議）。這個會議從十一日起，預定開到十六日，最後請蔣總統經國先生蒞臨訓話並主持閉幕典禮。可是就在十三日下午，參謀總長郝柏村上將以極悲痛肅穆的神情，宣告我們敬愛的國家元首三軍統帥蔣總統經國先生業已逝世的不幸消息，要大家起立默哀致敬。接著即宣佈會議中止，所有與會的人員儘速返回自已的崗位，提高警覺，加強戰備，以防敵人乘機蠢動。

對於經國先生的健康情形，大家一直都很關心。但因醫療單位從未公佈，誰也不便打聽，只知他患有糖尿病，對視覺神經和足部很有影響。隨著年歲的增長，他最喜歡到部隊基層與各地農村巡視的情形，已逐漸減少。同時他的行動看起來亦已變得相當緩慢，特別是民國七十六年雙十國慶，他坐著輪椅由人推著出來主持慶祝典禮，大家心裡更覺得情況嚴重。然而想不到相隔僅三個月的時間，他便撇下他鍾愛的國家和海內外同胞，而與世長辭了。當全國同胞獲知此一噩耗時，都禁不住傷心落淚！

經國先生十六歲即到蘇俄進入孫逸仙大學，後來由於國民黨清黨反共，使他變成了人質，曾被俄共送到西伯利亞當礦工，直到西安事變後，史達林才准他回國。他在江西建設新贛南，初試啼聲，即贏得「蔣青天」的美譽。其後參加青年遠征軍，擔任編練總監部政治部主任，年方三十五歲，早已成為全國青年心目中的偶像。但直到民國三十九年，他擔任國防部總政治部主任後，我才在鳳山陸軍軍官學校，第一次聽他講話，其後在復興崗讀書及在軍中工作，聆受他的教誨和指導就更多了。

民國三十八年大陸形勢逆轉，國軍兵敗如山倒，兩百多萬軍民撤退來臺灣。面臨中共「血洗臺灣」的險惡情勢，總統蔣公中正於民國三十九年三月一日復行視事後，即令經國先生擔任國防部總政治部主任，其最緊要的任務，就是要使國軍官兵知道「為誰而戰，為何而戰？」切實防止軍隊的腐化與惡化。經國先生為了革除積弊，積極推行「四大公開」，就是人事公開、賞罰公開、財務公開、意見公開。特在各級部隊成立「榮譽團結委員會」（簡稱榮團會）負責推行此一制度，榮團會是群眾性的大會，其主任委員與委員均由官兵選舉產生，且一年改選一次。「人事公開」是要求所用的人必須合乎標準，不能任用私人或黑官；「賞罰公開」是要求賞罰分明，該賞的則賞，該罰的則罰，一切升遷調補必須做到公正無私；「財務公開」是要求每一塊錢都要為公而用，而且是當用則用，不當用則省；「意見公開」是要「一切說明白」，不只長官對部屬要說明白，部屬對長官也要實情實報，不能隱瞞，不能背後議論，由此才能產生共信互信，進而培養「團隊精神」，這就是軍中民主。

防止軍隊惡化更為重要，國軍在大陸剿共作戰時期，有些高級將領擁兵自重，見死不救，甚至變節投降，恬不知恥。經國先生特在軍中實施「主官任期制度」，並率先奉行。他和參謀總長周至柔上將民國三十九年四月一日同時任職，民國四十三年四月亦同時調職。因為任期兩年，延任一次兩年，共四年。參謀總長由桂永清上將接任，總政戰部主任由張彝鼎中將接任，而且以後參謀總長由三軍輪流擔任，五十多年來，國軍已因制度化而脫胎換骨，軍隊國家化亦已成為傲人的事實。自先總統蔣公逝世以來，經過了四位總統，中央政權一直是和平順利的轉移，國內只有「選戰」，沒有「兵變」，沒有「政變」，顯見防止軍隊惡化已完全成功。

最令人印象深刻的，是經國先生所推行的「克難運動」。國軍撤到臺灣初期，連飯都吃不飽，薪餉更是極為菲薄。一個士兵一個月才幾元新臺幣，士官十餘元，軍官亦不過幾十元，如拿來換美金，尉級軍官以下，還不到兩塊美金（那時外匯空虛，不能自由兌換美金）。經國先生在國家那樣艱困的情形下，發起「克難運動」，用以激勵官兵，咬緊牙關，「克」服一切困「難」，誓死保衛臺灣，爭取勝利和成功。

「克難運動」包括心理克難、生活克難、工作克難、戰鬥克難等四方面。心理克難在堅定反共必勝、抗俄必成的信念，養成凡事忍耐不發牢騷的習性；生活克難是要鍛鍊強健的身體，利用空地種植蔬菜水果，飼養雞豬牛羊，藉以改善生活，並利用木料稻草搭建營舍，自編草鞋，自縫衣服，一切自己解決；工作克難是保證百分之百的達成上級交付的一切任務；戰鬥克難是平時要將武器、彈藥、裝備維護得沒有任何缺點，戰時則要克服一切困難，獲得作戰勝利成功。克難運動每年定期評定成績，推選克難英雄，舉行克難英雄大會，恭請總統主持，給予精神和物質的獎勵。當時「克難運動」不僅在軍中發揮了極大的鼓舞作用，使官兵在大失敗後，重新恢復對國家的信心，同時也帶動了社會風氣的改良，使社會各界亦能在艱苦中奮發圖強，所以「克難運動」實在可以說是一帖救亡圖存的有效仙丹。

經國先生於民國四十五年就任行政院退除役官兵輔導委員會（簡稱退輔會）的副主任委員兼代主任委員後（主任委員嚴家淦先生未到職），即以「大慈大悲」、「救苦救難」的心情和精神，領導全體工作同仁，積極為退除役官兵解決就業、就醫、就養、就學等問題，使得當年追隨政府來臺的退除役官兵，都能獲得妥善的照顧與安置。此不僅使退除役官兵及其眷屬受惠，同時對整個社會也具有安定作用。同時，經國先生在退輔會任內還做了兩件影響深遠的大事：一是在石牌興建了規模宏大的榮民總醫院，妥善解決了榮民們的醫療問題；一是他親自率領有關人員，攀山越嶺，冒險犯難，探測中部橫貫公路的路線，並運用有限的美援，由退除役官兵以愚公移山的精神，一鋤一斧，辛辛苦苦建築了一條打通東西向的橫貫公路。

民國五十四年一月，經國先生受任國防部部長，他提倡「勤儉建軍」，想盡一切辦法，提振官兵士氣，革新武器裝備，使國軍戰力大為增強。同時督導中山科學研究院積極研究發展，為自製現代化武器奠定了良好的基礎。

經國先生民國六十一年六月出任行政院長後，更以大氣魄大手筆從事國家建設，著名的十大建設即在他的主導下逐步展開。其中包括南北高速公路、臺中港、蘇澳港、北迴鐵路、石油化學工業、大鍊鋼廠、大造船廠、鐵路電氣化、桃園國際機場以及核能發電廠。在這十大建設中，六項屬於交通建設，三項屬於工業建設，而核能發電則是整個建設的原動力。當時正值石油危機之後（西元一九七二年中東發生戰爭，產油國家對西方國家禁運石油，致使油價暴漲，全世界物價亦跟著飛漲），情勢非常險惡，許多人都反對，但他不為所動。他說：

「我們今天不做，明天就會懊悔；今年不做，明年就會懊悔。」

只是他堅持一個原則，實施十大建設，絕不編列赤字預算，以防通貨膨脹，為國家帶來危機與災難。民國六十六年底，十項建設按照預定計劃完成時，經國先生又在立法院宣佈十二項建設計劃，他並一再強調：

「一切要以國家及大眾利益為主，穩紮穩打，不眠不休，埋頭苦幹，精打細算，勇往直前。」

經國先生做了六年行政院長、十年總統，由於他的苦心建設，使臺灣進入了一個新的時代，展現出一個新的面貌。在他任行政院長之初，臺灣的國民平均所得才兩百多美元，外匯存底亦甚少。但到十大建設完成時，臺灣國民所得已超過兩千美元。當他逝世時，國民所得已接近一萬美元，外匯存底亦接近一千億美元，使臺灣成為「亞洲四小龍」之一，造成了舉世聞名的「臺灣奇蹟」。尤其在經國先生主政時，由於他大公無私，任人惟才，沒有所謂「主流、非主流」的名詞；亦無所謂「黑金政治」，全國上下在他英明的領導下，團結奮發，勇往直前，更無所謂「本土派」與「賣臺集團」。他曾在一次與地方老友的茶敘中說：

「我在臺灣居住、工作四十年，我是臺灣人，我也是中國人。」

特別是在面臨美國承認中共，宣佈與我斷交的惡劣情勢下，經國先生始終堅持立場，想盡一切方法，運用一切力量，促使美國國會通過「臺灣關係法」，以確保臺灣的安全與發展。

經國先生所以特別令人敬佩感念，主要是他對人親切自然，充滿愛心。有一個小女孩名叫楊恩典，生下來就沒有手沒有臂，被遺棄在岡山菜市場內。有位好心人士發現後，將她送到高雄旗山六龜教會，由楊牧師夫婦收養。經國先生前往巡視時，特將她抱在手裡，小女孩對他說：「我沒有手！」經國先生安慰她說：「不要難過，妳還有腳呀！」現在這個小女孩楊恩典已長得亭亭玉立，而且成了舉世聞名的口足畫家。當大家聽她講述這段故事時，心裡都萬分感動。鄭豐喜是一個農村青年，小時因曾患小兒痲痺症，行動不便。但他殘而不廢，力爭上游，讀到中興大學畢業，他的一位女同學由幫他而愛他最後嫁給了他。鄭豐喜曾將他生命的艱苦遭遇寫成一本書，名為「汪洋中的一條破船」。經國先生看後，特別約見他們夫妻兩人，並建議將書名中的「破」字拿掉，改為「汪洋中的一條船」，以激勵更多的青年，效法他不屈不撓的奮鬥精神。後來有人將之拍成電影，在臺灣造成很大的影響。

民國五十六年，我在駐越軍事顧問團工作，應青年戰士報社長唐樹祥兄的囑託，寫了三十幾篇有關越戰的文章，以「一場沒有戰線的戰爭」為總題，在該報發表。後來印成單行本，送了一本到經國先生辦公室（國防部部長室），想不到沒過幾天，他的侍從參謀鍾湖濱兄（後來曾任中國電視公司總經理）對我說：「老闆找你！」我還以為他在開玩笑！等我準時前往臺北市松江路救國團總團部主任辦公室，經國先生親切接見，垂詢許多有關越戰的真實情形，並給予許多鼓勵。在我向他辭別並已走了幾步時，他又將我叫住，他說：

「越戰很重要，以後要繼續注意研究，同時要將英文弄好！」

他的關心和期勉，實在令人感動！然而這樣一位愛國愛民深受全民愛戴的總統，竟因熬不過病痛的折磨而大量吐血逝世，享年七十九歲。

元月二十二日，當經國先生的靈櫬由榮民總醫院移至圓山忠烈祠時，靈車所經之處，千千萬萬的民眾夾道路祭，哀傷痛哭。是日中午，靈堂開放供民眾瞻仰遺容以後，全國各地的同胞以及海外僑胞，都頂著凜冽的寒風，肅穆哀戚的湧入忠烈祠去見他最後一面。許多人都自動下跪，淚流滿面。元月三十一日舉行移靈奉厝大典，自圓山忠烈祠至桃園大溪頭寮，沿途都擠滿了路祭的民眾，當靈車經過時，無不下跪哭泣，悲痛不已。斯情斯景，令人永難忘懷。

我曾返鄉探親十餘次，很多大陸同胞乃至中共的幹部，在談到經國先生時，亦都表示十分敬佩，他們說：

「蔣經國如能多活幾年該多好！」

我想這簡簡單單的一句話，實是兩岸同胞共同的心聲，也是兩岸同胞共同的遺憾！

六、轉播「環球小姐」選拔

民國七十五、六年間，由於中東戰爭所引發的石油危機，對我國經濟造成極大傷害。因為我國不產石油，一切均須仰賴進口。大家拼命努力，好不容易使生產與貿易有所成長，但石油組織一宣佈漲價，我們所有的努力便遭受嚴重的打擊。在這種情形下，靠廣告維生的電視公司所承受的壓力實在非常沈重，廣告進不來，但各項龐大的開支卻不能少，如果每天入不敷出，可不是一個小數目。因此，當時總經理吳寶華先生對我說，有時連覺都睡不著。

正在這時，臺灣永興航空公司取得了美國環球小姐公司（Miss Universe Inc.）在臺灣舉辦環球小姐選拔的權利，要找一家電視公司負責轉播，並由美國公司派來工程專家 Mr. Martin Kip 率領工程人員，到華視、臺視、中視考察，看看那一家最適宜擔任此一任務。

「作電視，一定要有氣勢！」這是吳總經理多年來工作的體認。在經濟不景氣的情形下，要爭取收視，創造臺譽，同時對工程技術的磨練，這是一次難得的機會，因此三臺都在極力爭取。臺視、中視成立較早，原以為他們的設備比較好，所以開始時我們並沒有把握。幸喜參與其事的楊平川同學私下給我電話，謂美國工程人員認為華視的人力和設備均可勝任此一轉播任務。尤其華視還有一個專業木工班，他們可以派上用場。我將此一訊息轉報吳總經理，他即要我主動去找辛紀秀董事長。辛說他們兩臺亦正在爭取，不過他很樂意與華視合作，幾經研究，他開出的合作條件，則是權利金新臺幣參千萬元。我說：

「這個數字太大，我們內部需要協商，明天中午十二點以前回答。」

當時吳總經理正在新聞局開會，本來我也應該參加的，就因此事臨時請假。因此我即前往新聞局，俟會議結束時，我立即告訴他。吳總經理當機立斷，他說：

「你現在就可以告訴他，我們要了！」

因此我便再去找辛紀秀，告訴他這一決定，並進一步研究簽訂電視轉播權的契約問題。經過雙方認真討論，並由律師認證，於民國七十六年十一月二十六日，由我代表華視，與永興航空公司董事長辛紀秀，正式簽訂「西元一九八八年環球小姐選拔電視轉播權契約」。由華視獨家取得亞洲地區的電視轉播權，包括開幕式、初選、彩排、複選與決選之轉播權、重播權、及版權。此種世界性的選美活動及電視轉播，在我國尚屬第一次，對臺譽的提升與工程技術的磨練，均極有助益。

契約簽訂後，即成立專案小組，由我擔任組長，下設行政、節目、工程、財務、安全等五組。由各部室經理、主任擔任組長；各部室副理、副主任擔任副組長；各組組長擔任組員，積極展開工作。並提報董事會通過，增添二億零三百六十三萬餘元各種必需的器材。尤其重要的，為了國際電視轉播的需要，特呈請交通部核准，增配華視7225、7185兆赫二微波頻率，並很快獲得進口護照及架設許可證。此對華視今後節目的轉播，更是助益良多。

民國七十七年五月二日，開始錄製泳裝外景、遊藝頒獎及迷你紀錄片。十四日在林口中正體育館舉行開幕典禮，十七日開始各種展示表演，二十三日彩排，二十四日舉行複選與決選。從十四日起，政府各級官員、各級民意代表、工商界鉅子、以及各界民眾均持票前往林口中正體育館觀賞。本臺自二十四日上午九時起，透過衛星轉播此一「西元一九八八年環球小姐決選」。據美國環球小姐公司估計，全球共有五十七個國家，七億多觀眾在同一時間收看此一節目。因為這是國內第一次以太平洋與印度洋兩處人造衛星，與美國CBS同步作全球性的現場立即轉播，其中並有四十分鐘的「中華民國簡介」，將我國錦繡河山、風土人物、繁榮富庶、自由安康的情形，透過優美的畫面，分段插播，呈現在全球觀眾的眼前。這在當時的臺灣，實在是一大盛事，全國同胞在收看之餘，極為讚譽。行政院新聞局為此特頒發獎牌一面，他們說像這樣大規模而又不著痕跡的宣傳效果，政府即使花上兩億參億亦難以辦到。

七、「向中華民國電視致敬」

美國電視學會國際委員會的理事會決議，西元一九九二年十月舉辦「向中華民國電視致敬」活動。經行政院新聞局與國內三家電視臺研商，決由電視學會值年臺的臺視負責主辦。並與美國電視學會協調，訂於十月二十九日在紐約林肯中心舉行。我國由新聞局長胡志強博士、顏榮昌、倪公炤、韋光正等處長、公視籌備處秘書長王曉祥及三臺各派三人出席。臺視由總經理王家驊領隊、中視由副總經理王世正領隊、華視則由我率領節目部綜藝組長葛士林與新聞部製作人趙善意，一起前往參加。

十月二十六日下午四點三十分，我們一行搭乘華航班機，經過八個多小時航行，到達阿拉斯加的安克拉治 Anchorage 機場，停留了一個多小時，加油及更換機組人員後繼續飛行。六個小時後，於晨間八點三十分抵達紐約甘迺迪機場。我國駐紐約辦事處新聞組主任張敏智、華視駐紐約特派員楊鳴等在機場迎接，旋即前往希爾頓旅社 Hilton Hotel。

放下行李後，我們即由楊鳴兄引導，由古堡國家公園搭船過河去探訪著名的「自由女神像」。據說以前全部開放，可以上到女神的頭部，甚至可以到她的手指裡面，但現在已不允許了。「自由女神像」是西元一八八六年由法國製贈，分段運到紐約安裝的。而有關製造的過程，以及各部位製成後的成品，均有電影與圖片說明。所以在其底部有一圖片與紀念品陳列館，供人參觀選購。我們繞著女神轉了一圈，即乘船回來，前往曼哈頓著名的第五街、第七街、及洛克菲勒中心 Rockefeller Center 一帶遊覽。洛克菲勒中心是紐約曼哈頓的心臟，但在中心周圍的七幢高大壯麗，外觀幾乎完全相同的大廈，卻被日本商人以十餘億美金買走了，頗令美國人沒有面子。

晚上七點，我們應邀到世貿大廈第一〇七層的空中餐廳晚餐。世貿大廈為雙子星，共有兩座大樓，每座均為一一〇層。一〇八層以上為重機房等設施，嚴禁非工作人員進入。兩座大樓之間相距四〇公尺，據說形成風洞，有時房子會相互吸引，風小時則距離較遠。紐約及其附近地區沒有地震，倒是沒有安全上的顧慮。我們乘電梯上去，不到一分鐘即到一〇七樓。四〇層以上，電梯震動的幅度較大。坐在上面用餐，整個紐約市都在腳下，全城燈光，一望無垠，真是一次很難得的經驗。可惜這兩幢高聳的紐約地標，竟於二〇〇一年九月十一日被恐怖份子以兩架民航班機撞燬塌陷，前後不過十八分鐘，造成六千餘人死亡，使全世界為之震驚哀悼。

第二天上午，我們全體到中華新聞文化中心參觀。先拜會新聞組主任張智敏，然後由張主任引導去看中心的各部門。除了各辦公室設計新穎寬敞外，並有劇院、圖書館和各種娛樂設施，非常雄偉而有氣魄。據說每月租金為美金十萬元，再加上人事費與各種雜支，所費不貲。但政府有錢，能在世界著名的城市辦一些大型的活動，也很有意義。

新聞局胡志強局長伉儷中午在鹽碟餐廳（Dish of Salt）設宴，款待美國電視學會國際委員會的全體理事與有關人員，並介紹我們由國內前往參加此一活動的三臺人員與新聞局的官員和他們見面，「向中華民國電視致敬」活動就此揭開序幕。晚間，張敏智主任則在山王飯店宴請新聞局的官員與我們三臺人員。

十一月二十九日上午，胡志強局長應邀前往外交政策協會（Foreign Policy Association）演講。下午五點，大家都穿著禮服，乘坐新聞中心所安排的巴士，前往著名的林肯中心參加「向中華民國電視致敬」酒會。駐紐約的各國使節、各電視公司的負責人與工作人員、以及我國駐華府與紐約的官員與僑領都前來參加。由於人數眾多，將偌大一個中心擠得滿滿的，現場並有拉麵等表演，贏得來賓一致的讚賞。然後即到劇場去參加晚會，先放映影帶，介紹中華民國的現況與電視製作情形，接著即由臺北來的樂團與歌舞團擔任演出。這些節目都是由新聞局主導，我們事前並未看過。由於第一個節目相當冷場，中視副總經理王世正兄忍不住提出批評。我想如果由三臺各出一個大型綜藝節目，可能更受歡迎。九點三十分舉行晚宴，共有三十八席，我和美國在臺協會理事主席白樂綺與前新聞局長邵玉銘博士伉儷等同席，氣氛十分歡愉。

十一月三日美國舉行大選，全國放假。我與士林、善意租來一部車子，前往著名的西點軍校去參觀。由於路徑不熟，走了三個小時才到。這座全球聞名的軍事學府係依山而建，沒有圍牆，校門雖有憲兵守衛，但對人員進出並不管制。校名刊在門柱的最下方，若不刻意尋找，還不容易看到。進到學校裡面，但見一幢幢深灰色的營房，有如碉堡一般。校園相當廣闊，依山面水，甚有氣魄。由於放假，我們只看到少數幾個學生在校區內活動。我們在校區內繞了一圈，照了一些照片，便離開了。回程只一個小時，便到達旅社。當夜看電視得知克林頓州長已當選總統，白宮又換新的主人了。

八、參訪各國電視臺

電視乃科技與藝術相結合的產物，需多了解人家的組織結構與設備運作，擷取其經驗與長處，才不致故步自封，落於人後。因此曾有許多國家的電視同業前來華視參觀，我們也利用出國開會或參加展覽的機會，順道去看看各有關國家或地區的電視臺，如美國、日本、南非、荷蘭、英國、香港、新加坡、我國大陸等，而俄羅斯、波蘭、捷克等三國，則是隨「中華民國廣播電視協會東歐訪問團」前往，當時我並被訪問團的同仁們推選為團長，一共訪問了十天。

就實地參觀所見，以美國的三大電視網 ABC、NBC、CBS，日本的 NHK、TBS、NTV，英國的 BBC、俄羅斯的「奧斯坦丁諾」以及香港的 TVB 規模最大，節目最多，但經營狀況卻相去甚遠。

民國七十四（一九八五）年七月，前往華盛頓主持「華視新聞中心」成立酒會時，由李慶安小姐陪同，於七月十五日前往參觀美國國家廣播電視公司的華盛頓分臺 NBC TV Stations Division，因係地方臺，規模較小。十六日仍由李小姐陪同，飛往紐約參觀 CBS（Columbia Broadcasting System 哥倫比亞廣播電視公司）。CBS 擁有三千多名員工，二十個分臺。總公司有八個攝影棚，每天播出新聞佔全部節目的三分之一。據說以前新聞賠錢，現在卻是大賺。新建的攝影棚有四十八個監視器（Monitor），形成一個圓形，而圓形的中央則是主播，他可自由轉動，臨接他的內圈是記者席，外圈是製作人與撰稿人，可相互監看照應。有三架固定的攝影機，另一架攝影機則可以攝取全景。新聞總監坐在樓上，居高臨下，可俯瞰播報及棚內的全部動態，如有問題，可立即處理。這種建築設計與工作方式，相當有創意。

民國七十五年四月，我和工程部副控組趙玉楷組長在赴美國達拉斯參加NAB時，順道參觀日本的NEC、SONY等電機株式會社與NHK國家電視臺。說良心話，我一直很討厭日本。因自民國二十年九月十八日，日本軍閥強佔我東三省，二十六年七月七日又挑起蘆溝橋事變，殘暴的日軍不知殺了我們多少同胞，毀了我們多少家庭。特別是民國三十年更侵入我的家鄉，殺了我的外婆，燒了我的房子，更使我對日本軍閥深惡痛絕。所以我從來不聽日本歌，不看日本電影。但是到了華視以後，由於許多機器設備，都是日本的產品，常有一些日本的高級工程人員來臺，需要我接待。同時和日本的電視臺，亦常有來往，為了工作和職責，我不能拒絕，因此乃有日本之行。

四月九日，我們前往NEC參觀，由該社的支配人平野政雄負責接待，並有武田福英、齋藤幸平等五位主管陪同，前往日比谷看展示。NEC已成立了八十多年，擁有全日第一流的人材，據告各大學的畢業生成績要在前五名，才有資格進入NEC。現有員工五萬餘人，產品一萬五千餘種，行銷全世界一百四十餘個國家，一年的營業額超過兩兆日幣。

每年用在研究發展的經費，為總營業額的百分之十左右，所以每年均有新的產品問世。華視創立時，所有的器材設備都是平野正雄先生依約負責供應安裝。他對華視非常熟悉，對我們的接待也非常熱誠。

次日上午，我們去參觀NHK，這是日本的國家電視臺。它的微波發射臺設於東京鐵塔，另TBS、朝日、富士、東京、NTV、教育、JCTV等七家電視臺，其發射臺亦均設在鐵塔。塔高三三三米，日人自稱是世界第一，其實它比多倫多的CN Tower要矮了許多。我們先到一樓與四樓參觀各電視臺的發射臺與轉播站，再上到塔頂，即第二展示樓，在樓上可鳥瞰整個東京，然後我們去看新聞部。他們有兩個新聞棚，辦公室和攝影棚相連，極為方便。NHK共有員工一六、〇〇〇餘人，東京總臺六、〇〇〇餘人，僅新聞部就有五〇〇人。各地方臺有一〇、〇〇〇人，全年預算為三二三、七二二百萬元。日本每一架電視機月收執照費一、〇〇〇元，全部交給NHK，仍不夠用，所以每月虧損很多。當時報紙每月二、五〇〇元，他們希望漲價，能和報價看齊，但政府不同意。他們乃由青木先生帶領一批員工，另行創立一家子公司，以廣告收入來挹注。那天參觀因係由NEC的總工程師陪同，而他原來即是NHK的總工程師，所以他引我們到每一個地方去看。NHK共有二十二個攝影棚，三〇間剪輯室。最大的攝影棚為一、二〇〇平方米，真是夠寬敞的了。特別是他們一切都已自動化，連過帶、送帶，都由機器人負責。他們不僅在棚內不准抽煙，即在走廊上亦不准抽煙，對廠棚安全的維護，要求極為嚴格。

是日下午，我們到 SONY 參觀，這也是和華視關係密切的一家公司，一進門即令人有些不一樣的感覺。因為他們接待室的一整面牆都是鏡子，透過玻璃將牆外的綺麗美景全部映入室內。簡報之後，即上樓參觀各項展示。他們對參觀帶的設計與佈置，亦是費盡巧思。SONY 當時正在研發一一二五精緻電視，可以映製像片、改變髮型，並曾當場表演。他們接待的熱誠，真令人印象深刻。

七十六（一九八七）年三月，應南非共和國國家安全會議邀請前往訪問，十六日上午聽取安全會議的簡報後，即乘直昇機從空中鳥瞰普利托瑞亞與約翰尼斯堡兩大城市。然後參觀南非電視臺 SABC，並在該臺午餐，曾來華視訪問的該臺副總經理 Mr. Heerden 與我同席。他們共有員工二、六〇〇餘人，七個攝影棚，一個新聞棚，每一架電視機收取執照費非幣三〇元。同時還賣廣告，每三〇秒四二五、〇〇〇元，真是貴的嚇人。但他們說去年（一九八六）仍虧損了三、〇〇〇餘萬元，真令人難以置信。

七十八年四月奉派赴法國坎城參加影展，十三日到達荷蘭的首都阿姆斯特丹，由我國駐荷蘭代表處的秘書李大塊先生陪同，前往參觀 NOS 電視臺。該臺副總經理曾來華視訪問，他與新聞部國際組主編、編輯等負責接待。在參觀該臺的設施與製播情形時，方知該臺只負責新聞採訪與製作，播報則由NOB負責。而且他們也不賣廣告，該臺所有的經費都是由政府撥付。據告在荷蘭，只要爭取到五〇萬名會員，即可成立電視臺，分享政府的預算與電視機的執照費，這也是相當特殊的一種制度。

四月十五日上午，我們乘飛機離開阿姆斯特丹，只一個小時便到達倫敦，隨即前往參觀著名的英國BBC電視臺。該臺十分禮遇，派車到旅社來迎接，由新聞部總監負責接待，BBC是英國國家電視臺，共有八個戲劇棚，三個新聞棚，其中兩個新聞棚負責新聞製播，一個負責新聞節目錄製。我們被引導參觀了第三、四、六、八等四個棚。他們特別重視晚上九點的新聞，視為黃金檔。其次為午間一點，均為三〇分鐘。下午六點的新聞則為六〇分鐘，前三〇分鐘為國內與國際重要新聞，後三〇分鐘為地方新聞。我們那天去參觀時，因為前一天在利物浦舉行的足球比賽，觀眾發生暴亂，踩死了九十四人，傷了二百餘人，該臺正不斷的播報此一不幸事件的後續狀況與處理情形。據接待人員說，英國的觀眾比較喜歡看較為嚴謹的新聞，不喜歡看八卦新聞。他們的新聞棚設有參觀帶，來賓可以看到棚內作業的一切情形。惟在播報時，只開微弱的燈光，以免影響主播的視覺與情緒。倫敦的BBC Center共有員工六千餘人，他們所作的兒童節目Blue Peter，由小朋友與動物一起參與演出，已製播了二十五年，仍然受到兒童們的歡迎。

返國途中，由華視駐香港特派員江素蕙小姐安排，順道參觀了香港的兩家中文電視臺。

我們於四月二十四日上午前往TVB，該臺由節目總監葉睿宇先生、國際事務經理林尚明先生、國際連絡主任陳羅光先生、及新聞部助理採訪主任唐德全先生等接待。簡報後先到廣播道參觀行政中心和新聞部，再到清水灣參觀攝影棚。TVB共有十三個攝影棚，他們的新聞部設有機器維修組，隨時防止機器發生狀況，而所有的新聞剪輯工作，均由編輯負責，記者只負責採訪。戲劇節目除部分購買外，幾全為自製，共有員工二、七〇〇餘人，簽約的演藝人員有二五〇餘人，亦視同職員一樣，領取固定的薪資。因此錄影時沒有遲到早退的現象，更沒有人會中途「跳槽」。

是日下午由名演員馮寶寶小姐等陪同，前往ATV參觀。亦是先聽簡報，接著看新聞棚，再轉往清水灣去看攝影棚。正好遇上名演員鄭少秋先生等在錄戲，他的夫人官晶華小姐，曾是華視的演員，正挺著大肚子在棚內陪他。

八十一（一九九二）年十月，我們在紐約參加「向中華民國電視致敬」活動後，於十一月二日下午兩點，前往CBS參觀新聞棚及其周邊設施，大致仍和上次（西元一九八五年）所見差不多，只是現在的新聞棚已更為完善。他們的剪輯室很多，新聞傳輸中心將各地方臺及由衛星所接受的新聞都集中起來，由編輯加以選擇剪輯後播出。惟整個來說，CBS 的房舍顯得較為老舊，尤其巷道狹窄，房間較小，相形之下，似乎不夠開闊！

ABC 則是氣勢不凡，我們下午五點三十分到達時，公關主任已在門口等候。他引導我們直接到新聞棚及其周邊參觀，各項設施甚為新穎，尤其新聞棚很大，雖然分成幾個主播區，但都與棚內連成一氣。明天是美國總統大選，他們所有的準備工作均已就緒，佈置極為壯觀。一具高大的 Crane 架在棚內，上裝攝影機，由電腦操作，可縱橫全場，每個角落均可掃描，可使畫面更為生動活潑。另有一個報告臺，燈光和機器一直開著，如臨時發生特別狀況，三〇秒內即可插播。所以 ABC 的新聞一直搶在其他各臺的前面播出，這也可能是一項因素。

晚上六點三十分，我們進棚看 Peter Jennings 主播新聞。在他背後有一特別助理，幫他整理資料。而左側有一組編輯，隨時提供新聞供他參考。在他面前則有兩部監視器（Moniter），可以看到 NBC 和 CBS 正在播出的新聞，這種設計亦頗值得借鏡。而現場指導的指令與動作，更是十分明確，由此可看出他們認真負責協同一致的工作精神與態度。Peter Jennings 在播報時從容不迫，輕鬆有致，難怪他是全美最受歡迎的主播。據說他的年薪超過兩百萬美元，七點新聞結束後，他前來與我們寒暄，並一起攝影留念。

八十二年四月在拉斯維加斯參加NAB後，我們於十六日前往參觀該市的KNBC3電視臺。該臺乃NBC的地方臺，平時以接收紐約母臺的新聞為主，經過再製作後擇要播出，並插入當地的要聞。該臺因為位於著名的賭城，為了迎合觀光客的好奇心理，對全世界有關賭博的新聞，都特意加以接收播映。他們已採用微處理機管理，並與New Star公司合作，運用獨立中央雙主機，及PC—三八六個人電腦，每位記者隨時可將採訪到的新聞輸入電腦，藉以瞭解整個新聞的內容與程序。在裝備方面，他們已有一部SNG新聞衛星車，及一部ENG微波車，可使新聞立即播映。並已架設微波網路，建立整體新聞播映網，對資料帶的儲存架則已採用軌道式，推動時輕巧靈活，使用極為方便。

十七日回程經過洛杉磯，我們當天下午即去參觀KNBC4。這是NBC在洛杉磯的地方臺，他們有十一個攝影棚，兩個大型綜藝棚均為三〇〇坪，其中一個設有固定的觀眾席，可容納四五〇人。有名的強尼卡遜秀，即在此地錄影。新聞棚約一三〇坪，每天播出新聞六至八小時，午間卻不播新聞。新聞棚內共有五十一部監視器，信號來自世界各地，包括紐約的母臺。TD、PD及相關人員，採用前後多層型設計，可加寬控制室的使用面積，並分兩段人員進出，彼此互不干擾。新聞作業係以微處理機管理，採、編、製、播可一氣呵成。主播在主播臺可操控系統微處理機，瞭解整個新聞之進展與變化，是相當先進的設計與作法。

四月十九日，我們到達日本東京。次日上午參觀日本著名的NEC公司，七年前我曾來過，現在他們新建的大樓更為氣魄，一切均由電腦操作，完全是一幢智慧型的建築物。

接著我們參觀NHK，亦是舊地重遊。以前他們由於收費低廉，公司經費相當拮据。現在由於國會同意調高費用，狀況已大為改善。也許由於競爭太激烈，他們的新聞部已增加到一千四百餘人，比七年前幾乎增加了三倍。每天播出六小時，早晨從六點一直到八點半。我們去參觀時，正值播報十一點的正點新聞，播出控制臺有五張控制桌，都裝有觸摸式的切換器，控制螢幕上十六分格的畫面，以顯示其播出的內容。每張控制桌的右上方設有直立的紅、黃、綠指示燈，紅為「正」在播出，黃為「次」播出，綠為「待」播出，人人見得到，非常明顯。軟硬體的配合亦十分密切良好，可能是世界上最好的新聞播出設置，據告此係NEC與NHK合作設計完成的。由於他們已完全數位化、自動化，所以新聞部內已看不到大堆的書籍紙張，但見每人面前一具電腦。他們有四個供現場播出的新聞棚，三個新聞製作棚。另有二十五個攝影棚，作錄製戲劇、綜藝、教育與兒童節目之用，其規模真是夠大的了！

下午兩點參觀NTV，仍是先聽簡報，再參觀各部門。他們有七個攝影棚，卻有十二個副控室，協助製作節目，部分副控室且兼具後製功能。該臺對新聞的播出，已在副控室內設有影、音控制臺、特殊效果、及與各地的聯絡中心臺。播出前的監視器上畫面左右，顯示其聲音幅度狀況，是否為主體（或雙聲）播出，可以一目了然。我們為能看到下午六點正的新聞播出實際操作情形，特別多逗留了一些時間，接待人員對各項裝備設施，均不厭其詳的加以解說，熱情可感。

四月二十日上午前往參觀華視的姐妹臺TBS（TokyO Broadcasting System），該臺在赤板，有一座新聞棚及四座戲劇棚，但那天他們卻引領我們去參觀位於橫濱市郊的綠山局（StudiO City）。那是一個佔地二十六萬餘平方公尺的電視節目製作中心，應用最新的電視影、音科技，從事錄影、剪輯、特殊效果等工作，因無主控室，故不能播出。寬敞的大廳，可作各種不同的用途。整棟大樓的每一個角落，都可成為電視製作的一部分場景。綠山共有四座棚，其中一座為長方形二六〇坪，其餘三個為正方形二二〇坪。錄製節目時，可從各種不同的角度拍攝，十分靈活方便。在每座棚的周邊，都留有四倍大的空間，可存放大型景片、道具，載重量達五、六噸的大卡車都可以直接駛入，搭景、拆景十分方便。屋頂且都設有非常完善的自動噴水消防設施，以防發生火災。

八十二年八月九日下午，我們「中華民國廣播電視協會東歐訪問團」一行十四人，前往設在莫斯科電視大廈的俄羅斯國家「奧斯坦丁諾」廣播電視總公司訪問。俄方對我們這個來自臺灣的第一個廣播電視訪問團非常重視，當我們抵達時，該臺的國際部主管已在門口迎接。總公司的副主席安舒多利，並率領各部門的主管，為我們舉行簡報、座談，當晚又以盛大的餐會款待。

莫斯科的廣播電視都是國營的，對外稱為「奧斯坦丁諾」廣播電視總公司，共分三大部門：莫斯科國際廣播電臺、莫斯科電視臺、及國內廣播電臺。

莫斯科電視臺擁有一座地上十五層地下兩層的宏偉建築，完全是依電視製播的需要而設計建造的，共有員工和演藝人員二千五百餘人。每天播出新聞十次，每次三〇分鐘。至於戲劇、綜藝等節目，除按規定可購百分之十的外國影片外，其餘全須自製。因此該臺雖擁有十四個攝影棚，仍須日夜趕錄，因為他們沒有外製公司可提供節目。至於節目內容，據安舒多利說，以前不論廣播電視，政府都設有專責機構監聽監看，管制甚嚴。自政府改制社會開放以後，這些機構已不存在。製播單位只要遵守法規：不宣傳戰爭、不製造民族仇恨、不渲染暴力，所有節目都可以自由播出。

俄羅斯政府規定，廣播電視節目可依時長作百分之十五的廣告。電視的廣告價格，黃金時段為每六〇秒一萬二千美元，比起自由世界是相當低廉。但若與俄羅斯的物價及員工的薪資相比，亦就十分昂貴了。安舒多利說，廣告收入僅佔總收入的百分之五，絕大多數仍是仰賴政府的預算。可知俄羅斯的廣播電視仍是由國家經營，一切人事和節目亦都由政府掌握。

莫斯科電視臺擁有龐大的交響樂團、民族樂器團、合唱團、及兒童合唱團等國家級的文化藝術團體，共有五百五十多名專業人員。我們曾參觀音樂廳，雖只有三百多個座位，但舞臺的後臺卻極為寬敞，顯然是為錄製節目而設計的。據介紹這是一座極負盛名的音樂廳，必須是具有水準的歌手，才能到該廳演唱。我們也參觀了新聞棚和攝影棚，大致都和我們的相似，只是他們的機器和各種設施顯得比較陳舊。

俄羅斯的電視和歐洲與我國大陸一樣，都是六二六掃描線。我們臺灣和美國、日本以及東南亞、中南美等國家，則是五二五掃描線。雙方如要交換節目帶，必須經過轉拷之後才能播出，這是最大的不同。

參觀波蘭與捷克的電視臺時，也甚獲禮遇。他們的主管人員曾來華視訪問過，有關設備、製作與管理，大致與俄羅斯差不多。至於上海電視臺與湖北電視臺，則只有拜會，沒聽簡報和參觀，他們的設備、製作、與管理情形，不得而知。此外，曾先後率團前往巴塞隆納、廣島、上海，採訪奧運、亞運、東亞運，了解他們對新聞中心之設置，亦頗有收穫。

九、面對張學良等尊長

電視公司因提供社會大眾新聞、娛樂、與各種資訊。同時華視還負責軍中莒光日電視教學與教育部空中教學，而華視視聽中心與藝術中心每週又舉辦演講與展覽。因此政府各級官員、民意代表、社會各界名流、知名學者專家、及工商界鉅子，都常到華視來。尤其董事長易勁秋先生，謙沖和藹，平易近人，蔣經國先生出任國防部總政治部主任時，即派他擔任第一組副組長，主管政工人事，其後遞升組長、國防部人事行政局副局長、局長、及國民黨中央黨部幹部管理處處長。他對黨、政、軍及工商各界人士，均甚熟悉，舉行餐會時，要我一起參加，因此能常與一些黨國大老與尊長同席，聆聽他們對時局的高見與他們所經歷的一些事情。

國軍元勳何應欽上將：在我讀小學時，何上將已是行政院軍政部部長，一直是蔣委員長最得力的助手。對日抗戰勝利時，他以陸軍總司令的身分，代表中國戰區最高統帥蔣中正，接受日軍首領岡村寧次的投降證書。由於黃埔軍校創校之初，他即擔任教官和教育長，所以在軍中不論官階高低，大家都尊稱他老師或敬公（號敬之）。九十一歲生日時，華視為他祝壽，他很歡愉的說：「我今年十九歲！」以後便是二十九歲、三十九歲。他九十五歲時，仍來華視為莒光日電視教學錄影，精神體力都很好。但民國七十六年十月竟與世長辭，享年九十七歲。

黨國元老陳立夫先生：在我讀小學時，他已是教育部長，抗戰時對搶救戰地失學失業青年，安置流亡學生，費了許多心力。他從美國匹茲堡大學獲得礦冶工程學碩士回國後，即被當時的黃埔軍官學校校長蔣中正先生任為秘書。其後與其胞兄果夫先生數度擔任中國國民黨組織部長、秘書長、及立法院副院長等各種重要職務，極具影響力，被稱為CC系，中共曾宣稱他們是「四大家族」之一。可是他們到臺灣後，果夫先生患肺病，據說連醫藥費都成問題，民國四十年便去世了。立夫先生被迫於四十一年前往美國養雞，夫婦兩人親手弄飼料、掃雞糞、賣雞蛋，養了十九年，卻被一場大火燒掉了。民國五十八年接受蔣經國先生一再催促回國，擔任總統府的資政及中華文化復興運動推行委員會的副主任委員（主任委員由總統兼任），負責推行復興中華文化的工作。那天吃飯時，因為都是大男人，談到惱人的攝護腺（前列腺）肥大問題，他說在返國前也曾有這毛病，經一位中醫教他按摩，結果很有效，坐在他旁邊的教育部長朱匯森先生即請教他如何按摩。立夫先生一直擔任中國醫藥學院的董事長，對中國醫藥的提倡與發揚，具有很大的貢獻。他於民國九十年四月辭世，享年一〇一歲。

謝副總統東閔先生：他是第一位出任臺灣省政府主席的臺灣人，也是第一位臺灣省籍的副總統。這都是經國先生重用臺灣人，促使族群融合的具體事證。東閔先生曾任臺灣省教育廳副廳長、民政廳長、省府秘書長、省議會副議長、議長，在主持省政五年多的時間內，他提倡「客廳即工廠」、「開發腦資源」，鼓勵省民同胞積極從事生產建設，累積財富，並常常造訪地方，了解基層。這樣一位平易近人、親民愛民的省主席，卻在民國六十五年雙十節，被臺獨份子以郵包炸彈炸斷了左手，炸傷了右手。雖已按裝義肢，但看他在吃飯時，使用筷子仍有一些不便。東閔先生亦於民國九十年四月辭世，享年九十五歲。

「經營之神」王永慶先生：出身於臺北縣新店鎮直潭里的一戶農家。從小家境清寒，僅有可避風雨的一幢茅屋，連蕃薯粥都吃不飽，常打著赤腳，幫忙挑水養豬。小學畢業後，獨自前往嘉義一家米店打工。後來他自己設法開設米店、磚廠，但都因戰火而失敗，乃轉而經營木材。適逢戰爭結束，臺灣光復，建築業蓬勃發展，因而賺了大錢。又靈機一動，大膽投資塑膠業，開始生產PVC粉。由於他刻苦勤儉，善用智慧和人才，再加上政府的大力輔導，他很快就發達起來，成為舉世聞名的大企業家。王永慶特別令人讚佩的，是他一直致力於生產事業，並設醫院、辦學校，而不是一味的拉保險玩股票而致富。我和內子曾數度被邀到臺北市敦化北路臺塑大樓去吃飯，他的夫人李寶珠女士、胞弟王永在總經理、顧問孫桓章將軍、及長庚醫學院院長張昭雄博士（現為親民黨副主席）等都在座，另有客人華視董事長易勁秋先生、教育部科長季西園兄伉儷等，每當散席時，王董事長總是說：

「你們未吃完的牛排，已包好放在車上，明天還可以作早餐。」

像他這樣富甲天下的人，卻仍捨不得丟棄一塊吃剩的牛排，實在是提倡節約運動的最佳典範。據說他每年參加員工運動會用來擦汗的那條毛巾，用了十幾年都尚在使用。他的萱堂詹樣太夫人當時已九十多歲，身體仍很健康，特在臺塑的頂樓闢建一片菜圃，讓她老人家隨時可上去種菜蒔花，以便能活動筋骨，增進健康。當我們被引導上去參觀時，內心為他們這種「富貴不忘根本」的行動感動不已。

李前總統登輝先生：近來常聽到有人埋怨經國先生，甚至有人罵他「瞎了眼」，怎麼會找李登輝這麼一個人作「接班人」。憑良心說，這似乎不能完全責怪經國先生，正如李登輝先生自己在一篇題為「生為臺灣人的悲哀」的談話中，他對日本人司馬遼太郎所說的，他善於裝假。當他與經國先生談話時，連椅子都只坐一半，裝出一副畢恭畢敬的樣子。記得在他民國七十三年當選副總統後，華視董事長易勁秋先生請他吃飯，他由總統府副秘書長張祖詒先生陪同蒞臨，席間開懷暢飲，談笑風生。因他當臺北市長時，易董事長是國民黨臺北市黨部主任委員，兩人是工作上的伙伴，也早已建立了深厚的友誼。那天他談在美國讀書的情形、對省政建設的成果、以及對農業經濟的研究等，親切自然，平易和善。我說我是農業經濟的逃兵，結果逃到軍中，一事無成。他說作電視很不容易，只要對社會人群有貢獻都一樣，充分顯示出一副長者的風範。即在經國先生崩逝時，他每天都到靈前行禮祭拜，那種虔誠悲戚的態度，誰不為之感動？可是後來他變了，他竟宣稱自己曾經當過十二年總統的國民政府是「外來政權」，並說：

「臺灣不能有外來政權，外來政權不消滅，臺灣人不會幸福。」（註一）

連他自己核定公佈的「國家統一綱領」也不再承認，而提出所謂「兩國論」，一心要「帶領臺灣出埃及」。在中國國民黨一百零五年黨慶晚會中，李登輝以主席的身份，慷慨陳詞。他說：

「黨是我們的母親，你我是友愛的兄弟。」

但是他卻一直暗地裡幫助民進黨執政。當中國國民黨失去政權後，他即撇下「母親」和「兄弟」，組織所謂「臺灣團結聯盟」，企圖澈底瓦解中國國民黨。此正如親民黨的立委劉文雄所說：

李登輝是「黑寡婦毒蜘蛛，得到雄蜘蛛的精子後，就把雄蜘蛛吃掉。」（註二）

監察院前院長王作榮先生也說李登輝「只有新朋友，沒有舊朋友」。因為君子固可欺之以方，但不會長久被欺騙，而受李登輝欺騙的又何止經國先生一人？經國先生苦心孤詣慘澹經營所創造出來的「臺灣奇蹟」，都被李登輝給毀了。經國先生英靈有知，恐亦後悔莫及！

接下來我要說說我所見到的「東北少帥」張學良：

七十多年來，張學良將軍一直是一位風雲人物，特別是當他在臺灣解除幽禁後，更成為中外媒體追蹤採訪的目標，各種論著專書真是汗牛充棟。

張學良將軍曾說：

「我這個人非常反抗！」（註三）

「我是要幹就幹，我是個莽撞的軍人！」（註四）

「我是膽大妄為的！」（註五）

然而張學良卻有一顆熱愛國家的心，他希望國家能統一富強。所以民國十七年十二月，他以二十六歲的青年，通電宣佈東三省（奉天、吉林、黑龍江）與熱河省改懸青天白日滿地紅國旗，使我中華民國得以完成統一。兩年後，即民國十九年九月，他又接受國民革命軍總司令蔣中正的敦促，揮軍入關，瓦解了馮玉祥、閻錫山等軍閥的軍隊，結束了為時七個月慘烈的「中原內戰」，再次促進了中國的統一。中央政府特任命張學良將軍為陸海空軍副總司令，當他前往南京晉見總司令蔣中正時，獲得全國各界的熱烈歡迎。蔣總司令並親自陪同，前往中山陵恭謁國父孫中山先生的陵寢，使張學良一生的事業聲望達到了巔峰，當時他仍只是一個才三十歲的青年。民國二十四年四月，並榮升為陸軍一級上將。

然而民國二十五年十二月十二日，張學良卻發動了震驚中外的「西安事變」，不但改變了中國的歷史，也導致他從此被監禁幽居的生活長達半個世紀。張學良為甚麼會發動「西安事變」，一直為世人所臆測討論。一九九〇（民國七十九）年六月十七日及八月四日，他兩度接受日本電視臺NHK訪問時表示，關鍵在剿共問題上，為此他曾與蔣總司令發生過爭吵。他說：

「我與蔣總司令有政見之爭，他主張安內攘外，我主張攘外安內，從一開始我們兩

人就存在這方面的意見分歧，但沒有後來這麼尖銳。」又說：「現在我承認，我這個思想是不對的，但當時我是這種思想。」（註六）

張學良所以急於抗日，因日本自明治維新後，即處心積慮不擇手段的侵略朝鮮和我國東三省。民國十七年六月四日，日本並在皇姑屯炸死了張學良的父親東北統帥張作霖。民國二十年九月十八日，日軍又公然侵佔東北，迫使張學良率兵退入關內，更使他對日本恨之入骨。尤其東北的官兵入關以後，深感家破人亡，妻離子散，急欲打回老家去。這種心境激情，任何人都可以理解。但當時的日本是世界上的頭等強國，兵力雄厚，裝備精良，而我們中國由於多年來軍閥混戰，貧窮積弱。蔣委員長深感要對抗強敵日本，必須先求內部團結統一。因為「兵者，國之大事，死生之地，存亡之道，不可不察也。」（註七）因此他一再強調「攘外必先安內」，唯有集中力量一致對外，抗日戰爭才有獲勝的希望。中共面臨清剿的壓力與危機，看透了張學良急於抗日的心態，乃極力慫恿他抗日，因此爆發了「西安事變」。原來張學良將軍早已和共產黨有聯絡，張學良說：

「中央糊塗，他就一直不曉得我與共產黨有聯絡。後來戴先生（戴笠）我兩見面，他說：我真沒想到你。我說你那些特務，盡扯蛋的特務、你特務甚麼了？你特務！」（註八）

「西安事變」的發生，對當時的中共來說，當然是天大的喜事。因為當時中國共產黨偈促在陝北一隅，隨時有被殲滅的可能，張學良適時發動「西安事變」，正好解除了中共的厄運。所以毛澤東曾說：

「西安事變把我們從牢獄裡解放了出來！」（註九）

周恩來在西元一九五六年北京紀念「西安事變」二十週年座談會中，更以「千古功臣」來推崇張學良。他的遺孀鄧穎超在致電祝賀張學良九十歲生日時亦說：

「恩來在時，每念及先生則必云：先生乃千古功臣。」（註十）

張學良後來承認他對共產黨認識不清，他說為了達成抗日的心願，以致：

「立志救國，反而誤國；想救民，反而害民。」（註十一）

因為「西安事變」發生後，全國抗日情緒高漲，日本軍閥認為再不下手將沒有機會了，乃在蘆溝橋刻意挑釁，全民抗戰因而爆發。共產黨卻以「一分抗日、兩分應付、七分發展」為最高策略，在敵前敵後積極擴張力量，等到八年抗戰結束，政府軍已打得筋疲力竭，民窮財盡，而共產黨卻發展壯大，以致席捲整個大陸。所以張學良曾一再說：

「我是一個罪人！」

民國七十九年六月一日，友人們為他在臺北圓山飯店舉行九十大壽的慶祝會中，他又說「我是一個罪人」。並再次引用新約聖經中的話說：

「在罪人中我是個罪魁！」（註十二）

張學良和趙一荻隨政府來臺後，因受蔣夫人宋美齡女士的影響而信奉基督教，成為虔誠的信徒，他們後半生幾乎是以基督信仰為生活的重心。兩人且曾化名為曾顯華與趙多加，出現在臺北市多個基督徒聚會的場合，熱心傳福音。一九八〇年公開露面後，更多次親自証道。（註十三）

民國八十年春，我返鄉探親，許多「領導」和親友都說：「張學良要回來」，並問我知道不知道，大陸各地有許多信件寄給張學良，並有許多親友故舊不斷前來臺灣，準備迎接他回去。可是他卻在是年三月十日，偕同夫人趙一荻女士離開居住了將近半個世紀的臺灣，前往美國訪問去了。他們在美國住了三個多月後，又於六月二十六日回到臺灣。

民國八十二年十二月十五日，他再度攜同夫人趙一荻女士，前往氣候溫和景氣怡人的夏威夷，這一次卻一直住了下來，並悄悄的將身後事也安排好了。他在夏威夷的「神殿之谷」Valley of the Temple 紀念公園內，建築了一座佔地不小的基督教雙人壽域，作為其最後的歸宿（註十四）。他的夫人趙一荻女士去（二〇〇〇）年六月二十二日逝世（享年八十八歲）後，即已長眠於其中。而張學良將軍亦於今（二〇〇一）年十月十四日，在夏威夷因肺炎逝世，享年一〇一歲。二十三日下午，在周聯華牧師主持追思禮拜後，亦安葬於此，與其夫人一起長眠於夏威夷了！

當我兩次在席間面對張學良將軍時，心裡都禁不住有許多感慨與遐思。這位在我讀小學時便已叱吒風雲的「少帥」，如果不發動「西安事變」，不知今日的中國是何等模樣。我們會不會到處飄零，人民會不會骨嶽血淵，我的母親和堂兄以及千千萬萬的善良同胞，會不會遭到殘酷的鬥爭。尤其我的大伯母會不會因為受不了鬥爭的酷刑，而爬到人家的茅房一頭攢入糞坑，了結其悲慘的一生。至於張學良將軍本人如果仍在大陸，文革期間他會不會和朱德、劉少奇、林彪等遭到同樣的命運？

同時我也想到「西安事變」除了解除了當時共產黨的危難外，可能另外還有兩個人直接受到它的恩惠。一是從十六歲就為張學良私奔的趙一荻女士，如果沒有西安事變，以張學良的性格，她能不能與他長相廝守？恐怕很有問題。因為張學良曾說「年輕時，非常荒唐，亂七八糟，說不上甚麼愛情。」他有兩句詩：「平生無遺憾，唯一愛女人。」（註十五）另一位受惠的應該是蔣經國先生，經國先生十六歲前往莫斯科留學，後來竟被當作人質，曾多次請求回國，史達林都不核准。直到西安事變後，才讓他於民國二十六年三月回到自己的國家與父母團聚。（註十六）

最後我要說：張學良將軍在西安發動兵變，劫持最高統帥，固是罪不可赦，正如他自己所說：

「要是我的部下這樣子，我就把他槍斃了！」（註十七）

但中央並未槍斃他。張學良將軍說：

「老先生（先總統蔣中正）對我是白粉知己，很關懷。我有病，旁人就想讓我死掉了，他特別愛護我，重新派了醫生，派了中央醫院的來看我。我到那去，甚至到臺灣，他都是找個最好的地方讓我住。」（註十八）

我想主要的是因為他的動機是為了抗日，為了救國。只是當時他年輕，對錯綜複雜的政治情勢並不了解，以致結果正如他自己所說：「立志救國，反而誤國；想救民，反而害民」。

他九十歲前往臺南延平郡王祠遊覽時，作了一首詩：

孽子孤臣一稚儒　填膺大義抗強胡
豐功豈在尊明朔　確保臺灣入版圖

詩中仍充滿民族情義與愛國熱誠，然而等他活了一百零一歲的高壽，臨終時仍和陸放翁一樣：「但悲不見九洲同」，以致不得不選擇太平洋中的夏威夷，作為其最後的歸宿。

張學良將軍內心的悲哀，我想每一個中華兒女應是可以理解的！

十、返鄉探親

蔣總統經國先生於民國七十六年宣佈臺灣解除戒嚴，隨即開放報禁、黨禁，並開放民眾赴大陸探親，這真是一項劃時代的決定。回想當年中共要「血洗臺灣」，我們要「反攻大陸」，兩岸不僅劍拔弩張，且曾多次爆出火花，今天能出現這樣的局面，實在是夢寐以求，喜出望外了。

母親生於一九〇四年陰曆冬月初七，到西元一九八八（民國七十七）年冬月正好是八十五歲。四十年來生死茫茫，無時不在魂牽夢縈，經過多方連繫，獲知母親幸仍健在，乃決定在她生日時回去為她老人家拜壽。

在辦手續前，曾請教入出境管理局的局長汪元仁兄，看我是否合乎規定，承他查告沒有問題。可是當我填好表格持往紅十字會申請時，承辦人卻說我不合規定。我說入出境管理局已查過，沒有問題，因我已不是現役軍人，又不是中央委員（國民黨中央委員會）和國營事業的主官。可是那位先生說：

「你是軍中文職人員的眷屬，不能返鄉探親！」

我說：「那有這條規定，難道入出境管理局長都不知道嗎？」

他說：「這是參謀總長郝柏村剛剛才頒發的命令，規定軍中文職人員及其眷屬不能返鄉探親。」

內子王支洪當時是政治作戰學校的副教授，當然是「軍中文職人員」，我是她的眷屬，這樣就不能返鄉探親了。於是滿懷的希望頓時變成了絕望，心情好生難過。晚上回家，剛一進門，內子即大聲說：

「恭喜呀！可以回去看媽媽了呀！」

我說：「不行！因為我是妳的眷屬！」

等她弄清楚事情的癥結後，她說：

「那我辭職好了！」

我說：「這不是開玩笑的，妳如真的辭職，妳會後悔的！」

支洪卻說：「媽媽已經八十五歲了，你再不回去看她，萬一造成遺憾，你才會後悔一輩子！」

難得她有這番心意，我很感動，也很難過。回想當初離家時，母親才四十多歲，現在已經八十多歲了。她為我忍氣吞聲，受盡苦難，真的還能再等多久呢？但因我回去看母親，而害得支洪失業，也於心不安。尤其她教課，深受學生們的喜愛與尊敬，不但教師節、聖誕節，學生們寄來熱情洋溢的卡片，平時也常有電話和信函請益和問安。且有一期法律系的學生經過全班通過，邀請我們全家去和他們一起會餐，他們的盛意使我不忍推辭，本想回請他們，但又恐引起流言，只得作罷！

由於支洪的年齡和年資都還未達退休的規定，仔細商量的結果，只得忍痛讓她辦理辭職。也有好心的朋友們建議，說有很多人都是經東京、新加坡、或馬尼拉轉赴大陸，何必一定要辭職。但我覺得回去看母親，是一件光明正大的事，用不著偷偷摸摸。誰知未過多久，當時頒佈此一命令的郝上將，他自己竟也帶領家人和隨員，浩浩蕩蕩的返鄉掃墓去了，而且還到上海、北京、奉化、桂林等地去觀光旅遊！

當時從臺北到武漢，必須經過香港，且不能直接轉機，必須在香港過夜。所以我於十二月十一日搭乘國泰班機到香港後，在旅行社的安排下到太子道三〇四號睡了一夜通舖。第二天中午再搭中國民航，飛行一個半小時，抵達武昌南湖機場。那還是對日抗戰前所建的機場，其破舊簡陋的情形，完全超乎想像，管理尤其落後。辦理入境的海關只有兩個窗臺，慢條斯理的先仔細端詳旅客的面貌，再詳細翻閱證件，所有的行李都要一件一件打開來查看，似乎把旅客當作罪犯一樣。

入關時，第一個迎接我的是代瑛，她痛哭流涕，傷心不已，我也十分難過。代瑛是我堂姐祖韓的獨生女，在我離家時還在讀小學，後來讀湖北省立醫學院，畢業後在遠安縣人民醫院擔任婦產科主任，早已當了外婆了。

那天到機場接我的還有代瑛的夫君張春雷，時任遠安縣司法局局長；湖北省臺灣事務辦事處副主任戚永安、與遠安縣臺辦主任羅發教等多人。我們上車後，戚副主任即對我說省長希望和我見面，我說省長公務繁忙，我一個老兵回來探親，實不敢打擾。戚副主任說，省長完全尊重我的意見，（第四次我和內子回去，戚副主任又說省長希望和我見面，我又未去）辜負了省長的盛意，實深以為歉。當晚湖北省海外同胞連絡會許光度會長、戚永安副主任、羅發教主任等，在武昌一家餐館請我吃名聞遐邇的武昌魚等湖北名餚，夜宿珞珈山賓館。

次日一早，我們即向遠安進發。我家原屬當陽縣，後來中共劃為遠安縣。車過漢陽以後，平疇沃野，一望無垠，這便是著名的江漢平原。俗語說：「湖廣熟、天下足」，只要長江不泛濫成災，人民都可以豐衣足食。一路上雖然車輛並不多，但車種龐雜，自行車、拖車、板車、牛車等，影響行車速度。尤其路況不好，好多橋樑只能單向行駛。在仙桃市附近（原為沔陽縣）便遇上車禍，堵了兩個多小時，到丫角廟吃午飯。過了潛江，又遇上車禍，到達荊州時天色已暗，我們摸黑上山。過了河溶的兩河口，即找好友任藝華兄的老家，下車問了幾次，好不容易才找到麥城村。因住戶很多，天色黑暗，情急之下，乃放聲高喊其侄子任盛迪的名字，惹得全村的狗兒都圍過來狂吠。幸有一位任盛金君出來帶路，才找到盛迪的家。盛迪是藝華二哥德騏兄的哲嗣，德騏兄我也很熟，但早已作古。是時只有德騏嫂在家，而他們原有的房屋已成了別人的產業，我們只稍作寒暄，將藝華兄所托帶的財物送交，即上車趕路。車經當陽縣城，黑暗中只見高樓聳立，顯見已有許多新的建設。回到遠安時，已是夜間九點多了，縣長胡發喜和縣委書記吳承富、副書記張治國等，都還在招待所等我吃飯，真令人感動。堂兄祖鑑也從老鸛窩趕來縣城接我，我們從小在一起，他是大伯的獨子，長我十歲。大伯、三伯相繼逝世後，便由他當家，他願承受一切家累，讓我出外讀書，真是滿心感激。當晚宿春霞和代瑛家，得以和他們的長女張玥、長婿曹賢平伉儷與外孫曹方圓，以及三女張菁、三婿馬駿騏等見面，只有次女龐玲因到武漢公幹，等我從老鸛窩轉來時才得以見面。

離臺的第四天，也就是十四日的早上，由李秘書開車，與代瑛、春霞直驅老鸛窩。車經九里崗、銀子崗，到達瓦倉時，迎面看到馬家寨的山頂，分外感到親切，因為在山的那邊即是我生長的地方。可是在上合家埡時，由於坡太陡、路太差，老爺車熄火了，不論怎樣推，都無法動起來。幸喜羅發教主任開來一輛吉普，乃改乘他的車上山。到達家的後側山坡上，只見稻場（打穀場）上擠滿了人群，車在門口停下，我立即穿過人牆，快步進入屋內，看見母親坐在火爐旁，乃上前雙膝跪在母親面前，母親早已泣不成聲。堂兄祖鑑與侄兒女們亦哭成一團，我更是涕淚縱橫，四十多年的離別，音信渺茫，不知生死，今日母子得再相見，實在恍如隔世。當眾親友將我扶起，坐在母親身旁時，內心的激動與感激，仍久久不能平息。

由於客人多，房子小，設備又十分簡陋，開飯一次只能擺四桌，結果流水席吃到深夜，抽煙、喝酒、划拳，為鄉親們的最愛。而這三樣我都不會，因我年幼失怙，為了不讓母親失望，很小就下定決心「不嫖、不賭、不抽煙、不喝酒」。為了對親友們表示一點心意，特將從臺灣帶回的「長壽」牌香煙拿給他們抽，孰知卻有人拿著煙盒大聲朗誦：「三民主義統一中國」，使我感到相當尷尬，我不抽煙，也未仔細看過煙盒，根本不知道煙盒上印有這些字樣。好在當時在座的「幹部」們並未在意。後來他們問到臺灣土地改革的情形，我就簡略的加以介紹，並與中共所推行的土改作一比較，特別指出今日臺灣的「經濟奇蹟」，當年土地改革的成功實為一項重大因素，他們都默默的點頭同意。

絕大多數的來賓，我都不認識，等報出他們祖父的名字，我才知道。最令我感動的，是有幾位小時候的同學好友謝厚銓、汪開梓、向希伯、李玉堂、劉少華、丁冰人、傅正桂、汪美才、龐耘郎、汪盛湯、汪開甲等學長及其寶眷，他們都不畏霜寒，翻山越嶺，前來共聚一堂，實在令人歡欣感動。

回家的第三天，由侄兒女德友、德滿、德香等陪同前往附近山上祭祖。本來每一位祖先的墓前都立有或大或小的石碑，上面刻有碑文與子孫和親族的名字，但現在全都不見了。據說是在「大躍進」的年代，被中共挖去燒作石灰了。在五家沖大舅父的住宅後，原是一大片墳墓，現在卻成了一大片茶林了。所幸我的祖墳都還存在，只有姑媽和二舅媽的墳墓找不到了。小時二舅和二舅媽對我照顧特多，因為學校就在外婆家的近鄰，常常是二舅媽將飯菜弄好後喊我去吃午餐。據說他們的獨子因被瘋狗咬傷，後來狂犬病發作，死得很痛苦很可憐。

母親已經八十五歲，所幸身體仍很健康，我要接她到臺灣來與我們同住，稍報養育之恩。但她老人家不能坐車，車一開動便會嘔吐，長途會更痛苦，何況還要坐飛機，想想不敢嘗試。住在山上，空氣新鮮，鄰居熟悉，但生活條件特別是醫療設施，卻很有問題。廁所是老舊的糞坑，且隔得很遠，如果萬一失足掉進糞坑，其後果不堪設想。本來建一抽水馬桶即可解決，但山上沒有自來水，且有時連飲水都成問題。反覆思考，惟有搬到城裡居住，才能解決生活與醫療方面的難題。承蒙縣臺辦主任羅發教與堂外甥婿張春雷局長的大力幫忙，獲得縣長胡發喜的批准，讓我在縣城北門購買一塊公家的土地，建築一幢兩層樓的房子，將母親於一九九〇年底接到城裡來居住。復承縣政協會易吉福主席、李德森、劉學浩副主席的協調，由遠安縣人民醫院選派一位中醫、一位西醫、一位護士，成立醫療小組，定期為母親作健康檢查與治療，澈底解決了居住與醫療的問題。

今生能再見到母親，實是最大的福氣。所以我每年都儘量利用假期回去探望母親，有時和支洪兩人、有時攜同兒女媳婦，有時是陽曆年、有時是陰曆年，有時是清明節或端午節，而比較多的是中秋節，因為氣候比較適宜。母親九十歲生日時，我和支洪、宇兒、媳婦美琴一同回去拜壽。親友來的很多，母親非常高興，尤其我的一些小學與中學同學也都來了，真是難得。我本準備和他們歡聚數日，暢敘離情。但是農曆冬月，氣候實在太寒冷，又沒有空調，支洪和美琴都罹患重感冒，躺在床上打點滴，宇兒亦拉肚子，情緒頗受影響。而為同學們所訂全縣最好的招待所，竟連熱水都不供應，實在令人失望。同學們堅持只住一夜，我也就未便強留，致未能好好談談，第二天便讓他們各自回去了，迄今猶感到萬分遺憾。

還有汪浩如（家禧）兄，我第一、二次返鄉，都未去看他。因那時交通狀況實在太差，不論經荊州或經鍾祥，都要一整天。而經荊州，我就到當陽麥城去看好友任藝華兄的侄兒盛迪，他就住在公路近旁；經鍾祥，則去看楊將軍的母親，因為他是現役不能回去。那時漢水還未建橋，人車都要過渡，有時要等很久，再加山路多，所花時間更長，每次車到孝感便已天黑，要到深夜才到武漢。所以那兩次回去，一心只顧趕路，而浩如兄在沙洋，並不順路，因此我想等以後再去，反正他比我還小一歲，來日方長。孰知一九九〇年八月我第三次返鄉時，友人告訴我，浩如清明節返當陽為先人掃墓，竟因心臟病突發而猝然逝世，聽後真是難過，這輩子不能和他再相見，實是永遠的遺憾。而浩如兄的尊翁源清先生，對我一直很關心愛護，家荃師妹（浩如的大妹）告訴我，他和汪伯母的靈寢位於水田灣，因路途遙遠，交通不便，我亦未去祭拜，實深感歉疚。

最後一次（第十四次）回去探望母親，是民國八十八（一九九九）年十月，當時母親的身體仍很健康，每天我都陪在她的身邊，談論一些陳年往事。她的記憶非常清楚，有時還指出我的錯誤，甚至民國八十九年農曆正月初一，我們全家大小還一一在電話中向她老人家拜年，她的聲音仍十分清脆宏亮。然而想不到三天之後，也就是正月初四的凌晨，她老人家卻因心臟衰竭而仙逝。等我和支洪趕回家時，她已躺在一堆新土中，再也看不到她老人家慈祥的笑容，聽不到她老人家親切的聲音了。不論我跪在地上如何嚎啕痛哭，再也喚不回我親愛的母親了！唯有祈求上帝憐憫，讓我們母子今後能在天國相見，讓我能再依偎在母親的身邊，享受母愛的慈祥和溫暖！

註一：《世界日報》　二〇〇一年九月三十日A7版

註二：《世界日報》　二〇〇一年八月二十一日A5版

註三：《張學良平生年表》　頁四五四　蘇墱基編著　遠流出版公司

註四：同註三　頁四五七

註五：同註三　頁四五二

註六：同註三　頁四五三

註七：《孫子兵法》　始計篇第一

註八：《世界日報》　二〇〇一年十月二十八日　張學良口述歷史　A13版

註九：《世界日報》　西元一九九九年二月二十五日　今日話題　他是罪魁還是千古功臣？　汪士淳撰稿

註十：同註三　頁四四八
註十一：同註六
註十二：《新約》　提摩太前書第一章第十五節
註十三：《北美世界日報》　二〇〇一年十月十六日　A10版
註十四：同註六
註十五：同註三　頁四五九
註十六：《蔣經國評傳》　頁〇五二　漆高儒著　正中書局出版
註十七：同註八
註十八：同註八

分別四十多年，能再回到母親的身邊，實在是上帝的恩典

母親八十五歲生日，與部分親友合影

看到母親的笑容，比春天的陽光更溫暖

母親與家人合影，右三為堂兄祖鑑

母親九十歲生日合影

母親與孫輩

母親與家人及親戚

依偎著母親的感覺真好

陪母親散步

母親和晚輩們在一起

母親與孫輩及重孫輩

和春雷、代瑛及其女兒、女婿

和繼泉與德友

母親九十歲生日，我小時候的老同學們冒著嚴寒前來拜壽，令人感動

我在這兒出生，在這兒成長，可是原有的房屋已不存在了，所有祖產田地山林都已成了別人的產業

特載　母親呀！母親

今（二〇〇〇）年二月八日（陰曆正月初四）的凌晨，母親因心臟衰竭而逝世，噩耗傳來，令人震顫哀傷，痛徹肺腑。因為就在正月初一的上午，我們全家大小還一起以電話向她老人家拜年，她的聲音仍很宏亮，我們都很高興；然而想不到僅僅三天之後，她竟捨我們而去，這晴天霹靂，使我和內子都抱頭痛哭，不能自已，乃即趕辦手續，返鄉奔喪。當我們返抵家門時，所見到的只是那一間她所睡過的空房，和一堆新砌的黃土，再也看不到她老人家慈祥的笑容，聽不到她老人家親切的聲音；不論我怎樣跪地痛哭，都無法得到她老人家的回應了！親友們都安慰我說：

「她老人家已享年九十七歲，應該算是喜事了！」

然而對我來說，卻是永遠無法解救的傷痛。回想她老人家一生含辛茹苦、忍氣吞聲，所遭遇的一切苦難，將永遠無法消除內心的愧疚與痛苦。

一、那時候，她在山上哭！

母親生長於鄉間，從未上過學校，甚至連名字都沒有一個。小時候，只聽到外公外婆喊她「么」，因為她是外公外婆五個兒女中最小的一個，因此舅父、舅媽、姨媽等都稱她么妹，表兄表姐等叫她么姑。和父親結婚之後，正好父親又是祖父母五個兒女中最小的，於是祖父母也喚她么，伯父、伯母、姑媽等稱她么妹，堂兄堂姐們則喊她么媽；後來隨著年歲的增長，輩份逐漸提升，她就成了么姑婆、么姨婆、么婆婆，乃至么太婆了。惟不論稱呼怎麼變，總少不了一個么字。直到民國三十八（一九四九）年，共產黨來了之後，才給她取了一個名字，這樣一方面可便於戶口管理，同時，不論幹部或群眾直呼其名，也就顯得非常簡單而又十分神氣了。

共產黨不僅給了母親一個新的名字，更重要的，還給了她一個新的身份；那便是在大陸人人聞之色變、恐怖、顫慄的「地主」（黑五類之首）。只因我的祖先們，自己捨不得吃，捨不得穿，忍饑耐寒，積積攢攢，買了一些房屋和田產，就這樣成了罪大惡極清算鬥爭的對象。經過幾次鬥爭大會之後，母親被趕出家門，只准帶一些鍋杓碗筷、衣物、鋤頭，去自謀生活，我們本來是一個大家庭，一直沒有分家，母親和伯母、堂兄嫂與姪兒女等生活了半輩子，現在卻被迫分開了，那些善良純樸、世世代代守望相助的鄰居親友，在「幹部」的指示和唆使下，一時亦都成了所謂的「群眾」，成群結隊到家裡來搬東西，有的牽牛、有的趕豬、有的挑米，有的搬床，有的拿鍋，有的抬桌，只要是能夠搬動的東西，不論大小輕重，全部搬的空空的！後來房子和田地也全部被沒收，再分配給他們認為的「窮人」，實行共產黨所宣傳的「窮人翻身」了！

看得見的東西搬走之後，進一步便來找看不見的東西，他們迫令交出家裡的金銀珠寶。在那窮鄉僻壤，有誰見過黃金珠寶，早年曾流通過銀圓銅錢，但自抗戰前夕，政府實施幣制改革，採用法幣、關金，以及爾後的金元券之後，連銀圓銅錢都見不著了，從那裏去找黃金珠寶？但幹部們卻一口咬定家裡有，非拿出來不可；否則就要打，就要鬥，母親、伯母和堂兄因而遭受了多次的批鬥，但沒有就是沒有，如何拿得出來？於是幹部便指揮群眾在室內挖掘，牆角壁縫，室內室外，挖去挖來，仍然挖不到，於是又開鬥爭大會，將母親、伯母和堂兄都吊起來打，一定要交出黃金銀圓來；伯母因實在被打得無法忍受，她表示確有一些銀圓，願意交出來，鬆綁之後，她要求如廁，但她已被打得遍體鱗傷，特別是她那雙被纏得很小的小腳，已麻木不能動彈，她只得用力爬行，當她爬進李官義家的茅房時，便一頭栽進糞坑中去，希望藉那又深又臭的糞坑，了此慘痛的一生，但「幹部」和群眾並不就此放過，馬上將她從糞坑中拎起來，扔到堰塘中去沖洗，在那冰天雪地寒風刺骨的季節裡，一個身心都飽受摧殘傷痛的老人，如何能再經得起那麼嚴峻酷寒的折磨，可憐一向慈祥溫厚與世無爭，甚至連說話都斯斯文文的伯母，就這樣悽慘痛苦地結束了她的一生！

堂兄祖鑑眼睜睜的看著慈母死於幹部和群眾們的毒手，他傷心欲絕，存心隨母親而去，無奈那些幹部太有經驗了，他們對他的鬥爭並不因他失母之痛而稍加寬鬆，相反的對他看守得更為嚴緊，一刻也不讓他脫離群眾的視線，而且將鬥爭的方式更為提升，有時要他站在燒得火紅的磚頭上，有時則要他跪在「磁花子」上；所謂「磁花子」，即是將磁器打碎，把那些碎片和粉渣積在一起，叫人以血肉之軀跪在上面，試想那該是何等刺心的疼痛，那樣一個忠厚誠懇，終年辛勤工作的老農，就因為祖先遺留下來的些許田產，而遭到如此酷刑，死時身上滿是傷痕，言之令人痛心不已。

母親在家裡甚受堂兄嫂和姪兒輩的尊敬，特別是大伯母又是她同胞的大姐，對她這個么妹一直愛護有加，由於她在家裡從不過問經濟，因而她所受的鬥爭羞辱，相對之下也就輕了一些，但將她從一個溫馨的家庭趕出來，要她獨自去謀生活，這已是多麼嚴酷的打擊。起初到山上，還可以摘一些果子、採一些野菇，掘一些蕨巴之類的東西果腹，但這些東西畢竟有限，時間久了，季節過了，就找不到了，在餓得沒有辦法時，就只有吃草根樹葉了；而吃過之後，不但沒有營養，且無法排洩，在那種生死茫茫、無依無靠的時候，唯一的兒子又不知浪跡何方，音信全無，她不由得悲從中來，常常嚎啕大哭。而且在那種饑寒交迫，無法維生的情況下，還要被迫去參加集體勞動，修道路、築水壩、鍊鋼鐵。民國七十七（一九八八）年冬，政府開放「老兵返鄉探親」，我請假回去為她老人家慶祝八十五歲壽辰時，談到當年的情景，有位鄰居熊先生對我說：

「那時候，我們聽見她老人家在山上哭，實在很悽慘！」

我含淚問母親：「那時有那些親友對你好一點？」

母親說：「大家都要劃清界線，有誰會對你好呢？」

我又問：「那誰對你鬥爭得最厲害呢？」

母親深深的嘆了一口氣說：

「唉！一切都已過去了哪！」

這樣錐心泣血、刻骨銘心的打擊和磨難，真的就都已過去了嗎？我想只是母親不願說出來而已，因為她怕我知道後會更難過，甚至在得知詳情後，會對那些人有所反應，引發一些不良的後果！這就是母親愛護兒子無微不至的真情流露！

二、遭受喪夫、失母之痛

母親就是這樣打落牙齒和血吞，縱然是在絕望中仍要堅持活下去，而且她從不記仇，從不怨尤，否則恐怕她早已被仇恨和憤怒的火燄吞噬了，因為她所遭受的風暴實在太多了！當她二十三歲，正是錦繡年華，且婚姻生活極為美滿幸福的時候，突然有一天，土匪攫走了父親的生命，這晴天霹靂使得她肝膽俱裂，眼前一片昏暗。但等她意識稍微清醒之後，立即警覺到比因喪夫之痛而呼天搶地更為重要的事，是如何保護懷中的稚子，迅速脫離土匪的追殺，因此她在家人協助安葬父親後，即背著三歲的我，不分晝夜，不畏險阻，逃到遠方的親戚家裡躲藏，而且住一兩天即換一個地方，以免被土匪發現。在那山高林密，人煙稀少的山區，常有猛獸出沒，但母親為了保護我，一切都不放在心上。也許由於幼小時長期逃難，驚嚇過度，且營養不良，影響身體的發育與成長。母親說我小時候，有一段時期，全身疲軟，有氣無力，好像棉條一樣，找醫生診斷，又都找不出毛病，她情急之下，揹著我到處求神許願，家人親友均為之耽心不已；有位舅媽甚至已對我不存希望，力勸母親改嫁，母親為之很生氣，她說：

「我只要把兒子撫養成人就好了！不愁吃、不愁穿，我為甚麼要去服侍人？」

母親是把全部的心力和希望都寄托在我的身上了！

民國二十九（一九四〇）年六月，兇殘的日軍攻佔我們當陽縣，姦淫燒殺，無惡不作；我們雖在鄉村，亦常有日軍前來騷擾，且行動飄忽，防不甚防，人們只得逃到山林裡去躲藏。不論冬天夏天，不分黑夜白晝，有時烈日當空，有時風吹雨打，有時雪飛霜降，很多人都因而罹患疾病，由於缺乏醫藥，死亡者不計其數，我的三個可愛的姪兒女，竟在一個月內相繼死亡，全家人為之哭成一團。民國三十年四月二十八日清晨，當人們正從山林裡潛回家中準備早餐時，二舅驟然發現一群日軍聚集在他們逃匿的親戚家的門前山崗上，他和舅媽立即奪門而出，利用熟悉的地形地物掩護逃走；高齡七十歲的外婆，纏著一雙小腳，行動遲緩，來不及逃走，結果竟慘遭日本鬼子殺害，五十多年來，這一令人切齒錐心的慘事，就像一條毒蟲一直在啃噬我的心，每想到我慈祥親切的外婆，竟遭到如此悲慘的劫難，我的心就滴血，我的氣就上衝，但我從來不敢也不忍和母親提起，深怕引她傷心。日軍走後，二舅派人來通知，母親和大伯母一聽惡耗，哭倒在地，然後一路哭著前往幫忙料理喪事，可是當他們正在為外婆洗滌穿衣，準備大殮時，忽然聽見有打門的聲音，二舅和母親與大伯母等這時已顧不得外婆的遺體，迅即從後門奔出，躲進屋後不遠的一處廢棄的煤礦坑裏。好在外婆住的是一棟古屋，深達四進（四重），每一進都有門閂，外面又有很高的圍牆，才能讓他們逃脫。隔不多久，即有數名日軍來到坑口，向坑內大聲斥喝，並以手電筒向坑內照射，母親等屏聲靜氣，嚇得全身顫抖不已，所幸那次日軍未帶警犬，天又下著大雨，否則那只有幾公尺深的礦坑，是絕對無法掩護搭救他們的。入夜以後，雨勢更大，他們就冒著大雨和黑夜，順著山溝往上爬，越過山頂，逃到比較安全的地帶。後來發現，就在那礦坑上面的山坡上，日軍搭建有崗亭，那夜若不是大雨掩蓋他們逃走的聲音，他們如何能逃過日軍的捕殺，及今想來，仍心有餘悸！

也就在外婆被殺的那一天，日軍還燒毀了我家的房屋，使我們在心理上，情感上和經濟上，都遭到永遠無法彌補的傷害和損失；而在八年抗戰期間，日軍不知殺了我們多少同胞、毀了我們多少家庭、奪走我們多少資源，若沒有日軍的侵略，大陸壯麗的河山，不至變色，人民也不會遭受空前的浩劫。毛澤東西元一九六四年七月十日在北京接見日本社會黨議員佐佐木更三、黑田壽男和細迫兼光等說：

「我曾經跟日本朋友說過，沒有你們皇軍侵略大半個中國，我們中國共產黨就奪取不了政權。由於日本軍閥佔領中國一半以上的土地，壓制了國民黨軍隊，我們才能重建無數的根據地，否則我們怎能在北京看戲呢？恐怕仍在陝北窯洞之中，這真要謝謝日本軍閥給我們的幫忙！」

這話真是夫子自道，一點不假，所以我們一切的災難，都是日本軍閥造成的。可以說從甲午戰爭以來，我們真是吃盡了日本帝國主義的苦頭，但日本在戰後不但對我們沒有絲毫賠償，甚至連一點悔意都沒有，日本首相及各政客竟然還到供奉東條英機等戰犯頭目的靖國神社去參拜；尤其令人憤慨的，是日本根本不承認侵略中國，詭稱是甚麼「進出中國」，且在竊據琉球群島之後，又想霸佔我釣魚臺，甚至還放出「臺灣歸屬未定」的一些鬼話，其軍國主義的迷夢，迄今仍未清醒，實在是荒謬無恥到了極點。

三、兒子當面對她說謊

在淪陷區內，日軍出沒無常，姦淫燒殺，給人帶來無比的恐懼與不安，留在家裡，每天除了躲避日軍的侵擾外，幾乎無所是事，於是在汪憲五老師的關懷及指導下，我和三位小學畢業的同學，一同前往後方去升學，當時母親的心裡十分矛盾，她自然非常期望我能繼續讀書，但又捨不得我遠行，在離家的前夕，她幾乎一夜都未睡，臨別時，她臉色凝重的問我能不能回家過年，那時鄉下人對陰曆年是十分重視的，因為它象徵骨肉親情的團圓，如有遊子未回家，等到深夜都不吃「團圓飯」。我記得那天是陰曆臘月初一，距離過年已經很近了，我如何能夠回來，但看到母親滿臉憂戚，熱淚盈眶，又不忍令她失望，所以明明不能回家過年，我卻當面對她說謊，我說：「可以！」說後便轉身就走，不敢再回頭，因為我已在流淚，母親也在流淚，我深怕一回頭就再也走不了了！

事實上，從離開母親到抵達目的地，在路上即走了二十多天，翻山越嶺，崎嶇險阻，尤其是大雪紛飛、天寒地凍，腳底都起了泡，流了血，到達學校時，已是陰曆年的前夕，生活雖然安定下來，而且有書可讀，但由於戰時物資極為缺乏，一天兩餐稀飯，一餐乾飯，且大部份都是包穀（玉米），而以包穀煮稀飯，因缺乏黏性，水是水，包穀是包穀，且又沒有葷菜，一個月才打一次「牙祭」，可以說整天都在饑餓狀態中過日子。由於淪陷區通信不便，一年難得收到一封家信，真是「三更同入夢，兩地誰夢誰？」那種流亡學生的生活，一輩子都不會忘記。後來當母親獲知我參加了青年遠征軍，便對國軍有著一份親切感。每當有國軍到來時，她就會想像是否有我在其中，但每次國軍來，不是徵糧，就是徵兵拉伕，我的兩位堂姐夫一位被徵兵，一位被拉伕，兩人都一去不返，直到現在仍音信渺無，不知葬身何處？

民國三十四年八月日軍投降後，我從四川萬縣請假回家去看母親，經過四年的離散，特別是在烽火戰亂之後，許多親友業已作古，母親見我回來，喜極而哭。後來母親告訴我，她在思念我的時候，就到我所栽種的那棵冬青樹前，一面撫摸那些枝葉，一面輕聲的對它說話，把她對我的思念和關愛都給予那棵冬青樹，看到它一天天長大，她的心裡也感到一些安慰。有人說：同樣的兩盆花，一盆在澆水時，只是把水澆上去，而另一盆在澆水時，卻對它說幾句話，結果它們所開出來的花就不一樣。也許正是母親的一片愛心，本來很不容易成長的冬青樹，竟然在這四年內，長的又高又大，當我陪母親去看時，只見它枝葉繁茂，生意盎然，我摸摸它，內心也感到很高興，可是當我民國七十七年從臺灣回家，再走很遠的路去看它時，則已不知去向了，我在那裡徘徊良久，黯然神傷，那兒是我生長的地方，我就是吃那塊土地上所生產的食物長大的，那兒的一草一木，一磚一瓦，都常在我的腦海裡浮現，多少童年往事，都一一湧上心頭，想到母親和歷代祖先，不分寒暑，披星戴月，刻苦耐勞，辛勤工作，他們在這塊土地上不知流了多少汗，流了多少淚，甚至流了多少血，然而現在卻是「坐看江山換主人」，不僅所有的房屋田地，都已成了別人的產業，甚至連一棵我母子所鍾愛的冬青樹，也逃不過被摧毀的命運！

在我離家後，有幾位小學同學從城裡逃到我們鄉間來避難，母親看到他們景況悽慘，就儘量設法幫助他們，並親手為他們做鞋子，那時在我們鄉間是沒有鞋子賣的，我從小所穿的鞋子，都是母親自己做的。而做一雙布鞋，一針一線，要花很多功夫和時間，母親竟然能在那種兵荒馬亂的時代，耐著性子為我的同學做鞋子，難怪同學們都一直對母親有一份感謝與敬愛之情。母親九十歲生日時，他們十餘人都結隊來慶賀，抬著壽匾，放著鞭炮，大家都顯得喜氣洋洋；母親看到他們也非常高興。

四、生死茫茫四十年

民國三十七年六月，我到武漢考大學，想不到這次和母親一別竟是四十年，由於兩岸劍拔弩張，音訊隔絕，直到民國七十七年冬，我才能回去為她老人家拜壽，當我跪在她的膝前時，母子兩人哭成一團，久久不能自已，所有到賀的親友鄰居，亦都為之黯然悲戚。母親後來告訴我，她在被掃地出門之後，不但生活上無依無靠，幹部們還一再逼她要交出我寫給她的信，母親告訴他們說：

「那裡有什麼信？這個不孝的兒子，提起來就令我傷心！」

我說：「媽！真對不起，我不該離開妳，讓你為我擔心受氣！」

母親卻說：「你以為你不走還能活到現在？」

是的，當年和我一起到後方求學的三位同學，有兩位在共產黨來後不久，即被「鎮壓」（槍斃）了，何況他們還未曾參加過青年軍，還不是中共口中所稱的「四大害」之一呢！因為中共曾指「國大代表」「立監委員」「青年從軍」「軍官總隊」為「四大害」。留在大陸上的青年軍同志，都遭受到嚴酷的鬥爭與迫害，很多人早已成了冤魂。直到江澤民當了中共總書記後，那些被鬥得死去活來的青年軍同志，才被釋放出來，因為傳說江澤民也是青年軍二〇八師六二三團的學兵，他瞭解當時滿腔熱血、投筆從戎的青年軍都是抗日的，都是愛國的，而他的團長即是後來擔任我國國家安全局長的王永樹將軍，可惜王將軍業已作古，無法證實。

今生能再見到日夜思念的母親，實在是畢生最大的福氣，我最大的心願就是要能與母親住在一起，不再分離，以便能晨昏定省，好好孝敬，以彌補我的罪愆，但母親不能坐車，車一開動她就嘔吐，從老鸛窩家裡到遠安縣城，不過才一個小時的車程，她就吐的很厲害。看她那樣痛苦，且路途遙遠，她又是這麼高的年歲，實不敢冒然接她來臺，不得已，只有設法改善她的生活，而最迫切的是要有一座抽水馬桶，因為她不論天晴下雨，要走相當長的一段距離到屋外去上茅房，如萬一不慎，跌入又大又深的糞坑，後果不堪設想，但山上沒有水，馬桶安裝了亦無用，感謝縣臺辦主任羅發教和外甥女婿張春電局長等的幫忙奔走，獲得縣長胡發喜的同意，讓我在城裡買一塊土地，蓋一棟房子，將母親接到城裡來住，可是母親在那鄉間長大，一草一木都有感情，她說父親外公外婆及舅父等都埋在那山上，而且許多親友鄰居都非常熟悉，她捨不得離開，幾經勸說，她才同意和姪女等一起搬進城裡，等她住進新屋之後，左鄰右舍很快即成了她的朋友，還有一位年輕的吳太太，親手為她做了兩雙新鞋，穿在她那被纏得小小的腳上，輕便舒適，她越看越喜歡，而那些鄉間的親戚鄰居亦常來看她，且常留住十天半月才回去，因而她老人家對這棟相當寬敞的新居，也就越來越喜歡了！

五、祈望能在天國相見

母親雖是外公外婆的么女兒，但個性溫厚謙和，心地善良開闊，當各種風暴橫逆無情襲來時，她忍不住會傷心痛哭，但哭過之後，即會擦乾眼淚，奮力向前，決不向命運低頭。最近幾次回去，由於已無公務在身，在家陪她老人家的時間較長，每天和她聊天，談了許多童年往事，鄉土滄桑，和她所經歷的重重風暴，許多事情她都記憶猶新，好像又回到從前。我也將離別後的種種，特別是剛到臺灣時的艱苦情形，向母親訴說。當時在鳳山接受軍事訓練，烈日當空，炎熱異常，整天都是赤膊、斗笠、紅短褲，不是操場，就是野外，體力負荷極重，且國破家亡，骨肉離散，心緒十分愁煩，伙食又非常不好，致使體重急遽下降。後來考取政工幹部學校，在接受入伍教育之後，又分發到部隊去「當兵實習」，整天和士兵一起生活、操作、戰鬥，體力透支更多，經檢查結果，發現肺部已不幸罹患結核，而那時每月薪餉極為微薄，根本無法作有效治療，因此在貧病交迫孤苦無依的情況下，曾想自行了斷，但一想到母親含辛茹苦把我撫養長大，萬一她還活著，而我卻先死了，若有一天她知道之後，將是何等傷心痛絕，而我又是何等罪孽深重，正在悲悽愁苦之際，耶穌基督的大愛喚醒了我，祂說：「凡勞苦擔重擔的人，可以到我這裡來，我就使你們得安息！」（馬太福音）又說：「喜樂的心乃是良藥，憂傷的靈使骨枯乾。」（箴言書）這些話就像一股電流進入我的心中，使我頓時醒悟，憂傷是沒有用的，不如將一切憂慮愁苦都交給上帝，聽候上帝的安排處理。說也奇妙，經過一段時間的休養，我的病竟然完全好了。當我奉命出國需要體檢時，我原本還有些擔心，但經X光照相顯示業已全部鈣化，且日後工作壓力一直十分沉重，特別是第一次奉派前往越南工作時，三個月連續熬夜，但身體狀況卻一直都還好。我相信這是耶穌基督醫治了我，保佑了我，母親聽後，甚為高興，她對這位滿有愛心與大能的上帝，也有意相信，只是在她所處的環境，一時尚無法受浸。同時她也不只一次的告訴我，將來百年之後，要和父親葬在一起。為了達成她老人家的心願，我和內人曾數次率同家人前往先父墓地察看，並與當地有關人員研商，解決一些細節問題，讓她老人家安心。

西元一九九六年春天我回去探望母親時，剛一進門，母親便對我說：「你去年是二月十七回來的，今年又是二月十七，真巧！」我說：「媽，今天是四月四日！」母親卻說：「我說的是陰曆！」母親就是這樣，陰曆陽曆一起記，而且從不錯誤，譬如我回去幾次，內子和兒女們各回去幾次，那一天到家，那一天離家，她都記得清清楚楚。去年十月，我回去看她，她還穿針引線，自己縫衣做鞋，並幫助料理一些輕微的家事，客人來了，她亦親切接待，所有熟悉的親友，她都能叫出名字，講話聲音宏亮，條理分明，且又十分風趣，常常逗的客人哈哈大笑！

一天下午，我和母親談得非常貼心，一時童心大發，就對母親說：

「媽！我唱首歌妳聽，好不好？」

母親說：「你已經七十多歲了，還唱甚麼歌？」

我說：「小時候讀書，有一課的課文說：『老萊子，年七十，著五色衣，以娛其親。』我現在未穿五顏六色的花衣服讓妳看得高興，就唱首歌好了！」

在座的親友們跟著起鬨，我就唱了一首老歌「闔家歡」，他們鼓掌，還要我唱；我又唱了「慈母心」和「夢駝鈴」，母親和親友們聽了都很高興。

十月二十五日離家時，由於從家裡到宜昌機場需要兩個小時，而從宜昌飛上海的飛機是九點二十分，我必須五點半就要出發，所以我在前一天晚上就對母親說，太早了，請她老人家不要起來送我，臨走前，我到她的床前去向她老人家辭行，請她老人家務必要多加保重。那時天還未亮，一片迷濛，孰知趕到宜昌機場後，竟是濃霧滿天，和回家時經過北京時一樣，又在機場苦等了七個多小時；當飛機抵達上海時，飛溫哥華的中國民航早已飛走了。以往在大陸，中秋節前後正是秋高氣爽、月白風清的好天，不知現在怎麼會變成這樣。當天晚上我在上海給母親打電話，說明未趕上飛機的情形，母親說：

「你這樣太辛苦了，以後不要每年都回來了！」

我說：「一年才一、兩次，有甚麼關係！我只是將實際的情形告訴妳，希望妳不要耽心就好了。」

往事歷歷在目，然而想不到她老人家竟這樣快就溘然長逝，留給我的是無限的傷痛、懷念與愧憾。「子欲養而親不在」，惟有虔誠的祈求上帝恩賜憐憫，讓我們母子將來能在天國相見！

（本文原載於《湖北文獻》第一二五期頁76～81，民國八十九（二〇〇〇）年十月十八日稍作修正。）

三民叢刊書目

㉖作家與作品　謝冰瑩著
㉗冰瑩書信　謝冰瑩著
㉘冰瑩遊記　謝冰瑩著
㉙冰瑩憶往　謝冰瑩著
㉚冰瑩懷舊　謝冰瑩著
㉛與世界文壇對話　鄭樹森著
㉜捉狂下的興嘆　南方朔著
㉝猶記風吹水上鱗
　・錢穆與現代中國學術　余英時著
㉞形象與言語
　・西方現代藝術評論文集　李明明著
㉟紅學論集　潘重規著
㊱憂鬱與狂熱　孫瑋芒著
㊲黃昏過客　沙　究著
㊳帶詩蹺課去　徐望雲著
㊴走出銅像國　龔鵬程著
㊵伴我半世紀的那把琴　鄧昌國著
㊶深層思考與思考深層
　・轉型期國際政治的觀察　劉必榮著
㊷瞬　間　周志文著
㊸兩岸迷宮遊戲　楊　渡著
㊹德國問題與歐洲秩序　彭滂沱著
㊺文學關懷　李瑞騰著
㊻未能忘情　劉紹銘著
㊼發展路上艱難多　孫　震著
㊽胡適叢論　周質平著
㊾水與水神
　・中國的民俗與人文　王孝廉著
㊿由英雄的人到人的泯滅
　・法國當代文學論集　金恆杰著
(51)重商主義的窘境　賴建誠著
(52)中國文化與現代變遷　余英時著
(53)橡溪雜拾　思　果著
(54)統一後的德國　郭恆鈺主編
(55)愛廬談文學　黃永武著
(56)南十字星座　呂大明著
(57)重疊的足跡　韓　秀著
(58)書鄉長短調　黃碧端著
(59)愛情・仇恨・政治
　・漢姆雷特專論及其他　朱立民著

(60) 蝴蝶球傳奇　顏匯增著

・真實與虛構

(61) 文化啓示錄　南方朔著

(62) 日本這個國家　章　陸著

(63) 在沉寂與鼎沸之間　黃碧端著

(64) 民主與兩岸動向　余英時著

(65) 靈魂的按摩　劉紹銘著

(66) 迎向眾聲　向　陽著

・八〇年代臺灣文化情境觀察

(67) 蛻變中的臺灣經濟　于宗先著

(68) 從現代到當代　鄭樹森著

(69) 嚴肅的遊戲　楊錦郁著

・當代文藝訪談錄

(70) 甜鹹酸梅　向　明著

(71) 楓　香　黃國彬著

(72) 日本深層　齊　濤著

(73) 美麗的負荷　封德屏著

(74) 現代文明的隱者　周陽山著

(75) 煙火與噴泉　白　靈著

(76) 七十浮跡　項退結著

・生活體驗與思考

(77) 永恆的彩虹　小　民著

(78) 情繫一環　梁錫華著

(79) 遠山一抹　思　果著

(80) 尋找希望的星空　呂大明著

(81) 領養一株雲杉　黃文範著

(82) 浮世情懷　劉安諾著

(83) 天涯長青　趙淑俠著

(84) 文學札記　黃國彬著

(85) 訪草（第一卷）　陳冠學著

(86) 藍色的斷想　陳冠學著

・孤獨者隨想錄

A・B・C全卷

(87) 追不回的永恆　彭　歌著

(88) 紫水晶戒指　小　民著

(89) 心路的嬉逐　劉延湘著

(90) 情書外一章　韓　秀著

(91) 情到深處　簡　宛著

(92) 父女對話　陳冠學著

⑬1 生肖與童年　小　民著　喜　樂圖
⑬2 京都一年　林文月著
⑬3 山水與古典　林文月著
⑬4 冬天黃昏的風笛　呂大明著
⑬5 心靈的花朵　戚宜君著
⑬6 親　戚　韓　秀著
⑬7 清詞選講　葉嘉瑩著
⑬8 迦陵談詞　葉嘉瑩著
⑬9 神　樹　鄭　義著
⑭0 琦君說童年　琦　君著
⑭1 域外知音　張堂錡著
⑭2 遠方的戰爭　鄭寶娟著
⑭3 留著記憶・留著光　陳其茂著
⑭4 滾滾遼河　紀　剛著
⑭5 王禎和的小說世界　高全之著
⑭6 永恆與現在　劉述先著
⑭7 東方・西方　夏小舟著
⑭8 嗚咽海　程明琤著
⑭9 沙發椅的聯想　梅　新著
⑮0 資訊爆炸的落塵　徐佳士著
⑮1 沙漠裡的狼　白　樺著
⑮2 風信子女郎　虹　影著
⑮3 塵沙掠影　馬　遜著
⑮4 飄泊的雲　莊　因著
⑮5 和泉式部日記　林文月譯・圖
⑮6 愛的美麗與哀愁　夏小舟著
⑮7 黑　月　樊小玉著
⑮8 流香溪　季　仲著
⑮9 史記評賞　賴漢屏著
⑯0 文學靈魂的閱讀　張堂錡著
⑯1 抒情時代　鄭寶娟著
⑯2 九十九朵曇花　何修仁著
⑯3 說故事的人　彭　歌著
⑯4 日本原形　齊　濤著
⑯5 從張愛玲到林懷民　高全之著
⑯6 莎士比亞識字不多？　陳冠學著
⑯7 情思・情絲　龔　華著

221
在綠茵與鳥鳴之間
鄭寶娟 著

不論是走訪歐洲歷史遺跡有感，或抒發旅法思鄉情懷，抑或中西文化激盪的心得，作者以其一貫獨特的思考與審美觀，發為數十篇散文，澄清的文字、犀利的文筆中，流露著一種靈秘的詩情與浪漫的氣氛，讓讀者在綠茵與鳥鳴之間享受有深度的文化饗宴。

222
葉上花
董懿娜 著

讀董懿娜的文章，如同接受心靈的浸潤。生活的點滴，藉她纖細敏感的筆尖，便能在心中蕩起圈圈漣漪；娓娓的傾訴，叫人不禁沉入她的世界。在探求至情至性的同時，重新面對自己，循著她的思緒前進，彷彿也走出了現實的惱人，燃起對生命的熱情。

223
與自己共舞
簡宛 著

「與自己共舞，多麼美好歡暢的感覺！」長年旅居海外的簡宛，以平實真誠的筆調，與讀者分享「接納自己、肯定自我」的喜悅。書中收錄作者多年來與自己共舞的所思所感，包含對婚姻、家庭、自我成長的探討，值得讀者細細品味這分坦率至情的人生智慧。

224
夕陽中的笛音
程明琤 著

我們從本書中可領略程明琤對於生命的思索與感受，對於文化的關懷珍視，她更以廣闊的角度引領讀者去探索藝術家的風範和多彩的人文景致。讀她的文章不只是欣賞她行文遣字的氣蘊靈秀，真正觸動人心的是她對眾生萬相所付注的人文情懷。

229

6個女人的畫像

莫非 著

6個女人，不同畫像。在為家庭守了大半輩子門框後，他們要出走找回失落的自己，藉著幻想，藉著閱讀，藉著繪畫等等不同方式，讓心靈有重新割斷再連結的機會。盼能以此書，提供女人一對話的空間。

230

也是感性

李靜平 著

「人世間的很多事，完全在於你從什麼角度來看。」本書作者以幽默的口吻帶您挖掘出生活中的樂趣。不管是親情的交流或友誼的呼喚，即便是些雞毛蒜皮的小事，在她的筆下每個生活週遭的人物全都活絡了起來，為我們合力演出這齣喜劇。

231

與阿波羅對話

韓秀 著

自遠方來，我在陽光的國度與阿波羅對話。秋日午後的愛琴海波光粼粼，反射生命的絕代風采。這裡是雅典，眾神的故鄉，世人的虛妄不過瞬眼，胸臆間卻永遠有激情在湧動。殿堂雖已頹圮，風起之際，永恆卻在我心中駐紮。

232

懷沙集

止庵 著

「樹欲靜而風不止，子欲養而親不待」作者將對逝去父親的感念輯成本書。其間除了父親晚年兩人對談的點滴外，亦不乏從日常不經意處，挖掘出文學、生活的真諦。作者樸實的文筆，在現代注重藻飾的文壇中像嚼蘿蔔，別有一股自然的餘味。

233
百寶丹
曾焰 著

百寶丹，東方國度的神奇靈藥，它到底有多神妙？身世坎坷的孤雛，如何在逆境中自立，成為濟世名醫？一部結合中國傳統藥理與鄉野傳奇故事的長篇小說，一段充滿中國西南邊疆民族絕代風情的動人篇章。

234
矽谷人生
夏小舟 著

生命流轉，人只能隨波逐流。細心體會、聆聽、審視才能品嘗出人生的況味。從中國到美國，從華盛頓到矽谷，傳統與現代，寧靜與繁華，作者以雋永的文筆，交織出大城市裡小人物不平凡的際遇和生活中發人省思的啟示，引領讀者品味異國人生。

235
夏志清的人文世界
殷志鵬 著

在自己的婚禮上，會說出「下次結婚再到這地來」的，大概只有夏志清吧！這位不在洋人面前低頭的夏教授，以其堅實的學術專業，將現代中國小說推向西方文學的殿堂，他蓄滿對生命的熱情，打了兩次精采的筆仗……快跟著我們一起走入他的人文世界吧！

236
文學的現代記憶
張新穎 著

五〇年代的臺港兩地，在自由風氣的帶動下，中外文學相互影響，激起了一連串美麗的浪花；或許你我置身其中，而無法全然地欣賞到這場美景，亦或未能躬逢這場盛宴，作者以局外人的角度，用精鍊的筆法為文十篇，細數這場文學史的發展。

237
女人笑著扣分數
馬瑩君 著

這是一本愛情的「解語書」，告訴您女人為何笑著扣分數。馬盈君，一位溫柔敦厚的作者，以她理性感性兼至的筆觸，探討愛情這一亙古的命題。在芸芸眾生中，為我們解剖女人內心最深處的想法，及男人的愛情語碼，帶領我們找到千古遇合的靈魂伴侶。

238
文學的聲音
孫康宜 著

聲音和文字是人們傳情達意的主要媒介，然而聲音已與時俱逝；動人的詩篇卻擲地有聲，如空谷迴響，經一再的傳唱，激盪於千古之下。本書作者堅持追尋文學的夢想，用心聆聽、捕捉文學的聲音，穿越時空的隔閡與古人旦暮相遇。

239
一個人的城市
黃中俊 著

重慶的山水、上海的學府、北京的藝室、深圳的商海……作者清雅的文字，記載生活脈絡裡的悲喜哀樂，其中又埋藏著時代進步的兩難，讓人耳目一新。在個人的愁緒裡瀰漫著文化變遷的滄桑感，讀這樣的書寫，彷彿能聞到人生跋涉的新泥芳香……

240
詩來詩往
向明 著

逐著詩人的腳步，涵泳沉籍於文學溫厚勃鬱、神氣騰揚的繽紛世界中。軼事掌故精采而韻味無窮；文學批評深刻真摰而不尖削；作品剖析使人縱情浪漫綺想中幾欲漫滅……在古典與現代、東方與西方、批評及作品間交顯的文學，本書讓您一網打盡。

241

過門相呼

黃光男　著

敏感於事物變幻的旅者，洋溢著詩情的才華，細心捕捉歷史上的古拙韻味，透析了社會發展的步履，讓人宛如置身於包羅萬有的博物館裡。如果你厭倦了匆忙的塵囂，請翻開此書，讓典雅的文句浮載你到遠方，懷擁「過門更相呼，有酒斟酌之」的情境。

242

孤島張愛玲

蘇偉貞　著

張愛玲整個的生命就是從一座孤島到另一座孤島的漂流。在上海到美國之間，張愛玲在香港這座孤島的創作，承續了大陸時期最鼎盛的創作力道，是轉型到美國時期的過渡階段。藉由作者鍥而不捨的追索，為您剖析張愛玲這段時期小說的意涵及影響。

243

何其平凡

何凡　著

還記得那段玻璃墊上的日子嗎？在聯合報連續撰寫專欄逾三十年，當代臺灣最資深的專欄作家——何凡，以九十五歲的高齡，將這十年間陸續發表的文章集結成這本書。謙虛的他取其筆名的寓意，將這本小書命名為「何其平凡」，獻給品味不凡的——您。

244

孤蓬寫真

陳祖耀　著

在動亂的時代，未來二個字是無法寫落的，如風揚起的孤蓬，一任西東！是宿命的悲劇，作者生長在這樣的大時代，從逃土匪、抗日、剿共到大陸變色，隻身撤奔來臺，在無依的土地上，努力發芽、成長，至今巍然成蔭。其中酸甜鹹苦，請聽他娓娓道來……

國家圖書館出版品預行編目資料

孤蓬寫真／陳祖耀著.－－初版一刷.－－臺北市；三民，民91

面；　公分－－(三民叢刊；245)

ISBN 957-14-3560-0　(平裝)

782.886　　90022108

網路書店位址　http://www.sanmin.com.tw

著作人　陳祖耀
發行人　劉振強
著作財產權人　三民書局股份有限公司
臺北市復興北路三八六號
發行所　三民書局股份有限公司
地址／臺北市復興北路三八六號
電話／二五〇〇六六〇〇
郵撥／〇〇〇九九九八——五號
印刷所　三民書局股份有限公司
門市部　復北店／臺北市復興北路三八六號
重南店／臺北市重慶南路一段六十一號
初版一刷　中華民國九十一年一月
編　號　S 81104
基本定價　柒　元
行政院新聞局登記證局版臺業字第〇二〇〇號

ISBN　957-14-3560-0　(平裝)

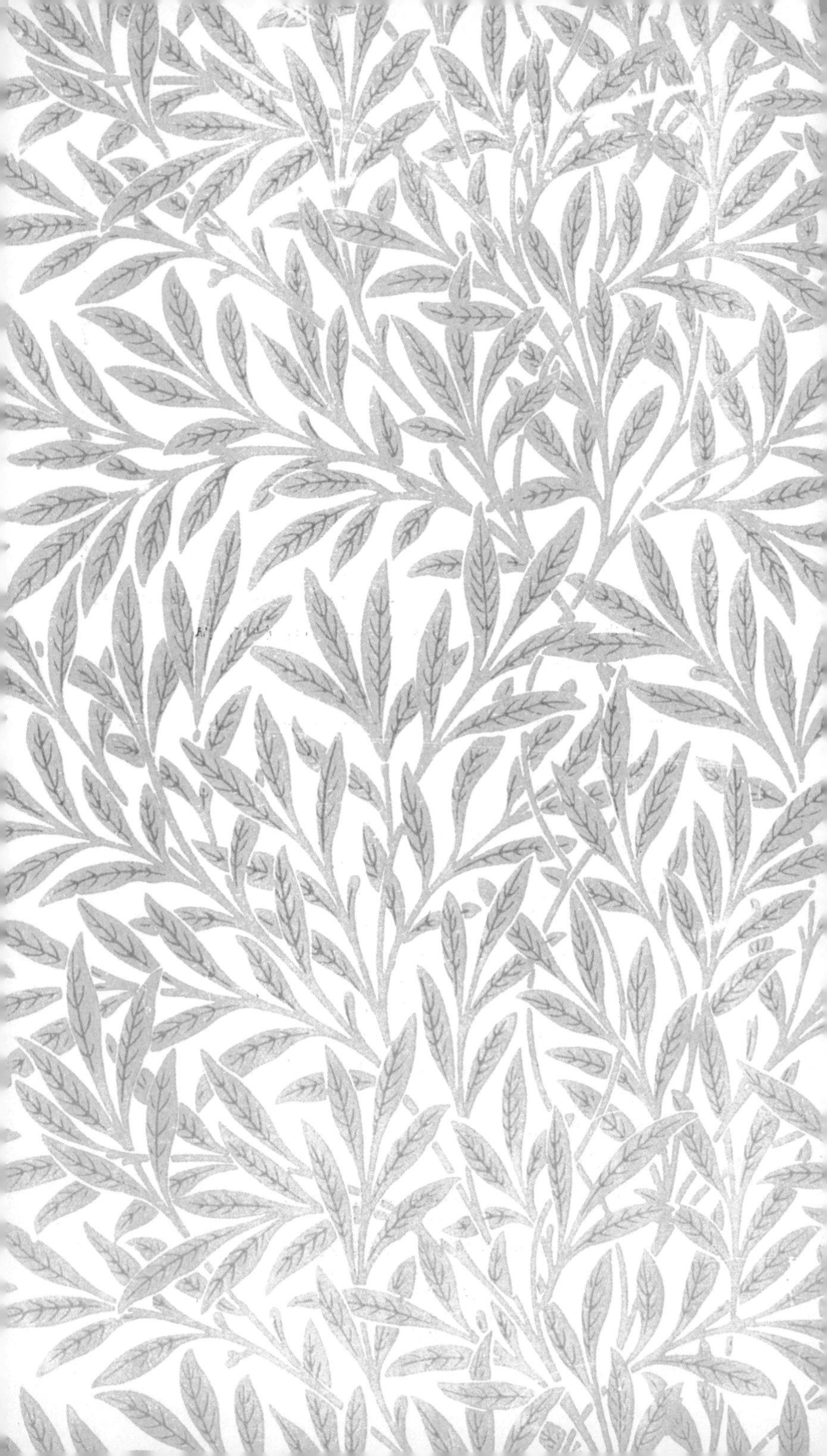